"十四五"国家重点出版物出版规划项目

湖北省公益学术著作
Hubei Special Funds 出版专项资金
for Academic and Public-interest
Publications

"一带一路"倡议与中国国家权益问题研究丛书
总主编／杨泽伟

"一带一路"背景下
油气管道过境法律问题研究

——以《能源宪章条约》为视角

张颖　著

WUHAN UNIVERSITY PRESS
武汉大学出版社

图书在版编目(CIP)数据

"一带一路"背景下油气管道过境法律问题研究:以《能源宪章条约》为视角/张颖著.—武汉:武汉大学出版社,2022.8
"一带一路"倡议与中国国家权益问题研究丛书/杨泽伟总主编
湖北省公益学术著作出版专项资金项目 "十四五"国家重点出版物出版规划项目
ISBN 978-7-307-23026-2

Ⅰ.一… Ⅱ.张… Ⅲ.石油管道—能源法—研究—世界 Ⅳ.D912.604

中国版本图书馆 CIP 数据核字(2022)第 058938 号

责任编辑:张　欣　　　责任校对:李孟潇　　　版式设计:马　佳

出版发行:武汉大学出版社　　(430072　武昌　珞珈山)
　　　　　(电子邮箱:cbs22@ whu.edu.cn　网址:www.wdp.com.cn)
印刷:武汉精一佳印刷有限公司
开本:720×1000　1/16　印张:18.25　字数:263 千字　插页:2
版次:2022 年 8 月第 1 版　　2022 年 8 月第 1 次印刷
ISBN 978-7-307-23026-2　　定价:88.00 元

本书系杨泽伟教授主持的 2018 年度国家社科基金重点研究专项项目"'一带一路'倡议与国际规则体系研究"（项目批准号：18VDL002）阶段性成果之一

本书受到国家社会科学基金一般项目"跨国能源管道过境运输的国际法问题研究"（项目批号：17BFX156）课题经费资助出版

"'一带一路'倡议与中国国家权益问题研究丛书"总序

　　"一带一路"倡议自 2013 年提出以来，迄今已取得了举世瞩目的成就，并产生了广泛的国际影响。截至 2022 年 2 月中国已累计同 148 个国家、32 个国际组织签署了 200 多份政府间共建"一带一路"合作文件。可以说，"一带一路"倡议顺应了进入 21 世纪以来国际合作发展的新趋势，昭示了新一轮的国际政治新秩序的变革进程，并且是增强中国国际话语权的有益尝试；共建"一带一路"正在成为中国参与全球开放合作、改善全球经济治理体系、促进全球共同发展繁荣、推动构建人类命运共同体的中国方案。况且，作为现代国际法上一种国际合作的新形态、全球治理的新平台和跨区域国际合作的新维度，"一带一路"倡议对现代国际法的发展产生了多方面的影响。

　　同时，中国已成为世界第二大经济体、第一大制造国、第一大外汇储备国、第一大债权国、第一大货物贸易国、第一大石油进口国、第一大造船大国、全球最大的投资者，经济对外依存度长期保持在 60% 左右；中国有 3 万多家企业遍布世界各地，几百万中国公民工作学习生活在全球各个角落，2019 年中国公民出境旅游人数高达 1.55 亿人次，且呈逐年上升趋势。可见，中国国家权益涉及的范围越来越广，特别是海外利益已成为中国国家利益的重要组成部分。因此，在这一背景下出版"'一带一路'倡议与中国国家权益问题研究丛书"，具有重要意义。

　　首先，它将为落实"十四五"规划和实现 2035 年远景目标提供理论支撑。习近平总书记在 2020 年 11 月中央全面依法治国工作会议上强调，"要坚持统筹推进国内法治和涉外法治"。《中华人民共和国国民经济和社会发展第十四个五年规划和 2035 年远景目标纲要》提出要"加强涉外法治体系建设,加强涉外法律人才培养"。中国 2035 年的远景目标包括"基本实现国家治理体系和治理能力现代化""基本建成法治国家、法治政府、法治社会"。涉外法治体系是实现国家治理体系和治理能力现代化,基本建成法治国家、法治政府、法治社会的重要方面。本丛书重点研究"全球海洋治理法律问题""海上共同开发争端解决机制的国际法问题"以及"直线基线适用的法律问题"等,将有助于统筹运用国际法完善中国涉外立法体系,从而与国内法治形成一个相辅相成且运行良好的系统,以助力实现"十四五"规划和 2035 年远景目标。

其次,它将为推动共建"一带一路"高质量发展提供国际法方面的智力支持。十九届五中全会明确提出继续扩大开放,坚持多边主义和共商共建共享原则,推动全球治理变革,推动构建人类命运共同体。本丛书涉及"'一带一路'倡议与中国国际法治话语权问题""'一带一路'倡议在南太平洋地区推进的法律问题""'一带一路'背景下油气管道过境法律问题"等。深入研究这些问题,既是对中国国际法学界重大关切的回应,又将为推动共建"一带一路"高质量发展提供国际法方面的智力支持。

再次,它将为中国国家权益的维护提供国际法律保障。如何有效维护中国的国家主权、安全与发展利益,切实保障国家权益,共同应对全球性风险和挑战,这是"十四五"规划的重要任务之一。习近平总书记特别指出"要强化法治思维,运用法治方式,有效应对挑战、防范风险,综合利用立法、执法、司法等手段开展斗争,坚决维护国家主权、尊严和核心利益"。有鉴于此,本丛书涵盖了"中国国家身份变动与利益保护的协调性问题""国际法中有效控制规则研究"等内容,能为积极运用国际法有效回应外部挑战、维护中国国家权益找到答案。

最后,它还有助于进一步完善中国特色的对外关系法律体系。对外关系法是中国特色社会主义法律体系的重要组成部分,也是处理各类涉外争议的法律依据。涉外法治是全面依法治国的重要内容,是维护中国国家权益的"巧实力"。然而,新中国成立以来,中国对外关系法律体系不断发展，但依然存在不足。随着"一带一路"倡议的深入推进，中国对外关系法律体系有待进一步完善。而本丛书探讨的"'一带一路'倡议与中国国际法治话语权问题""全球海洋治理法律问题""'一带一路'背景下油气管道过境法律问题""海上共同开发争端解决机制的国际法问题"等，既有利于中国对外关系法律体系的完善，也将为中国积极参与全球治理体系变革、推动构建人类命运共同体提供国际法律保障。

总之，"'一带一路'倡议与中国国家权益问题研究丛书"的出版，既有助于深化国际法相关理论问题的研究，也有利于进一步提升中国在国际法律秩序发展和完善过程中的话语权、有益于更好地维护和保障中国的国家权益。

作为享誉海内外的出版社，武汉大学出版社一直对学术著作鼎力支持；张欣老师是一位充满学术情怀的责任编辑。这些得天独厚的优势，保证了本丛书的顺利出版。趁此机会，本丛书的所有作者向出版社的领导和张欣老师表示衷心的感谢！另外，"'一带一路'倡议与中国国家权益问题研究丛书"，议题新颖、涉及面广，且大部分作者为学术新秀，因此，该丛书难免会存在不足和错漏，敬请读者斧正。

杨泽伟 ①

2022 年 2 月 19 日

武汉大学国际法研究所

---

① 教育部国家重大人才计划特聘教授，武汉大学珞珈杰出学者、二级教授、法学博士、武汉大学国际法研究所博士生导师，国家高端智库武汉大学国际法治研究院团队首席专家，国家社科基金重大招标项目、国家社科基金重大研究专项和教育部哲学社会科学研究重大课题攻关项目首席专家。

目　　录

绪　　论

一、"一带一路"倡议与国际能源管道过境合作

"一带一路"倡议从提出至今已逾八年，[①] 其中能源合作始终是"一带一路"建设中最为现实和迫切的选择。[②] 中国希望通过"一带一路"建设促进区域合作蓬勃发展，并在推动中国参与全球能源治理方面发挥积极重要的作用。[③] 在"一带一路"行动计划中，所涉及的能源合作内涵丰富、层次多样，包括但不限于能源基础设施互联互通合作、能源上下游产业链一体化合作以及新兴能源产业合作。[④] 而从传统能源工业的产业和价值链条来看，其具有鲜明的"上中下游"格局，能源勘探和开采为上游，能源运输为中游，而下游则是一系列产品的炼化销售、工程技术服务等，在这条

[①] 从 2013 年 9—10 月习近平主席在访问哈萨克斯坦和印度尼西亚期间，先后提出共建"丝绸之路经济带"和"21 世纪海上丝绸之路"的倡议，到 2015 年 3 月 28 日，经国务院授权，中国国家发展与改革委员会、外交部和商务部联合发布《推动共建丝绸之路经济带和 21 世纪海上丝绸之路的愿景与行动》的官方文件，标志着共建"一带一路"倡议步入正式实施阶段。

[②] 参见杨泽伟：《共建丝绸之路经济带背景下中国与中亚能源合作法律制度现状、缺陷与重构》，载《法学杂志》2016 年第 1 期，第 18 页。

[③] 参见 IEA 研究报告：《中国参与全球能源治理之路》（2016 年），第 34~36 页。https：//www.iea.org/.../ChinasEngagementinGlobalEnergyGovernance_Chinese.pdf. 最后访问日期：2020 年 12 月 30 日。

[④] 参见国家发展改革委员会、外交部、商务部《推动共建丝绸之路经济带和 21 世纪海上丝绸之路的愿景与行动》（2015 年 3 月 28 日）http：//www.fmprc.gov.cn/web/ziliao _ 674904/zt _ 674979/dnzt _ 674981/qtzt/ydyl _ 675049/zyxw_675051/t1249574.shtml. 最后访问日期：2020 年 12 月 30 日。

产业链中能源运输恰如能源合作的血脉，是衔接能源上游和下游合作的纽带，是确保能源安全和建设"一带一路"的基础。

中国已经和"一带一路"沿线国家开展了多项油气管道合作项目，目前横跨中国西北、东北、西南和东部海上的四大油气战略通道已基本形成，且这方面的合作还处于上升期。然而，与能源管道合作在实践领域摘得硕果所不相称的是，当前有关能源运输的规则与制度研究亟待拓展和完善。一方面，中国与国外的能源管道和运输合作停留在双边合作层面，还没有在区域和多边能源合作领域有实质性进展；另一方面，在中国对外签订的能源管道合作协议对相关法律问题的规定较为笼统，且大多以政治协商方式作为争端解决方法。例如，《中哈政府关于石油天然气领域合作协议》对能源过境争端的类型未做区分，对争端解决的方式仅规定由双方通过谈判加以解决。这样的规定容易导致在双方发生争议时久拖不决，影响双方能源的正常供应，给能源安全带来威胁。

与此同时，能源市场的发展经历了从国内市场走向区域市场到全球市场的过程。相对应地，能源合作的法律规制也经历了一个从改善国内法到促进国际立法的过程。1994 年通过的《能源宪章条约》（Energy Charter Treaty，以下简称 ECT）是各国合作解决国际能源问题的一个里程碑，是迄今唯一的多边能源合作条约，该条约覆盖了能源价值链的全部环节，基本建立起旨在推动和保护能源投资、过境运输、能源效率、能源环境以及能源争端解决等方面的法律框架和制度，被认为是目前维护能源安全最好的工具之一，在整个国际能源法律体系中占有重要地位。

在 ECT 的诸多法律制度中，其过境制度被认为是最具创新意义的制度设计。ECT 第 7 条是有关能源过境的基本规定，第 7 条共有 10 款规定，界定了能源过境的概念，确立了能源过境自由原则、非歧视原则和不妨碍原则，还为能源过境争端规定了专门的过境争端调解机制。除了 ECT 的规定外，2003 年各成员国达成的《过境议定书（草案）》以及 1999 年能源宪章秘书处组织专家起草的两个有关跨国能源管道运输项目的示范协议，即《政府间跨国管道运输示范协议》（IGA）和《东道国政府与项目投资者之间的跨国

管道运输示范协议》（HGA）（第二版示范协议于 2007 年能源宪章
会议审议通过）共同构成了 ECT 下能源过境制度的法律框架。

随着 2015 年 5 月新的《国际能源宪章》签署，中国作为其签
约观察员国，有愿望和实力在多边能源合作领域发挥更加积极的作
用。有学者认为，能源宪章体系的现状与发展方向与中国"一带
一路"建设规划不谋而合，能源宪章改革的"领袖缺位"困境为
中国参与亚欧乃至全球能源治理体系提供了战略机遇。① 在建设
"一带一路"的背景下，在中国大规模开展国际能源合作的今天，
ECT 的过境制度能够为中国解决国际能源合作过程中的相关问题和
争端提供借鉴和参考。

二、研究能源管道过境合作的意义

ECT 下能源过境制度的重要意义及目前对该领域的研究空白是
笔者对论题进行研究的直接动因。以 ECT 为核心的能源过境法律
制度为解决国际能源过境运输问题提供了法律框架和依据，也是第
一个和目前唯一对能源过境制度作出规定的多边条约，除了《能
源宪章条约》第 7 条"过境"的 10 个款项外，历经长期谈判而未
果的过境议定书（草案）和具有示范指导意义的 IGA、HGA 示范
协议对于能源过境的制度渊源而言也极具参考意义。然而，目前国
内外学术界对能源过境法律问题的研究主要集中在《能源宪章条
约》的能源过境条款和过境争端解决机制两个方面，并分散于以
能源治理、能源合作为中心的相关研究成果中，而将能源过境作为
专门的研究对象进行系统性研究的成果可以说是凤毛麟角。基于
此，在 ECT 的过境制度和各国既已开展的法律实践的基础上，对
过境制度的法律问题进行全面梳理和对比分析，有助于把握能源过
境制度的起伏，有助于更加深刻地认识和理解能源过境制度在未来
发展中的机遇和趋势。

---

① 参见单文华、王鹏、王晗：《"一带一路"建设背景下中国加入〈能
源宪章条约〉的成本收益分析》，载《国际法研究》2016 年第 1 期，第 39
页。

　　研究本论题的另一个重要动因是我国能源过境法律制度的建立和完善对于"一带一路"油气输送格局的顶层设计和未来的国际油气管道合作意义重大。开展跨区域多边能源合作是"一带一路"倡议下能源合作的重要内容，必然与国际法密切相关。中国已经和"一带一路"沿线国家开展了诸多能源管道和运输合作，且是《国际能源宪章》的签约观察员国。因此，以能源过境制度为视角探讨多边能源合作问题，能够促进对能源过境国际法律规则的深入研究，有助于完善我国能源法律规则，构建"一带一路"背景下能源合作的法律机制，对中国开展多边能源合作、解决能源过境争端、实现能源安全以及进一步增强全球能源治理话语权具有重要意义。

　　总之，能源过境是能源价值链中的重要环节，是连接能源产业上游和下游的纽带。随着国际能源安全形势的变化，全球能源治理进一步受到国际社会的广泛关注，在"一带一路"的区域融合背景下，域内的油气管道合作面临诸多安全挑战并亟须加强能源治理，而《能源宪章条约》的过境治理经验将为中国构建全方位的能源过境管理制度提供借鉴，在全球能源治理体系协同发展进程中发挥积极作用。

三、国内外研究现状

（一）国内研究现状

　　在"一带一路"倡议稳步推进、国内外能源形势变化和国家对能源的迫切需求的大背景下，学界对"一带一路"能源合作和治理机制的研究热情不断攀升。他们通过研究讨论"一带一路"背景下中国的能源安全战略、区域能源合作法律机制构建等问题，希望为"一带一路"建设中的能源合作寻找路径。因而现有的研究主要集中于能源领域的全产业链条这一宏观层面，结合地缘政治分析和能源治理理论来论证"一带一路"倡议对国际能源合作的促进作用，提出"一带一路"下深化国际能源合作的应对策略。这方面的研究成果较为丰富，具有较大的参考价值。不过在这些成果中，极少从能源产业链条的中游——能源过境运输制度的角度进行论述。

1. 著作类。目前国内已有十余部关于"一带一路"能源合作的专著，根据研究视角和侧重点的不同可分为以下三类。第一类是对"一带一路"能源政策的解读。如许勤华、钟兆伟合著的《中国能源政策解读：能源革命与"一带一路"倡议》，① 该书分别从国内和国际视角对全球化大背景下的中国能源政策进行解读，阐述了中国能源政策的演化进程及客观条件，在此基础上剖析了"一带一路"倡议下能源合作的背景、潜在风险和预期利益。第二类是从国际能源治理的视角分析和评估"一带一路"能源合作的新特点、新挑战，提出相应的政策建议。如朱跃中等著的《"一带一路"能源合作》，② 高世宪等著的《依托"一带一路"深化国际能源合作》。③ 第三类是从区域和国别划分角度分析开展国际能源合作的形势、思路、重点领域和措施建议。李平的《"一带一路"战略：互联互通、共同发展：能源基础设施建设与亚太区域能源市场一体化》，④ 潜旭明的《"一带一路"战略背景下与中东的能源合作》，⑤ 高国伟等著的《中国与"一带一路"沿线国家能源合作研究》，⑥ 朱雄关撰写的博士论文《"一带一路"背景下中国与沿线

---

① 许勤华、钟兆伟：《中国能源政策解读：能源革命与"一带一路"倡议》，石油工业出版社 2017 年版。

② 朱跃中、刘建国、梁琦：《"一带一路"能源合作》，西安交通大学出版社 2018 年版。

③ 高世宪：《依托"一带一路"深化国际能源合作》，中国经济出版社 2016 年版。

④ 李平、刘强：《"一带一路"战略：互联互通、共同发展：能源基础设施建设与亚太区域能源市场一体化》，中国社会科学出版社 2015 年版。

⑤ 潜旭明：《"一带一路"战略背景下与中东的能源合作》，时事出版社 2016 年版。

⑥ 高国伟、马莉、徐杨：《中国与"一带一路"沿线国家能源合作研究》，人民日报出版社 2017 年版。

国家能源合作问题研究》① 都属此类。

　　然而，与 ECT 和 ECT 过境制度相关的专门性研究数量较少，代表性的著作有两本。一本是白中红的《〈能源宪章条约〉争端解决机制研究》②，该书对 ECT 法律框架下能源投资争端、贸易争端、过境争端、环境争端的解决进行了较为系统的分析；界定了 ECT 争端解决机制在整个国际争端解决领域中的地位。它是目前国内有关 ECT 争端解决机制研究的较权威的代表作。另一本是马迅的《〈能源宪章条约〉投资规则研究》③，分析了 ECT 投资规划的适用范围、相对待遇标准、绝对待遇标准、征收与补偿、争端解决机制等问题，并探讨了其对我国的启示。该书针对 ECT 投资规则进行了较为详尽的专门研究。

　　2. 论文类。相较于专著，研究"一带一路"能源合作问题的论文数量较多，可分为以下几类：

　　第一类为"一带一路"的能源合作战略和机制方面的研究。这类研究多以宏观视角进行分析，代表性著作有：庞昌伟于 2014 年发表于《新疆师范大学学报（哲学社会科学版）》的《能源合作："丝绸之路经济带"战略的突破口》，杨泽伟于 2016 年发表于《法学杂志》的《共建丝绸之路经济带背景下中国与中亚能源合作法律制度现状、缺陷与重构》和 2017 年发表于《武大国际法评论》的《中国与周边能源共同体的构建：法律基础与实现路径》，黄伟于 2017 年发表于《河北法学》的《"一带一路"框架下我国区域能源合作的战略选择与策略应对》等。

　　第二类为"一带一路"能源合作的国别现状和对策研究。这类研究基于"一带一路"沿线国家或区域的能源合作现实情况，

---

　　① 朱雄关：《"一带一路"背景下中国与沿线国家能源合作问题研究》，云南大学博士学位论文，2016 年。

　　② 白中红：《〈能源宪章条约〉争端解决机制研究》，武汉大学出版社 2012 年版。

　　③ 马迅：《〈能源宪章条约〉投资规则研究》，武汉大学出版社 2012 年版。

进行对策分析、提出解决方案。例如，邹赟 2015 年发表于《改革与战略》的《"一带一路"战略下对外能源合作中的大国竞争及对策》，乔满平于 2016 年发表于《湘潭大学》的《中俄"一带一路"区域能源合作中的问题及应对策略研究》，李绍先于 2016 年在《领导科学论坛》发表的《中东大乱局及"一带一路"背景下中国的应对》，吕靖烨等 2018 年发表于《对外经贸实务》的《"一带一路"背景下我国能源国际合作问题与对策》等。

第三类为"一带一路"倡议和 ECT 等国际能源治理机制的关系的研究。例如，程春华于 2015 年发表在《社会科学》的《能源宪章转型与全球能源治理：历程、原因及影响》，淀川诏子等于 2016 年发表在《国际法研究》的《发展的机遇：中国、中亚和〈能源宪章条约〉》，单文华等于 2016 年发表在《国际法研究》的《"一带一路"建设背景下中国加入〈能源宪章条约〉的成本收益分析》等。这些成果涉及中国加入 ECT 的收益和风险分析，对中国借助 ECT 平台参与全球能源治理持支持态度，但对能源过境制度的阐述止于介绍层面。

第四类为 ECT 的过境争端解决机制的研究。代表性论文有：杨泽伟于 2007 年分别发表在《法学》的《跨国能源管道运输的争议解决机制》和发表在《暨南学报（哲学社会科学版）》的《跨国能源管道运输的若干国际法问题》，这两篇文章是我国较早开始关注能源过境制度的论文，分别探讨了以 ECT 为核心的国际法律制度中有关跨国能源管道的法律原则、管辖权以及运输争议解决等问题。还有一些论文从俄欧过境争端的案例分析角度对能源过境制度进行论述，如程春华于 2006 年在《国际石油经济》发表的《欧洲能源宪章与俄欧油气合作》，陈小沁于 2009 年在《西伯利亚研究》发表的《解析俄欧能源合作中的过境运输问题》，王铁军于 2013 年在《俄罗斯学刊》发表的《论欧盟-俄罗斯油气关系中的合作与互信》，曾加和陈婷婷于 2014 年在《青岛行政学院学报》发表的《欧盟与俄罗斯能源合作中的争端解决机制研究——以〈能源宪章条约〉为视角》。

　　此外，辽宁大学林超的硕士论文《能源过境争端解决机制研究》①，钱宇琪的硕士论文《能源宪章条约下的能源过境制度研究》②，华中科技大学杨小林的硕士论文《能源过境运输的国际法思考——以 ECT 为主的分析》③，西北大学魏欣的硕士论文《解析〈能源宪章条约〉在能源合作领域中的作用》④，都对 ECT 的能源过境制度进行了研究，有的还对中国是否参加 ECT 提出了建议。纵观这几篇学位论文，它们都较关注能源过境的争端解决机制，对能源过境的具体制度和法律问题缺乏深入的研究，也较少结合能源过境的国际实践作出分析。

　　从上述成果中不难发现，国内对"一带一路"能源合作的研究主要集中于理论和宏观层面，并逐渐将研究视角转向国别研究和对策研究等微观领域，但是对于能源合作具体制度的研究成果数量较少，且研究对象集中于能源投资和贸易领域。对能源过境法律问题的研究而言，现有的研究主要集中在以下三个方面：

　　第一，在 ECT 的总体制度框架的论述中涉及能源过境问题，如白中红的《〈能源宪章条约〉争端解决机制研究》。

　　第二，结合能源过境案例分析能源过境制度。例如，曾加和陈婷婷于 2014 年在《青岛行政学院学报》发表的《欧盟与俄罗斯能源合作中的争端解决机制研究——以〈能源宪章条约〉为视角》一文，对过境争端解决程序做了介绍、评析，提出了完善 ECT 过境争端解决机制的建议。

　　第三，为"一带一路"能源运输合作提供法律建议。例如，程春华的《能源宪章转型与全球能源治理：历程、原因及影响》

---

　　① 林超：《能源过境争端解决机制研究》，辽宁大学硕士学位论文，2014 年。

　　② 钱宇琪：《能源宪章条约下的能源过境制度研究》，辽宁大学硕士学位论文，2014 年。

　　③ 杨小林：《能源过境运输的国际法思考——以〈能源宪章条约〉为主的分析》，华中科技大学硕士学位论文，2008 年。

　　④ 魏欣：《解析〈能源宪章条约〉在能源合作领域中的作用》，西北大学硕士学位论文，2012 年。

一文，认为能源宪章转型对中国参与全球能源治理既是机遇也是挑战，提出"一带一路"倡议可与转型中的能源宪章进行战略对接，打造全球"能源丝路网"；朱雄关的博士论文《"一带一路"背景下中国与沿线国家能源合作问题研究》提出将东线的太平洋航线和北线的北极航线方向一并列入"一带一路"能源合作的范围，构建保障我国能源安全的能源大丝路，并提出了推进"一带一路"能源合作的几点举措。

（二）国外研究现状

国外对"过境"和"能源过境"制度的理论和实践研究要早于国内，但真正开始针对跨境油气管道过境运输的理论和制度研究是最近二三十年的事情。1957 年劳特派特撰写的《国际法上的过境自由》一文是关于过境自由原则在国际法上的理论基础和产生过程最早也是较完整的阐述。① 至 20 世纪 70 年代跨境管道合作开始出现，因冷战因素这方面的合作仅限于美国和苏联两大阵营内部的国家之间，相关研究成果极少；至 20 世纪 90 年代初期冷战结束，尤其是能源宪章组织的成立，有关能源过境制度的研究开始不断升温；随着国际能源安全形势日趋严峻，国家间能源合作问题开始备受关注，及至俄罗斯和欧盟之间能源冲突问题爆发，学界对能源过境制度的研究热度不断攀升，相关研究成果数量众多，研究深度和广度不断增加。在中国提出"一带一路"倡议后，有关"一带一路"倡议与能源合作、中国参与全球能源治理的影响等与能源过境制度紧密相关的问题已成为当前的研究热点。

1. 著作类。国外有关能源过境的研究成果虽然不多，但现有研究成果已经呈现出一定的系统性，并涉及能源过境的具体法律制度。代表性的有以下 3 本。

第一本是英国邓迪大学博士乔杜里·艾哈迈德·斯蒂基·伊什拉克（Chowdhury Ishrak Ahmed Siddiky）撰写的《跨境管道安排：

---

① 参见 Lauterpacht E, Freedom of Transit in International Law, Transactions of the Grotius Society, Vol. 44, 1958。

一个单一的监管框架是怎样的》，① 作者探讨了跨境管道的概念、特征等基本问题，运用了案例研究方法分析政府对跨境管道不同层次的干预，对既有跨境管道的国际法律规制进行了论述和评价，最后作者提出建立一个自治的、单一的管道过境管理机制——国际管道机构（International Pipeline Agency）。该书是目前对跨境管道问题研究较为全面充分的一本专著。

第二本是格雷厄姆·库柏（Graham Coop）主编的《能源争端的解决：投资保护、过境与能源宪章条约》。② 该书是一本论文集，共14章，分四个部分，第一部分讨论 ECT 仲裁的新发展；第二部分是关于双边投资条约、ECT 以及欧盟法之间可能产生冲突的问题；第三部分是关于 ECT 的临时适用；第四部分是有关过境争端、供应争端与 ECT 的讨论。其中第12章"过境争端、供应争端和能源宪章条约：从国际贸易法角度看东西方走向缓和"（Colin M. Brown, Transit disputes, supply disputes and the ECT: towards an East-West thaw? some observations from an international trade law perspective）；第13章"能源宪章条约和东西方过境运输"（Peter D. Cameron, The Energy Charter Treaty and East-West transit）；第14章"俄罗斯能源政策和争议解决"（Kaj I. Hobér, Russian energy policy and dispute settlement）。这三篇论文比较集中地讨论了俄乌天然气过境争端及 ECT 过境制度的修订与完善建议。

第三本是达那·阿扎利亚（Danae Azaria）撰写的《能源管道过境的条约和反措施》。③ 作者聚焦于能源管道日益增加的条约实践，通过梳理国际法上过境自由的历史发展，审查管道过境义务的

---

① 参见 Chowdhury Ishrak Ahmed Siddiky, Cross-border Pipeline Arrangements: What Would A Single Regulatory Framework Look Like? Wolters Kluwer, 2012。

② 参见 Graham Coop ed., Energy Dispute Resolution: Investment Protection, Transit and the Energy Charter Treaty. JurisNet, LLC, 2011。

③ 参见 Danae Azaria, Treaties on Transit of Energy via Pipelines and Countermeasures, Oxford University Press, 2015。

范围和内容，认为 ECT 第 7 条的规定建立了一个行为义务和结果义务的矩阵，① 提出国际责任法下的反措施对于过境国义务的履行至关重要，在构成反措施的情况下则排除了暂停履行能源过境义务的不法性等结论。② 这是一本偏重从理论上探讨能源运输条约和一般国际法之间的关系的著作，也是目前较为完整和系统的探讨能源过境法律制度的研究成果。

此外，还有一些学者开始尝试从能源过境的具体制度角度进行研究。例如，克努特·奥尔森（Knut Olsen）的《跨境管道的特征和税收》③ 一书，将跨境管道的税收问题作为研究对象，通过审查经合组织税收协定范本及其评注，尝试解决跨境管道的税收风险和税收争议等问题。

2. 论文类。关于能源过境问题的英文论文数量众多，根据研究视角的不同可划分为以下几类：

第一类是关于过境制度的理论研究。代表性的文章有：E Lauterpacht 的《国际法上的过境自由》（Freedom of Transit in International Law，Transactions of the Grotius Society）④；A Mpazi Sinjel 的《过境自由与内陆国家的通过权：原则与法律的演变》（Freedom of Transit and the Right of Access for Land-Locked States：The Evolution of Principle and Law）⑤；Danae Azaria 的《关贸总协

---

① 参见 Danae Azaria, Treaties on Transit of Energy via Pipelines and Countermeasures，Oxford University Press，2015，p. 98。

② 参见 Danae Azaria, Treaties on Transit of Energy via Pipelines and Countermeasures，Oxford University Press，2015，p. 217。

③ 参见 Olsen K, Characterisation and Taxation of Cross-border Pipelines，IBFD，2012。

④ 参见 E Lauterpacht, Freedom of Transit in International Law, Transactions of the Grotius Society，Vol. 44，1958。

⑤ 参见 A Mpazi Sinjel, Freedom of Transit and the Right of Access for Land-Locked States：The Evolution of Principle and Law，Ga. J. Int'l & Comp. L.，Vol. 12，1982。

定与能源宪章条约下的能源过境》（Energy Transit under the Energy Charter Treaty and the General Agreement on Tariffs and Trade）①；Gokce Mete 和 Sergei Vinogradov 的《国际法上的跨境油气管道》（Cross-Border Oil and Gas Pipelines in International Law）② 等。

　　第二类是关于 ECT 及其过境制度的研究。代表性的文章有：Rainer Liesen 的《1994 年〈能源宪章条约〉下的过境》（Transit Under the 1994 Energy Charter Treaty）③；Karl Petter Waern 的《〈能源宪章条约〉和〈能源宪章过境议定书〉的过境条款》④；Michael Dulaney 和 Robert Merrick 的《跨境油气管道的法律问题》（Legal Issues in Cross-Border Oil and Gas Pipelines）⑤；Andrei Konoplyanik 和 Thomas Widet 的《〈能源宪章条约〉及其在国际能源法中的作用》（Energy Charter Treaty and its Role in International Energy）⑥ 等。

　　第三类是结合俄欧能源冲突对 ECT 的过境制度进行的分析。代表性的文章有：Andrey A Konoplyanik 的《欧亚大陆的天然气运输：俄罗斯与欧盟的过境问题与能源宪章的作用》（Gas Transit in Eurasia：Transit Issues between Russia and the European Union and the

---

① 参见 Danae Azaria, Energy Transit under the Energy Charter Treaty and the General Agreement on Tariffs and Trade, Journal of Energy & Natural Resources Law, Vol. 27, 2009。

② 参见 Gokce Mete, Sergei Vinogradov, Cross-Border Oil and Gas Pipelines in International Law, German Yearbook of International Law, 2013。

③ 参见 Rainer Liesen, Transit Under the 1994 Energy Charter Treaty, Journal of Energy & Natural Resources Law, Vol. 17, 1998。

④ 参见 Karl Petter Waern, Transit Provisions of the Energy Charter Treaty and the Energy Charter Protocol on Transit, Journal of Energy & Natural Resources Law, Vol. 20, 2002。

⑤ 参见 Michael Dulaney, Robert Merrick, Legal Issues in Cross-Border Oil and Gas Pipelines, Journal of Energy & Natural Resources Law, Vol. 23, 2005。

⑥ 参见 Andrei Konoplyanik, Thomas Widet, Energy Charter Treaty and its Role in International Energy , Energy Nat. Resources L., Vol. 24, 2006。

Role of the Energy Charter）①；Andrei Belyi 等的《能源宪章的现代化进程？能源宪章会议路线图和俄罗斯能源安全公约草案》（Modernising the Energy Charter Process? The Energy Charter Conference Road Map and the Russian Draft Convention on Energy Security）②；Tatiana Romanova 的《欧盟市场中的俄罗斯能源：支撑机制及其影响》（Russian Energy in the EU Market：Bolstered Institutions and Their Effects）③ 等。

第四类是有关 ECT 未来改革和发展的研究。代表性的文章有：Andrei Belyi 的《国际能源治理：多边主义的弱点》（International Energy Governance：Weaknesses of Multilateralism）④；P. Aalto 的《新国际能源宪章：能源治理的工具性或渐进式发展》（The new International Energy Charter：Instrumental or incremental progress in governance?）⑤；E. Bonafé 和 G. Mete 的《欧盟能源法与能源宪章条约之间不断升级的互动》（Escalated Interactions between EU Energy Law and the Energy Charter Treaty）⑥；Georgiou Natasha A. 和 Andrea Rocco 的《以能源联盟为欧盟-俄罗斯能源关系的全球治理

① 参见 Andrey A Konoplyanik, Gas Transit in Eurasia：Transit Issues between Russia and the European Union and the Role of the Energy Charter, Journal of Energy & Natural Resources Law, Vol. 27, 2009。

② 参见 Andrei Belyi, S. Nappert, V. Pogoretskyy Ssrn, Modernising the Energy Charter Process? The Energy Charter Conference Road Map and the Russian Draft Convention on Energy Security, Electronic Journal, Vol. 29, 2011。

③ 参见 Tatiana Romanova, Russian Energy in the EU Market：Bolstered Institutions and Their Effects, Energy Policy, Vol. 74, 2014。

④ 参见 Andrei Belyi, International Energy Governance：Weaknesses of Multilateralism, International Studies Perspectives, Vol. 15, 2014。

⑤ 参见 P. Aalto, The new International Energy Charter：Instrumental or Incremental Progress in Governance? Energy Research & Social Science, Vol. 11, 2016。

⑥ 参见 E. Bonafe, G. Mete, Escalated Interactions between EU Energy Law and the Energy Charter Treaty, Journal of World Energy Law & Business, Vol. 9, 2016。

工具：从碎片化到相关联》（The Energy Union as an Instrument of Global Governance in Eu-Russia Energy Relations：From Fragmentation to Coherence and Solidarity）① 等。

在中国提出"一带一路"倡议后，关于"一带一路"及能源合作问题的研究也呈上升趋势。代表性的文章有：Swaine M D. 的《中国视角下对"一带一路"倡议的评价》（Chinese Views and Commentary on the 'One Belt, One Road' Initiative）②；Siyao Li 的《"赢"在中亚：新丝绸之路的合作前景展望》（The New Silk Road：Assessing Prospects for 'Win-Win' Cooperation in Central Asia）③；Sarker, Md Nazirul Islam 等的《"一带一路"战略背景下的石油、天然气和能源贸易》（Oil, Gas and Energy Business under One Belt One Road Strategic Context）④ 等。

3. 研究报告类。除上述专著和论文外，能源宪章秘书处、国际能源署等机构发布了一系列有关能源过境制度的研究报告，这些报告通常关注能源过境制度的某一具体制度或问题，与法律实践结合较为紧密。它主要包括：

能源宪章秘书处为 1998 年在莫斯科举行的 G8 能源部长会议所准备的能源过境战略问题的报告《能源过境的多边挑战》（Energy Transit：The Multilateral Challenge）⑤ 该报告提出了能源过

---

① 参见 Georgiou Natasha A. , Andrea Rocco, The Energy Union as an Instrument of Global Governance in Eu-Russia Energy Relations：From Fragmentation to Coherence and Solidarity, History and International Relations, Vol. 9, 2017。

② 参见 Swaine M D. , Chinese Views and Commentary on the "One Belt, One Road" Initiative, China Leadership Monitor, Vol. 47, 2015。

③ 参见 Siyao Li, The New Silk Road：Assessing Prospects for 'Win-Win' Cooperation in Central Asia, Cornell International Affairs Review, Vol. 9, 2016。

④ 参见 Sarker, Md Nazirul Islam, et al. Oil, Gas and Energy Business under One Belt One Road Strategic Context, Open Journal of Social Sciences, Vol. 6, 2018。

⑤ 参见 G8 Energy Ministerial Meeting Moscow, 1 April 1998, Energy Transit：The Multilateral Challenge, Energy Charter Secretariat, 1998, available at http：// www. energycharter. org/what-we-do/trade-and-transit/trade-and-transit-thematic-reports/ energy- transit-the-multilateral-challenge-1998/, last visited on Dec 30, 2020。

境的一些关键问题，对过境运输中的政府作用进行了分析，提出采用多边方法来满足能源过境在未来的挑战。

2012 年能源宪章秘书处发布了两份关于油气过境税费的研究报告，《把石油带向市场，跨境原油和产品管道的过境税费和基础方法》（Bringing Oil to the Market. Transport Tariffs and Underlying Methodologies for Cross-Border Crude Oil and Products Pipelines）①、《把天然气带向市场，能源宪章条约国家天然气过境和运输的关税监管和征收方法》（Bringing Gas to the Market：Gas Transit and Transmission Tariffs in Energy Charter Treaty Countries - Regulatory Aspects and Tariff Methodologies）。② 这两份报告选取 ECT 部分成员国，尤其是欧洲、黑海和中亚国家，对其在石油和天然气过境运输中有关税费征收和监管的实践做法进行分析和总结。

拉斐尔·利尔·阿卡斯（Rafael Leal Arcas）教授的《能源过境：石油和天然气运输管道政府间协议的收集和评论》（Collection of International Agreements on Oil and Gas Transit Pipelines and Commentary）③，该报告对 ECT 过境制度的法律和制度基础进行了

① 参见 Energy Charter Secretariat 2012. Bringing Oil to the Market. Transport Tariffs and Underlying Methodologies for Cross-Border Crude Oil and Products Pipelines, available at http：//www. energycharter. org/what-we-do/trade-and-transit/trade-and-transit-thematic-reports/bringing-oil-to-the-market-transport-tariffs-and-underlying-methodologies-for-cross-border-crude-oil-and-products-pipelines-2012/, last visited on Dec 30, 2020。

② 参见 Energy Charter Secretariat 2012. Bringing Gas to the Market：Gas Transit and Transmission Tariffs in Energy Charter Treaty Countries - Regulatory Aspects and Tariff Methodologies, available at http：//www. energycharter. org/what-we-do/trade-and-transit/trade-and-transit-thematic-reports/bringing-gas-to-the-market-gas-transit-and-transmission-tariffs-in-energy-charter-treaty-countries-regulatory-aspects-and-tariff-methodologies-2012/, last visited on Dec 30, 2020。

③ 参见 Dr Rafael Leal-Arcas. Energy Transit Activities：Collection of International Agreements on Oil and Gas Transit Pipelines and Commentary. Energy Charter Secretariat, 2015, available at http：//www. energycharter. org/what-we-do/trade-and-transit/trade-and-transit-thematic-reports/energy-transit-activities-a-collection-of-intergovernmental-agreements-of-oil-and-gas-transit-pipelines-and-commentary-2015/, last visited on Dec 30, 2020。

阐述，针对选取的政府间油气管道过境协议进行分析和评论，侧重于对这些协议和 ECT 过境制度，尤其是过境议定书（草案）、示范协议的共同原则，内容的相关联性进行评论，进而得出对 ECT 过境制度进行完善的一些建议。该报告附件中收集了 8 份世界主要管道过境协议文本，是与管道过境法律实践结合较为紧密的研究。

巴巴拉女士和盖林·威斯特法尔（Ms. Barbara v. Gayling-Westphal）撰写的《政府间和东道国油气管道协议之比较》（Intergovernmental Agreements and Host Government Agreements on Oil and Gas Pipelines：A Comparison）[1]，该报告首先确定了跨境管道协议的 19 个核心问题，以能源过境议定书草案（2010 版）、能源宪章示范协议（2007 版）为参照，运用比较的方法评估这 19 个问题在 17 个跨境油气管道协议中的规定和纳入情况，认为既有的跨境油气管道协议体现了能源宪章范围内能源过境的共同原则和规则，最后提出了修订示范协议文本的意见和建议。

王祝伟（Zhuwei Wang）撰写的《确保中亚向中国的能源流动—能源宪章条约对中国的相关性》（Securing Energy Flows from Central Asia to China and the Relevance of the Energy Charter Treaty to China）[2]，该报告关注于 ECT 对中国和中亚国家在能源合作中的意义，提出 ECT 将有助于中国和中亚油气生产国之间的稳定互利的能源合作，ECT 将是促进中国和中亚国家区域能源合作和过境基础

---

① 参见 Ms. Barbara v. Gayling-Westphal. Intergovernmental Agreements and Host Government Agreements on Oil and Gas Pipelines：A Comparison. Energy Charter Secretariat, 2015, available at http：//www. energycharter. org/what-we-do/trade-and-transit/trade-and-transit-thematic-reports/intergovernmental-agreements-and-host-government-agreements-on-oil-and-gas-pipelines-a-comparison-2015/, last visited on Dec 30, 2020.

② 参见 Zhuwei Wang, Securing Energy Flows from Central Asia to China and the Relevance of the Energy Charter Treaty to China. Energy Charter Secretariat, 2015, available at http：//www. energycharter. org/what-we-do/trade-and-transit/trade-and-transit-thematic-reports/securing-energy-flows-from-central-asia-to-china-and-the-relevance-of-the-energy-charter-treaty-to-china-2015/, last visited on Dec 30, 2020。

设施项目建设的最佳平台。

联合国开发计划署在 2003 年发布的《跨境油气管道：问题与展望》（Cross-Border Oil and Gas Pipelines：Problems and Prospects）① 报告，对跨境油气管道的合作现状及特点进行了梳理，结合既有跨境油气管道实践的成功案例和失败案例进行分析、并从中得出促进管道合作的有益措施。

国际能源署于 2015 年发布《中国参与全球能源治理之路》（China's Engagement in Global Energy Governance）② 的研究报告，对中国参与全球能源治理的历程进行了总结，认为中国已从全球能源治理的跟随者变为主导者，未来中国将在全球能源治理变革中发挥更大的作用。

从上述研究结果来看，国外有关能源过境法律制度方面的研究成果较为丰富，但是和国内的研究一样，对能源过境合作的具体法律问题的研究较为分散，现有的研究成果主要存在于对能源过境法律制度的一般性研究和对个案研究中，且数量和篇幅有限。前者如 Michael Dulaney 和 Robert Merrick 的《跨境油气管道的法律问题》（Legal Issues in Cross-Border Oil and Gas Pipelines），该文提出能源过境的法律问题涵盖管道所有权、土地与环境、税收等方面，但未进行深入讨论；又如能源宪章秘书处的研究报告《政府间和东道国油气管道协议之比较》（Intergovernmental Agreements and Host Government Agreements on Oil and Gas Pipelines：A Comparison），比较分析了示范协议和各国实践对管道过境的若干法律问题的异同，但对这些问题没有进行深入研究；后者是在具体的案例中分析能源过境的法律问题，但目前多集中于能源过境的争议解决机制，如

① 参见 Joint UNDP/World Bank Energy Sector Management Assistance Programme（ESMAP），Cross-Border Oil and Gas Pipelines：Problems and Prospects，June 2003。

② 参见 International Energy Agency，China's Engagement in Global Energy Governance，March 2016，available at https：//webstore. iea. org/partner-country-series-chinas-engagement-in-global-energy-governance，last visited on Dec 30, 2020。

Andrey A Konoplyanik 的《欧亚大陆的天然气运输：俄罗斯与欧盟的过境问题与能源宪章的作用》（Gas Transit in Eurasia：Transit Issues between Russia and the European Union and the Role of the Energy Charter），该文审查了在 ECT 框架下关键的能源过境条款和过境议定书草案，提出过境争端解决机制的发展走向。

（三）国内外研究的不足

综上可见，虽然国内外都有能源过境法律制度的研究成果，但研究的广度和深度仍有待提升。这主要表现在：

1. 对能源过境制度方面的研究不足，系统性不够。能源过境是 ECT 的一项重要制度，但目前对 ECT 过境制度的研究主要集中于过境争端解决问题，对过境制度的其他条款所做的专门研究还比较少，更没有从整体上对 ECT 过境制度做系统的研究。因此，需要加强对能源过境法律制度的系统性研究。

2. 对能源过境的法律问题研究深度不够。现有的研究只是简要提及可能存在的法律问题，或者以归类的方式提出管道项目实践中出现的问题，但对于这些问题在国际法上的解决途径等缺乏深入和全面的探究。

3. 目前还没有将能源过境制度和中国的能源发展战略相联系的专门研究，尤其是在"一带一路"的战略背景下，未来如何发展 ECT 过境制度以及中国所能够发挥的作用等，还有待于深入挖掘。

四、研究范围、研究方法和研究思路

（一）研究范围

为能更加集中分析能源过境运输问题，本书的研究范围限定于国际油气管道的过境问题。因此，如无特别说明，本书所指的能源主要指石油、天然气，不包括电力、煤炭等其他能源；本书所指的过境管道是指为了使石油和天然气资源顺利输送到目标市场而铺设的管道，要经过三个或者三个以上甚至更多的主权国家的领土，其中至少要包括能源进口国、能源过境国和能源输出国三个方面的国家主体。换言之，能源过境运输中至少要经历一个过境国和至少两次的跨境输送行为。因此，过境油气管道一般涉及至少三个当事国之间的管道合作，即能源生产国、消费国和过境国。

（二）研究方法

1. 理论分析法。应用国际法的基本理论，对能源过境制度所涉及的基本理论问题进行厘清，如对能源过境自由原则、不歧视原则、不妨碍原则的国际法理论基础进行分析，追溯这些原则得以确立的法理基础和法律依据，进而分析这些原则的基本释义和运用，为能源过境法律制度的确立和完善打下理论根基。

2. 实证分析法。实证分析法是法学研究的基本方法，其主要特点是通过对经验事实的观察和分析来建立和检验各种理论命题。在本书中，对能源过境制度中凸显的法律问题的论述主要采用了实证分析的方法，结合能源运输过境国家的实践，以及 ECT 制度的规定，对目前国家间开展能源过境合作中的法律问题进行分析、归纳和总结。

3. 比较分析法。本书在分析能源过境各当事国的权利与义务的过程中，对能源生产国、能源消费国、能源过境国的权利义务进行比较分析，在比较的基础上总结其关注点、分歧点以及有可能的解决方案；在论述中国的能源过境法律制度问题时，通过比较 ECT 过境制度对中亚各国管道合作的适用和影响，论述中国加入 ECT 将会对"一带一路"能源运输合作产生的影响。

4. 分类研究法。国际法规范的分类研究是一种传统的国际法研究方法，本书的研究中也运用到了这一方法。例如，在探讨过境制度的法律制度时，针对一般性国际公约、政府间协议、示范文本等不同类型的国际法规范分类进行分析，分别论证、阐明各类国际法律文件的法律性质及其效力。

（三）研究思路

本书除了绪论部分，总共分为六章，基本结构安排如下：

　　第一章——油气管道过境的法律制度和发展趋势。这一部分主要对能源过境的基本原则和国际法律框架进行阐述。由于法律原则是一项法律制度确立和发展的基础，所以在本章首先对目前能源过境领域已经确立的过境自由原则、不歧视原则和不妨碍原则进行梳理和分析，对每一项原则在国际法上的理论来源和演变过程进行论述，结合 ECT 过境制度中对这些原则的规定进行文义分析和总体评价，主要涉及 ECT 第 7 条第 1、3、4、6 款的规定。接着，从一般性国际公约中的过境制度、政府间协议、间接适用的国际协议三个层面，对能源过境的法律制度进行梳理和总结，对能源过境制度建立的基础、法律制度框架、发展过程和未来走向进行较为系统的论述，其中"ECT 下的能源过境制度"是本章研究重点。最后，对油气管道过境法律制度的发展特点和趋势进行归纳总结，认为有关过境自由的国际习惯法并未形成，但能源过境制度的条约化趋势明显，而 ECT 和 GATT 是有关能源过境法律制度的主要国际公约，两者相互补充和协调，随着能源过境各当事方的能源安全观念转变，能源过境义务的性质从双边向不可分割的多边方向转变。

　　第二章——油气管道过境的土地权利问题。第二至五章开始分别探讨能源过境领域凸显的法律问题。本章针对的是开展油气管道项目所涉及的土地权利这一首要法律问题。首先概要介绍油气管道建设运营过程中涉及的用地性质、用地阶段和赔偿范围等问题；然后对 ECT 制度框架下和各国油气管道实践中的土地权利问题进行对比分析；认为在土地权利问题的规范上，ECT 下的示范协议和国家的管道实践存在脱节，提出未来应考虑修订示范协议下的土地权利条款，明确管道项目的土地权利的性质，将国家从土地权利的获取责任上解放出来，明确管道通过权不同于一般的土地权利的特殊内涵，将管道通过权发展成为解决管道项目用地性质和内涵的重要制度。

　　第三章——油气管道过境的安全和环境问题。本章首先剖析了油气管道过境的安全风险来源，管道安全事故可能导致的人身伤害、生态环境破坏和经济损失后果，以及与油气管道运输相关的国际环境法律制度等基础性问题；接着对 ECT 制度框架下和各国油气管道实践中对管道安全和环境问题的规定方法、内容和规范水平进行对比分析；认为现有的 ECT 及 IGA、HGA 示范协议本身并没有提供详细的安全和环境标准。作者认为应完善 ECT 能源过境制度中的安全和环境标准条款，加强对环境保护问题的关注，列入人权标准条款，制定统一的安全和环境准则或行为守则，建立一个更合适的涵盖明确和统一的安全和环境标准的国际法律框架。

第四章——油气管道过境的税、费问题。本章在区分过境税和管输费的基础上，分别介绍了油气管道过境的税收种类、税收原则和税收风险，以及管输费的制度前提和构成体系等问题；其次对 ECT 制度框架下和各国油气管道实践中对过境税、费问题的基本界定、实施原则和具体规定进行对比分析；在此基础上提出对 IGA、HGA 示范协议的修改建议，认为应纳入不歧视、公平和透明的税收原则，引入第三方准入制度和管输费制度，使管道运营商公平、无歧视地提供适应市场需要的管道运输服务并享有收益权利；顺应并引导过境税费制度的发展趋势，在 ECT 制度的基础上创建跨境管道税、费制度的法律框架。

第五章——油气管道过境争端解决机制。本章针对过境制度中的争端解决机制进行分析和研究，首先论述 ECT 过境争端解决机制的内容，其次结合"俄乌天然气争端"分析俄欧双方在能源关系及其治理模式上的分歧，指出俄欧能源关系的复杂性是导致双方对 ECT 过境争端解决机制持不同态度的背后原因；在对 ECT 的过境争端解决机制进行客观评价的基础上提出相应的改革和完善建议。

第六章——中国与油气管道过境法律制度。本章把目光回落在中国自身，首先分析"一带一路"背景下中国的能源安全战略演变，提出油气管道基础设施建设是"一带一路"建设的基石和前站，梳理了"一带一路"下能源运输管线合作现状；其次从国内法、双边和多边三个层面对中国的能源过境法律现状进行归纳和总结，提出中国现有的能源过境法律制度在各个层面的不足；最后提出"一带一路"背景下中国能源过境法律制度的完善建议。笔者认为中国应积极顺应国际能源治理的发展趋势，合理评估 ECT 过境制度对中国开展能源运输合作的影响，完善国内法上的能源管道管理制度；根据合作对象的地缘区位和禀赋差异，有针对性地制定管道合作策略，务实开展"一带一路"下油气管道领域的双边合作；积极参与和开拓油气管道领域的多边治理与合作，可考虑加入《能源宪章条约》并推动其改革，建立中国或亚洲主导的"一带一路"能源合作组织，重视并充分利用其他专门性国际能源组织和综合性多边机制。

第一章 油气管道过境的法律 制度和发展趋势

　　随着现代民族国家的产生以及国际法作为一门专门调整国家间法律关系的法律制度而出现，国际法意义的"过境"（transit）有了其专门的定义，即指货物或人员至少在两个国家的边境通过。①与过境行为相伴随的，就是过境自由原则这一基础性和指导性原则的不断演进。随着贸易自由化的发展，油气管道过境的不歧视原则和不妨碍原则开始形成。油气管道过境的国际法律制度主要由以ECT为代表的多边能源治理机制下的过境制度和国家间的油气管道过境法律实践构成，并呈现出条约化、多边化、精细化的特点和发展趋势。

第一节 油气管道过境的法律原则

　　油气管道过境的法律原则是体现过境法律制度的基本精神和理念的最高规则，也是该领域具体法律规则和制度的基础，这些原则具有深厚的国际法理论基础，映射出国际法上相关理论和制度的历史发展过程和内在衍进逻辑，对具体的能源过境法律实践具有指导意义。具体而言，油气管道过境的法律原则主要包括过境自由原则、非歧视原则和不妨碍原则。

---

　　① 参见 Rainer Liesen, Transit Under the 1994 Energy Charter Treaty, Journal of Energy & Natural Resources Law, Vol. 17, 1999, p. 58。

一、过境自由原则

(一)过境自由原则的国际法理论基础

如果去探寻人类历史上为何会产生"过境"活动,会发现过境行为的产生既有源于地理条件和资源分布的差异、所导致通过过境以弥补或平衡这种差异的客观驱动,也有谋求开展贸易活动、获得经济利益的主观诉求,更有因领土分隔、国际组织机构兴建等政治或法律因素引起的过境实践。

1. 过境自由原则源自现代国际法上国际地役制度。"过境自由原则"(the Principle of Freedom of Transit)是指货物或人员有权利在至少两个国家的边境通过,就国内法而言,它意味着通行权或地役权;[①] 而从国际法来看,与之相对应的就是国际地役。

国际地役(International Servitude)也称为国家地役,是指"为了使得一国的领土或其一部分满足别国的利益,依条约对前者的领土主权所加的限制"。[②] 国际地役的概念来源于罗马法的地役权,后者是指为了自己土地的便利或利益,而在一定范围内使用他人土地的权利。与国内法上的地役权不同,国际地役不以领土相邻为必要条件,其设定必须以条约为根据,主体只限于国家;[③] 国际地役的客体是国家领土,包括领陆、领水和领空;国际地役的本质是对国家主权的限制,在现代国际法上国际地役主要涉及过境权问

---

① 参见杨泽伟:《国际法析论》(第四版),中国人民大学出版社 2017 年版,第 388 页。

② 参见周鲠生:《国际法》(下册),商务印书馆 1981 年版,第 469 页。

③ 国际法院的判例肯定了国际地役的存在,例如,1932 年常设国际法院对"上萨瓦自由区和节克斯区案"(the Free Zones of Upper Savoy and the District of Gex Case)的判决和 1960 年国际法院对"印度领土通行权案"(the Right of Passage over Indian Territory Case)。

题，① 是一种积极的国际地役②，即供役国承担允许他国在本国领土上从事某项行为。例如，供役国允许需役国利用其领土作为通道，或利用其海港进出物资，或允许他国在本国领土上建筑军事设施或允许地下油气管道过境。由于国际地役是对国家领土主权的一种限制，因此随着国家主权理论的演变，对过境权和"过境自由原则"的认识也在发生变化。

2. 传统国际法上的绝对主权优先理论与过境权。主权是现代国家的根本特征。在追求最高权力的意义上，国家从产生之日起就始终实践着原始的主权原则。在传统国际法上，无论是博丹的君主主权论还是霍布斯的契约君主主权，抑或是卢梭的人民主权论，甚至到 19 世纪中期黑格尔的极权主义绝对主权论都是强调国家主权的绝对性，即主权的最高性、绝对性和不受限制性。因此，在传统国际法的绝对主权观念的视野中，国家享有国家主权，就有权对领土范围内的过境人员、设施等进行限制和管理，正如习惯国际法上的一般假定，一国公民无权经过或跨越他国领土。③ 霍尔关于国际河流的航行问题的分析强调了这一点，国家有权选择关闭或开启河道，对过境者征收关税或进行管制。④

基于对国家主权原则的重视和强调，各国没有义务允许在其领土内通过及与其在领土内进行自由贸易，因此在将贸易自由和过境自由原则联系在一起的概念中，可能存在一些力量，认为过境自由原则不像贸易自由那样拥有较强的法律效力。因此，过境问题必须

① 参见杨泽伟：《主权论——国际法上的主权问题及其发展趋势研究》，北京大学出版社 2006 年版，第 56 页。

② 与积极的国际地役相对应的是消极的国际地役，指供役国应需役国的要求，承诺不在其有关领土上从事某种行为，以限制本国领土主权的行使。例如：承诺不在其边境地区构筑军事要塞或设置军事设施，或在上述地区修建污染环境的工厂等。

③ 参见 Report of the International Law Commission, 1958, U. N. doc. A/3859, p. 25。

④ 参见 E Lauterpacht, Freedom of Transit in International Law, Transactions of the Grotius Society, Vol. 44, 1958, p. 316。

受制于国家的绝对处置权，这和以旅居或从事商业活动为目的而进入一国要受制于国家的处置权是一样的，① 即除非基于条约的授权和允许，一国不能在他国享有过境的权利。

3. 主权观念的转变对过境权的影响。尽管绝对主权观念对过境权的看法看似简单明确，即要么取决于明确的条约规定，要么不存在，但这已不适合国际法的发展现状。尤其是随着国家主权观念从绝对向相对转变，身份意义和权能意义的主权观念分离，国家可以基于自愿对权能意义的主权权利予以"让渡"或"交换"，并由此希望获得对自身发展更有利的条件和结果。这种观念的变化也使得对过境权的解释和适用有了更加灵活的空间。尤其是随着现代国家关系从分立型向合作型转变，各个国家早已不是可以偏安一隅、只顾自己而罔顾其他的原始状态，新的国际政治经济关系要求各国用更加理性、全面的视角看待国家主权问题以及与此密切相关的国际合作问题。正是在这种意义上，过境自由和国际合作的关系成为题中之义，即允许过境自由权对国家主权的突破。

4. 过境自由原则在国际习惯法上的发展脉络。劳特派特（Lautepacht）在 1958 年撰写的《论国际法上的过境自由》一文中，对过境自由原则的法理依据和演变过程进行了较完整的论述。早在 17 世纪，国际法之父格老秀斯（Grotius）在其名著《战争与和平法》中提出"只要不对过境国产生危害，国家间的过境应该成为一项普遍的权利"。在国际法的形成时期，格老秀斯的观点对一些国际法学者产生了影响。例如，普芬多夫（Pufendorf）认为人道法创造了给有需要的人提供帮助的义务，但是有需要的国家在这方面并没有可执行的权利，但最终又接受格老秀斯的观点，认为"通过权是存在的"，"只要过境国没有受到伤害，或者在满足生活需要的情况下有关商品的过境"。瓦特尔（Vattel）认为"只有在不危害主权的条件下，通过签订协议的方式才可允许过境"。在现代国际法上也有国际法学者对过境权予以肯定。例如，海德

---

① 参见 E Lauterpacht, Freedom of Transit in International Law, Transactions of the Grotius Society, Vol. 44, 1958, p. 318。

（Hyde）认为"根据提出过境主张的国家的地理位置和相对孤立性进行判断"，如果"一国的地理位置在商业通道上具有重要性，而其在和平时期提供的是一种障碍而非过境的支持，那么长此以往，将被认为是有失公平的"。劳特派特提出"正是因为国家间的相互毗邻，国家不能随意拒绝出于便利和交往而对必要路径的使用"。①

从过境自由原则的适用领域来看，其经历了从水路过境向陆路过境的发展过程。从跨界河流、国际运河的航行自由再到公海的航行自由和领海的无害通过制度，这些制度几乎是与习惯规则平行发展的，且在国家实践中亦有体现。在19世纪，陆地过境是过境国的特权，并且是通过单独许可或在条约下授予的。直到第一次世界大战结束，解决陆地过境的多边努力与领海的无害通过制度是平行发展的。然而，虽然无害通过权与公海制度有关，但是陆上过境却不被认为是由公海制度推论出的必然结果；相反，其被认为是推动内陆国过境权发展的一项特殊权利。总体而言，在国际法上，从水路到陆路的"过境自由"制度分别出现，并为不同的目的和特定的国家集团服务，但本质上，过境国的利益与其他国家的利益之间的平衡是关于过境的所有规则的基础。

（二）过境自由原则的国际条约回溯

1. 1919年《国际联盟盟约》（The Covenant of the League of Nations）。该盟约首次提出了与过境制度相关的两个主要原则，即"过境自由"原则和"平等待遇"（或不歧视）原则。盟约第23条（戊）款规定："联盟会员国应……采用必要的办法，对联盟所有会员国确保并维持交通及过境之自由，暨商务上之公平待遇。"可见，盟约这一规定旨在确保和保持联盟所有成员国的过境与通信自由以及商业活动中的平等待遇。

2. 1921年《巴塞罗那过境自由协定规约》（Barcelona Convention and Statute on Freedom of Transit）。这是第一个将过境制度运用到国

---

① 参见 E Lauterpacht, Freedom of Transit in International Law, Transactions of the Grotius Society, Vol. 44, 1958, p. 322。

际实践中的国际条约。规约第 2 条规定："除本规约另有规定外，缔约国为调整和促进穿越处于其主权或权力之下的领土的运输所采取的措施，应当为在便于国际过境所用的路线上经铁路或水路自由过境提供便利。不得以人员的国籍、船旗、产地、出发地、进口地、出口地或目的地，或者以有关货物或船舶、车辆或货盘或其他运输工具的所有权的任何情况为依据，区别对待。为了确保本条规定的实施，缔约国应允许遵循习惯的条件和保留而在其领水过境。"可见，该规约进一步重申了对过境自由权利的引入，确认了各国便利过境的义务。虽然规约所规定的过境自由主要适用于铁路和水路运输，并不直接适用于跨境管道运输，但规约的主要规定已经获得适用于任何与过境相关活动的习惯国际法的地位，① 是有关一般过境权的主要法律渊源。②

3. 1947 年《关税及贸易总协定》（The General Agreement on Tariffs and Trade，以下称 GATT1947）。GATT1947 是规制国际贸易的多边协定，其第 5 条"过境自由"规定了适用于货物过境的一般过境权的原则。该条第 2 款规定："对于通过国际过境最方便的路线、来自或前往其他缔约方领土的过境运输，应具有经过每一缔约方领土的过境自由。不得因船籍、原产地、始发地、入港、出港或目的地，或与货物、船舶或其他运输工具所有权有关的任何情况而有所区分。"虽然第 5 条建立了过境自由的一般原则，但是其范围限定于"最便利国际过境的路线"，而对于如何确定"便利路线"并没有指导，对于谁有权决定以及该条款是否指地理方便亦尚不清楚。

半个世纪后，GATT1947 的规定被纳入 GATT1994，成为 WTO 规则的一个组成部分，但内容几乎没有改动，过境条款仍保持不

---

① 参见 Sergei Vinogradov, Gokce Mete, Cross-Border Oil and Gas Pipelines in International Law, German Yearbook of International Law, Vol. 56, 2013, p. 11。

② 参 见 Sergei Vinogradov, Cross-Border Oil and Gas Pipelines: International Legal and Regulatory Regimes, Dundee University thesis, 2001, p. 33。

变。由于 GATT1994 仍未区分能源贸易和其他货物贸易，因此第 5 条适用于"货物的过境"是否涵盖"能源产品过境"（尤其是通过固定基础设施）的问题就有了相互矛盾的解释，但多数学者认为该规定适用于包括石油和天然气在内的能源产品的过境。① 应当注意到的是，即便第 5 条能够适用于"能源产品过境"问题，其过境条款也因缺乏针对性和系统性而难于解决能源过境领域的复杂问题。

4. 1958 年《日内瓦公海公约》（Geneva Conventions）。公约制定了有关海底管道的规定，将"铺设海底电缆和管道的自由"确定为所有国家的一项重要权利，且被"国际法的一般原则"所确认（《日内瓦公海公约》第 2 条（3）款），② 并且适当顾及已经铺设的管道（第 26 条第 3 款）。③《日内瓦大陆架公约》规定所有国家有权在大陆架上铺设海底管道，但须遵守沿海国对大陆架及其自然资源的勘探开发"采取合理措施"的权利。④ 这两项公约均被

---

① 参见 Martha Roggenkamp, Transit of Network-Bound Energy: The European Experience, in Thomas Wälde ed., The Energy Charter Treaty: An East-West Gateway for Investment and Trade, Kluwer Law International, 1996, p. 499; Yulia Selivanova, Challenges for Multilateral Energy Trade Regulation: WTO and Energy Charter, Society of International Economic Law (SIEL), Second Biennial Global Conference, 8-10 July 2010, available at http://www.sielnet.org, last visited on Dec 30, 2020。

② 1958 年《日内瓦公海公约》第 2 条第 3 款：公海对所有国家开放，任何国家不得有效地声称将公海的任何部分置于其主权之下。公海自由是在本公约和其他国际法规则所规定的条件下行使的。公海自由对沿海国和非沿海国而言，除其他外，包括：……（3）铺设海底电缆和管道的自由。……所有国家行使这些自由以及国际法的一般原则所承认的其他自由时，都应适当顾及其他国家行使公海自由的利益。

③ 1958 年《日内瓦公海公约》第 26 条第 3 款：在铺设此种电缆或管道时，有关国家应充分注意海底已有的电缆或管道，特别是不得妨碍对现有电缆或管道进行修理的可能性。

④ 1958 年《日内瓦大陆架公约》第 4 条：沿海国除为探测大陆架及开发其天然资源有权采取合理措施外，对于在大陆架上敷设或维持海底电缆或管线不得加以阻碍。

1982 年通过的《联合国海洋法公约》取代。

5. 1965 年《内陆国过境贸易公约》(Convention on Transit Trade of Landlocked States)。这是第一个专门规定内陆国家过境问题的多边条约。公约在序言中"承认内陆国需要充足的过境便利以促进国际贸易"。公约第 2 条第 1 款规定了过境自由原则,"对于过境运输及运输工具,应依本公约规定许给过境自由。除本公约另有其他规定外,缔约国对于经过其领土之运输所施各项调节及执行办法,应使关系缔约国为过境目的彼此接受之现行路线上之过境运输获得便利。为符合本公约之规定,不得根据来源地、出发地、入境地、出境地或目的地,或根据与货物所有权或所有船舶、车辆或其他运输工具之所有权、注册地或国旗有关之任何情况而为歧视。"此外,根据公约第 11、12 条的规定,允许某些重要的例外,如基于"公共健康、安全、知识产权保护"和"在紧急情况下","[缔约方]政治生存或[……]安全"。由于公约明确排除最惠国待遇条款的适用,强调基于互惠原则实施公约,并要求与过境国缔结单独的协议,由于这些条件受到许多内陆国家批评,因而公约的参加国很少,其实际影响也很有限。

6. 1982 年《联合国海洋法公约》(United Nations Convention on the Law of the Sea)。作为一项"一揽子条约",公约为海洋及其资源的利用提供了一个包罗万象的规范框架,① 并引入了许多适用于海底和陆地管道的法律制度,对过境自由原则都有规定。

(1)海底管道过境制度中的过境自由原则。《联合国海洋法公约》第五部分"专属经济区"、第六部分"大陆架"和第七部分"公海"有许多调整国家间有关海底管道活动的规定。例如,以"公海自由"原则为基础,要求自由使用公海,包括所有国家有权铺设海底管道和电缆。公海自由权利的行使受"适当顾及"义务的规制,目的在于保护其他国家的利益以及对海洋的合法利用。

(2)陆地管道过境制度中的过境自由原则。《联合国海洋法公

---

① 参见 the current status of the UNCLOS (2014), available at http://www. un. org/depts/los/reference_files/status2010. pdf, last visited on Dec 30, 2020。

约》第十部分专门规定了"内陆国家出入海洋的权利和过境自由"，公约第 125 条第 1 款规定："为行使本公约所规定的各项权利，包括行使与公海自由和人类共同继承财产有关的权利的目的，内陆国应有权出入海洋。为此目的，内陆国应享有利用一切运输工具通过过境国领土的过境自由。"该规定反映了 1921 年《巴塞罗那过境自由协定规约》和 1965 年《内陆国过境贸易公约》的原则。虽然第十部分不直接适用于管道，内陆国和过境国可以通过它们之间的协议将油气管道作为运输的方式。①

7. 2014 年《贸易便利化协定》（Agreement on Trade Facilitation）。WTO 总理事会于 2014 年 11 月通过了《贸易便利化协定》并将其纳入《世贸组织协定》附件 1A 中，该协定是关于加速货物的流动、放行和清关以及货物过境的多边贸易协定，也是 WTO 成立 20 年以来达成的首个多边贸易协定。协定旨在澄清和改进 1994 年《关税与贸易总协定》第 5 条（过境自由）、第 8 条（进出口规费和手续）以及第 10 条（贸易法规的公布和实施）的相关内容。其中与第 5 条（过境自由）相关的义务主要包括：信息公布、法律法规评论及生效前公布、预裁定、上诉或审查程序及其他措施。② 这些规定构成了成员国在贸易便利化方面的实质性义务，完善了 1994 年《关税及贸易总协定》第 5 条有关过境自由的规定，是过境自由原则更为具体和细化的体现。

通过上述对过境自由原则相关的国际条约的梳理和回溯，不难发现，过境自由原则是过境运输的一条最基本的原则。虽然至今国际社会还未有一部统一的国际能源管道运输条约，但是随着相关国际条约和法律制度的发展与演变，过境自由原则的外延和内涵也在不断拓展并日渐明晰。过境自由原则从最初的概括适用于"商业

① 1982 年《联合国海洋法公约》第 125 条第 2 款：行使过境自由的条件和方式，应由内陆国和有关过境国通过双边、分区域或区域协定予以议定。

② 参见 Protocol Amending the Marrakesh Agreement Establishing the World Trade Organization, 2014, available at http://images.mofcom.gov.cn/sms/201510/20151016171325893.pdf, last visited on Dec 30, 2020。

行为",到明确"铁路与水路运输的过境自由",再到"货物贸易的过境自由",尤其是随着海洋法制度的发展,公海自由制度和海底管道制度的制定和实施极大地推进了油气管道运输过境自由原则的发展。尽管对于《关税及贸易总协定》第 5 条是否适用于能源过境问题仍存争论,但是《巴塞罗那过境自由协定规约》和《关税及贸易总协定》这两项公约仍然是关于一般过境权的国际法主要渊源。同时,上述国际条约中对过境自由原则的限制也沿袭了习惯国际法的一般例外和根本例外,折射出国际习惯法的发展趋势,即行使过境自由的权利不是绝对或无底线的,如缔约国出于影响国家安全或重大利益的紧急状态下,有权采取措施暂时中断或禁止人员或货物过境。这样的例外性条款有如一把"双刃剑",一方面可以排除缔约国在紧急状态下的不法责任;另一方面却使得过境自由原则的内涵和外延呈现出模糊性和不确定性,为权利的滥用留下隐患。

(三)ECT 下过境自由原则释义

1. ECT 有关过境自由原则的规定。ECT 第 7 条第 1、4 款的规定涉及能源过境的过境自由原则。ECT 第 7 条第 1 款规定:"各缔约方都应该采取必要的措施促进能源原料和产品的过境运输,本着与过境运输的自由原则相一致的原则,不能有区别地对待这些能源原料和产品的起运点、目的地或所有者,或基于这些差别而产生价格歧视,不能无理由地拖延、限制或增加费用。"

ECT 的上述规定体现了 ECT 过境制度的指导思想:过境自由和不歧视,并对缔约国施加了对过境请求要予以准许的一般义务,提出缔约国"应采取必要措施"以"促进能源原料和产品的过境运输"。有学者认为,ECT 第 7 条第 1 款的措辞使其条款比 GATT 第 5 条规定的条款要弱一些,因为采取必要措施"促进"过境的规范强度低于确保"应有过境自由"。[1] 但有趣的是,还有一些学

① 参见 M. Roggenkamp, Transit of Network-bound Energy: The European Experience, in Thomas Wälde ed. , The Energy Charter Treaty: An East-West Gateway for Investment and Trade, Kluwer Law International, 1996, p. 509。

者则对第 7 条第 1 款作了不同的解释。例如，认为 ECT 第 7 条只是对 GATT 第 5 条的直接参考；① 或认为 ECT 第 7 条第 1 款的规定超越了 GATT 第 5 条对过境自由和不歧视原则的确认，理由是 ECT 下要求各缔约方必须采取必要的措施"促进"能源原料和产品的"自由进入"，不同于之前的条约或协定中只是"允许自由进入"的那些被动的要求，ECT 的规定是一个积极的要求。② 虽然学者们对这一条款的意义和作用作出了不同解释，但是这一条款如何在实践中被缔约国解释还有待观察。

ECT 第 7 条第 4 款规定："如果能源原料和产品的运输在商业条件下不能以现有的能源运输设施完成，缔约方不能对建设新的运输能力设置障碍，除非有与第 1 款相一致的适当法律所允许。"

该条规定可以说是 ECT 过境制度中最有新意的过境条款之一，因为认识到建立新基础设施以促进贸易的迫切需要，该条款的规定正是为了面对和解决这种需要。根据条款的规定，在现有的运输设施不足以满足或完成过境要求时，各缔约国"不能对建设新的运输能力设置障碍"，"除非有与该条第 1 款相一致的适当法律所允许"（即符合过境自由和不歧视原则）。根据对谈判会议"最后文件"中这一段的理解，关于土地利用、安全或技术标准或环境事项的法律将属于这一例外的范围。虽然表面上看来这种建设新的或附加过境设施的权利似乎对国际过境法律制度引入了新的内容，但是该权利的引入是通过若干区域过境公约而逐步确立的，如在 1923 年"电力传输公约"中就明确规定了这项权利，GATT 第 5 条虽然没有明确包括这种权利，但也可以这样的方法解释。③

2. 对 ECT 过境自由原则规定的评价。通过上述规定，可以看到

---

① 参见 C. Bamberger, The Energy Charter Treaty—a description of its provisions, International Energy Association, 1995, p. 17。

② 参见 A. A Fatouros, Energy Transit and Investment in the Energy Charter Treaty, 1998, available at http：//nomos. csd. auth. gr/TELM/Two/Fatouros/fatouros. html, last visited on Dec 30, 2020。

③ 参见 M. Roggenkamp, Transit of Network-bound Energy: The European Experience, in Thomas Wälde ed., The Energy Charter Treaty: An East-West Gateway for Investment and Trade, Kluwer Law International, 1996, pp. 510-511。

ECT 在"过境"条款中明确提及"过境自由原则",并对缔约国施加了对过境请求要予以准许的一般义务,即只有在有可能危害能源系统安全和效率的情况下才有权拒绝过境的请求。但是,条约中所提到的"过境自由原则"是否意味着在能源过境领域就确立了"过境自由原则"是有争议的。一方面,条约有关"过境自由原则"的规定是模糊不清、语焉不详的。例如,什么是"促进"能源过境的"必要措施",以及如果认为条约的规定真正建立了"过境自由原则",那么该原则在实践中又该如何体现和实施等问题,因此,仅就《能源宪章条约》所规定的"过境自由原则"而言,还需要对很多相关问题进行明确。有学者认为,ECT 只是提到了"过境自由原则",而不是确立了这一原则,它对"过境自由原则"的普遍实施并没有太大的实际意义。① 事实上,过境自由从来不是一项绝对权利,国家主权的基石对过境权的主张提出了一个永久的问题,这两者有如两个不安的伙伴相互伴随。有鉴于此,ECT 第 7 条第 1、4 款有关过境自由的规定,也是试图在这些相互矛盾的概念之间取得平衡。

二、非歧视原则

如果说过境自由原则尚是一种"形成中"的原则,那么非歧视原则(the Principle of Non-discrimination)则已经是一项国际法上普遍适用的原则。在油气管道过境运输方式下,非歧视原则亦有具体的制度内涵和要求。

(一)非歧视原则的国际法理论基础

非歧视原则,又称无差别原则,是世界贸易体系的一项基本原则,② 也是国际贸易"赖以进行的柱石"。③ 一般意义上的非歧视

---

① 参见 Rainer Liesen, Transit Under the 1994 Energy Charter Treaty, Journal of Energy & Natural Resources Law, Vol. 17, 1999, p. 72。

② 参见 Julia Ya Qin, Defining Nondiscrimination under the Law of the World Trade Organization, Boston University International Law Journal, Vol. 23, 2005, p. 215。

③ 赵维田:《世贸组织(WTO)的法律制度》,吉林人民出版社 2000 年版,第 51 页。

原则是指一缔约方在实施某种限制和制裁措施时，不得对其他缔约方实施歧视。在以 GATT/WTO 规则为主导的多边贸易机制中，非歧视原则是指各成员应公平、公正、平等地一视同仁对待其他成员的包括货物、服务、服务提供者或企业、知识产权所有者或持有者等在内的与贸易有关的主体和客体。①

1. 对贸易自由化的诉求是非歧视原则的经济动因。建立和发展多边贸易体制的原初动力是避免贸易歧视和摩擦，实现各国间的平等贸易，并以"互惠""非歧视"等为目标和要求实现对贸易自由化的追求。② 尤其是 20 世纪以后"全球化现象"日益突出，在促进世界多边贸易体制形成的同时，进一步推动全球贸易自由化的实现。本质上，对"非歧视"的倡导，也是为了服务并推动贸易自由化这一目标。

贸易自由化作为一种经济现象，相关的理论和主张早已汗牛充栋，但在诸多的国际贸易理论中，以亚当·斯密的"绝对优势理论"③、大卫·李嘉图的"比较优势理论"④ 为代表的古典经济学理论和以

---

① 参见刘德标：《世界贸易组织及其多边贸易规则》，中国商务出版社 2005 年版，第 58 页。

② 参见 Kyle Bagwell, Robert W. Staiger, Reciprocity, Non-discrimination and Preferential Agreements in the Multilateral Trading System, NBER Working Paper No. 5932, Feb. 1997, available at：http：//www. nber. org/papers/w5932, last visited on Dec 30, 2020。

③ 绝对优势理论，又称绝对成本说、地域分工说。该理论将一国内部不同职业之间、不同工种之间的分工原则推演到各国之间的分工，从而形成国际分工理论。该理论认为，如果各国都按照各自的有利生产条件进行分工和交换，将会使各国的资源、劳动力和资本得到最有效的利用，将会大大提高劳动生产率和增加物质财富。该理论是主张自由贸易的最早理论，解决了具有不同优势的国家之间的分工和交换的合理性。参见李俊江、史本叶：《国际贸易学说史》，光明日报出版社 2011 年版，第 48~51 页。

④ 比较优势理论认为，国际贸易的基础是生产技术的相对差别（而非绝对差别），以及由此产生的相对成本的差别。每个国家都应根据"两利相权取其重，两弊相权取其轻"的原则，集中生产并出口具有"比较优势"的产品，进口具有"比较劣势"的产品。比较优势贸易理论在更普遍的基础上解释了贸易产生的基础和贸易利得，对绝对优势理论是一种极大的发展。参见李俊江、史本叶：《国际贸易学说史》，光明日报出版社 2011 年版，第 60~63 页。

赫克歇尔、俄林的"生产要素禀赋论"①为代表的新古典贸易理论，仍然是理解国际贸易行为的产生及发展的基础理论，在整个贸易学说史中占有重要地位。②其中，绝对优势理论揭示了社会生产力发展的根源所在，说明自由贸易将促进分工的提高和完善，是自由贸易思想最重要的理论基础之一；比较优势理论则揭示了国际贸易的原因以及这种原因的互利性，从理论上证明国际贸易对所有参与国将具有福利，从而为贸易自由化提供了理论基础，决定了国际贸易自由化的基本走向；要素禀赋论在比较利益范围内对国际贸易产生的原因进行了更深入的探讨，认为国家间商品相对价格的差异是国际贸易的直接原因，认识到了生产要素及其组合在各国进出口贸易中居于重要地位，主张自由贸易，是对古典贸易理论的重大创新。这三种国际贸易的基本理论，尤以比较优势理论为核心，阐明了贸易自由化的价值取向，即应该实施自由化的贸易政策，而不是采取贸易保护主义。

贸易自由化的政策走向带来了一系列措施的制定和实施，伴随着贸易自由化的参与主体从双边到多边，调整范围从小到大的变化过程，非歧视原则的基本原则地位得到确认，并在多边贸易体制下有了更为重要的意义。③非歧视原则以"不低于"的要求，在客观上产生了若降低一个国家的待遇则需降低所有国家的待遇，若优惠一国则需优惠所有国家的效果，从而提高了政策变更的难度，制

---

① 要素禀赋理论以要素分布为客观基础，强调各个国家和地区不同要素禀赋和不同商品的不同生产函数对贸易产生的决定性作用。要素合作型 FDI 是该理论的扩展，该理论的基本原则是转移可流动要素与不可流动要素的结合，提高各类生产要素的利用效率。要素禀赋是指一国所拥有的两种生产要素的相对比率，这是一个相对的概念，与其所拥有的生产要素绝对数量无关。参见李俊江、史本叶：《国际贸易学说史》，光明日报出版社 2011 年版，第 97~106 页。

② 参见国彦兵：《西方国际贸易理论：历史与发展》，浙江大学出版社 2004 年版，第 32~35 页。

③ 参见 Louis Kaplow, Steven Shavell, Fairness Versus Welfare, Harvard Law Review, Vol. 114, 2001, p. 1363。

约了国家干预贸易的能力，进而提高了多边贸易制度的可预见性。① 1995 年的 WTO 协定以最为引人注目的方式提及了"歧视"一语，在其前言中写道："期望通过达成互惠互利安排，实质性削减关税或其他贸易壁垒，消除国际贸易关系中的歧视待遇，从而为实现这些目标做出贡献……"② 因此，该原则旨在以多边贸易体制来限制并消除经济实力战略以及固有的对国际贸易过程中相关主体、客体等各因素的歧视现象，要求各成员国在贸易事项中不得给予产品、服务或其提供者以"歧视"或差别待遇。③ 作为国际贸易领域的一项基本原则，这种"非歧视"的要求对成员方而言有着根本性和普遍性的指导意义，非歧视原则主要通过最惠国待遇和国民待遇来实现。

2. 追求实质公平是非歧视原则的初衷和价值理念。正如罗纳德·德沃金所言，"法律原则的本质是道德理论及本于它所导出的价值原则"。④ 因此，应理清法的基本原则与法的价值和理念之间的关系，相较于法律原则而言，法所体现的价值是法律所追求的终极目标，而将法的理念和价值等同于法的基本原则将混淆法在应然（law as it ought to be）与实然（law as it is）之间的差别。

非歧视原则作为国际贸易制度领域的一项基本原则，投射了国际法上国家主权原则和平等互利原则的要求，在这些原则的背后，对于贸易自由和贸易公平的追求是非歧视原则的初衷。"歧视"一

---

① 参见朱迪斯·戈尔茨坦：《国际制度与国内政治：GATT、WTO 和国际贸易自由化》，载［美］安妮·O. 克鲁格编，黄理平等译：《作为国际组织的 WTO》，上海人民出版社 2002 年版，第 182~221 页。

② 《WTO 协定》中的这段话原文源自世贸组织的前身——关贸总协定的基本文件 GATT1947 的前言。

③ 在 GATT/WTO 多边贸易规则中，缔约方或成员方都多次强调了对"削减贸易壁垒""消除贸易歧视""开放的市场导向政策""内容更加广泛的市场开放协议""开放的多边贸易体制"和"贸易自由化"等概念所代表的贸易自由化的承诺。

④ 参见［美］罗纳德·德沃金著，信春鹰、吴玉章译：《认真对待权利》，上海三联书店 2008 年版，第 34~35 页。

词在语义上的贬义色彩使得"非歧视"的主张有着道义上的倡导性的力量，彰显出在贸易自由化的方向上力求减轻并消除种种贸易保护主义的力量。然而，国际贸易的法律制度本身似乎有一种天生的人格分裂的特质，任何对国际贸易的规定都在一定程度上构成对贸易自由的阻碍。① 究其根源是因为国际贸易活动中所追求的价值目标具有多重性和冲突性。从法律规则上，这种矛盾表现在贸易规则所规定的诸多例外中，甚而有学者质疑非歧视原则的诸多例外是否已影响到非歧视原则在全球贸易体系的地位②；从价值驱动上，体现为各个国家既想通过贸易自由化开拓别国市场，又想维护本国的经济独立，保护国内经济参与主体的利益，以及对国家安全、民族情绪的顾及。这种价值的多元性和价值内容的不确定性构成非歧视原则产生和实施的背景，也使得多边贸易体制下如何协调非歧视原则所代表的贸易自由价值和多种规则例外所体现的其他价值之间的冲突成为必然需要面对的问题。罗尔斯在其名著《正义论》中开宗明义地指出："正义是社会体制的第一美德，正如真理是思想体系的第一美德一样……某种非正义之所以能够容忍，也只能是因为需要以此避免更大的非正义。作为人类活动的第一美德，真理和正义都是不折不扣的。"③ "作为平等要求的另外一种体现，非歧视与自由长期以来就是探讨正义问题的焦点，它反映了通过运用法律手段建构一种适合于人类生活的社会秩序的努力"。④ 毋庸置疑，

---

① 参见 Kyle Bagwell, Robert W. Staiger, Reciprocity, Non-discrimination and Preferential Agreements in the Multilateral Trading System, NBER Working Paper No. 5932, Feb. 1997, available at http：//www. nber. org/papers/w5932, last visited on Dec 30, 2020。

② 参见 T. N. Srinivasan, Nondiscrimination in GATT/WTO：Was There Anything to Begin with and is There Anything Left? World Trade Review, Vol. 4, 2005, p. 69。

③ 参见 John Rawls, A Theory of Justice, Harvard University Press, 1999, pp. 3-4。

④ 参见［美］E. 博登海默著，邓正来译：《法理学：法律哲学与法律方法》，中国政法大学出版社 1999 年版，第 252~257 页。

对实质公平的追求，是非歧视原则作为一项法律原则所追求的法的终极理想和目标。

（二）ECT下非歧视原则释义

1. ECT有关非歧视原则的规定。《能源宪章条约》第7条第1、3款的规定涉及能源过境的非歧视原则。《能源宪章条约》第7条第1款规定了各缔约方"……不能有区别地对待能源材料和产品的起运点、目的地或所有者"，或者"基于这些差别而产生价格歧视"，且"不能无理由地拖延、限制或增加费用。"该条款的核心是禁止对过境的能源材料和运输产品进行歧视。所禁止的歧视行为有以下几种情形：（1）基于能源材料和产品的原产地、目的地或所有权的不同进行区分；（2）基于所作出的区分进行的定价歧视；（3）基于所作出的区分而无理由地对过境行为予以拖延、限制或增加费用。该规定对过境活动中的有可能产生歧视或差别待遇的原因和情形作出了描述。

ECT第7条第3款规定："每一个提供能源材料和产品过境运输及能源运输设施使用的缔约方，在对待能源原料和产品过境运输时，不应采取低于对待起运于（originating in）或（or）目的地（destined for）在本区域的能源原料和产品的方式，除非现有的国际协议中有其他规定。"该条款涉及各缔约方对过境的能源材料和产品的非歧视义务。即对于承担过境义务的缔约方来说，所给予过境的能源材料和产品的待遇，不得低于在本区域出口或进口能源材料或产品的待遇；换言之，应当给予过境能源材料和产品以和进口或出口能源材料或产品同等或更高的待遇。对该非歧视义务的理解涉及一个核心问题，那就是与出口和进口能源材料和产品的不歧视义务相比（最惠国待遇），其不歧视义务的比较范围是否也包括国内运输中的能源材料和产品（国民待遇）。也就是说，条款中所规定的"起运于或目的地在本区域的能源材料和产品"是指要么"起运于本区域"，要么"目的地在本区域"这两种情形，还是也包括"起运于且目的地都在本区域"这一情形，后者即为"国内运输"的情形，与该情形相比较的待遇即为国民待遇。

在不同的法律文献中，对于该条款的适当解释有两种不同意见。一种意见认为，第7条第（3）款同时规定了国民待遇和最惠国义务，即将过境能源材料和产品的待遇和进口、出口以及国内运输的待遇相对比；① 另一种意见认为，第7条第3款不包括国民待遇义务，即过境能源材料和产品应与进口和出口的待遇相比较，但不与国内运输的待遇相对比，这一观点见于俄罗斯关于"过境议定书"草案第10条的新谅解的提案。②

认为第7条第3款的非歧视义务不包括国民待遇义务的观点，主要基于以下理由：

第一，认为"起运于或目的地在本区域"的措辞中，"或"的含义是一个排除性（exclusively）的概念。即从"或"的一般意义来理解，认为该条文的意思是"或者起运于本区域"，"或者目的地是本区域"，而不是两个条件同时满足。③ 由于国内运输应同时满足"起运地"和"目的地"都是本区域这两个条件，所以本条款中的对待"过境能源材料和产品"的待遇、"不应低于起运于或目的地在本区域的能源材料和产品"的比照对象不包含国内运输。

第二，参照ECT第7条第3款上下文的规定，在条约起草者的意图中，非歧视义务的要求与国内运输无关。其一，从第7条第3款的相关措辞来看，"起运于"和"目的地"都是至少涉及两个国家的国际贸易中的专门术语；其二，ECT第7条共10个条款的所有规定仅涉及货物过境运输，只解决涉及至少两个国家的运输活动，因此，除了第7条第3款的措辞有争议外，整个第7条的规定

---

① 参见 Peter Cameron, International Energy Investment Law：The Pursuit of Stability, OUP Catalogue, 2010, para. 4. 28。

② 参见 T. I. Shtilkind, Energy Charter Treaty：A critical Russian perspective, Oil, Gas and Energy Law Review, Vol. 3, 2005；Latest unofficial version of the Protocol, available at http：//www. encharter. org/fileadmin/user _ upload/document/ TTG_87_ENG. pdf, last visited on Dec 30, 2020。

③ 参见 Azaria Danae, Energy transit under the Energy Charter Treaty and the General Agreement on Tariffs and Trade, Journal of energy & natural resources law, Vol. 27, 2009, p. 559。

并不旨在管制国内运输中的货物；其三，从 ECT 第 7 条及其他规定来看，对连词"或"（or）和"和"（and）的使用并不存在这样的混淆。例如，第 7 条第 10 款对"过境"的定义就用了"从一个国家起运'并且'目的地为另一个国家的能源材料和产品的运输……"。因此，从该条约起草者的意图来判断，其在第 7 条第 3 款中使用了连词"或"而非"和"，就极有可能说明其对非歧视义务的要求并不包含和国内运输待遇的比较。①

如果说第 7 条第 3 款有关非歧视义务的范围是否包括国民待遇的规定确实不够明晰，那么根据《维也纳条约法公约》（Vienna Convention on the Law of Treaties，VCLT）的条约解释规则来进行考察是有必要的。根据 VCLT 第 31 条的规定，条约"应依其用语按其上下文"并"参照条约的目的及宗旨"来"善意解释"，此外，还应考虑各个国家在条约签订之后所订立的"关于条约的解释或适用"的任何协定、惯例，以及"适用于当事国间关系的任何有关国际法规则"。参照该解释规则，本书认为，第 7 条第 3 款规定的非歧视义务既包括最惠国待遇义务，也包括国民待遇义务。理由是：

第一，连词"或"既有排除性（exclusively）的解释，也有包含性（inclusively）的解释，但不论怎样的解释角度都不影响该条款包含国民待遇义务。此处暂且不论对连词"或"的含义的理解，即便退一步，认为"或"是排除性的，依然有可能构成国内运输的构成要素。因为"或"所连接的前后任一条件并不是相互排斥的，满足"起运于本区域"或者"目的地在本区域"这两个条件中的任何一个并不排斥另一个条件的出现或重叠，它们都符合国内运输的构成条件且未穷举该构成条件，即"起运于"本区域的"能源材料和产品"、也可以是"目的地"在本区域的"能源材料和产品"。

---

① 参见 Nadiya Nychay, Dmitry Shemelin, Interpretation of Article 7 (3) of the Energy Charter Treaty, Trade and Investment Law Clinic Papers, 2012, available at http：//graduateinstitute. ch/files/live/sites/iheid/files/sites/ctei/shared/CTEI/Law% 20Clinic/memoranda2012/Law_Clinic% 20NNDS% 20ECT. pdf, last visited on Dec 30, 2020。

第二，ECT 的非歧视目标不是独立的，而是必须在促进过境的框架中理解，结合 ECT 的目的、宗旨，非歧视义务应包含国民待遇义务。如前所述，ECT 的宗旨和目的是"确保能源安全"，而 ECT 过境制度的目的是"便利能源过境"，确保能源"进入国际市场"，这也是实现能源安全的主要方式。① 因此，ECT 的过境制度目标要求以更广泛的方式解读第 7 条第 3 款的内涵，因为与国内运输的待遇相比，对过境的歧视可能被认为不符合促进国际过境目的总体目标和宗旨。

第三，考察 ECT 和 WTO 等国际公约的相互关系，GATT 下的国民待遇原则、过境自由的规定和《贸易便利化协定》中有关过境自由的国民待遇在 ECT 的背景下是适用的。这里有两个层面的问题：一是 WTO 规则中是否有关于过境的国民待遇义务的要求，二是 WTO 的相关规则能否在 ECT 背景下适用。

对问题一，GATT 第 3 条"国内税收和管制上的国民待遇"和第 13 条"数量限制的非歧视管理"，确立了多边贸易体制下的国民待遇原则，但是 GATT 第 5 条"过境自由"第 5、6 款所规定非歧视义务只涉及最惠国待遇，没有明确提出针对过境货物和运输工具的国民待遇义务，但是《贸易便利化协定》第 11 条第 4 项明确规定"每一成员应给予从其他成员领土过境的产品不低于此类产品不需过境应享受的待遇"，② 即国民待遇原则。随着《协定》的通过③，GATT 下有关过境的国民待遇义务已经变得十分明确。

---

① 参见 D. Jenkins, An Oil and Gas Industry Perspective, in Thomas Wälde ed., The Energy Charter Treaty: An East-West Gateway for Investment and Trade, Kluwer Law International, 1996, p. 187。

② WTO《贸易便利化协定》文本，available at http://sms.mofcom. gov. cn/article/dhtp/201510/20151001138374. shtml, last visited on Dec 30, 2020.

③ 《贸易便利化协定》将在 2/3 世贸组织成员（108 个成员）接受《议定书》后生效。截至 2017 年 2 月，已有包括我国在内的 112 个成员接受该协定，超过协定生效所需达到的世贸成员总数三分之二的法定门槛。http://www.mofcom. gov. cn/article/ae/ai/201702/20170202521961. shtml, 最后访问日期：2020 年 12 月 30 日。

对问题二，由于 ECT 的部分缔约方同时也是 WTO 的成员，因此 ECT 十分注重 ECT 和 WTO 规则的相互关系。ECT 序言中写道要参照"GATT 及其相关文件中阐明的国际贸易自由化进程目标和国际贸易非歧视原则和其他原则"，ECT 第 4 条规定了"不减损GATT 和相关文件"，要求 ECT"不会减损目前应用于 GATT 缔约方的有关 GATT 和相关文件的条款"。为了进一步解释 ECT 的规定和 WTO 相关规则的关系，能源宪章秘书处在《能源贸易：ECT 下WTO 规则的适用》的报告中提出："对于纳入 ECT 的 WTO 规则，其只适用于至少有一个缔约方不是 WTO 成员的 ECT 缔约方之间的贸易。在 ECT 背景下，这些规则不适用于 WTO 成员之间。"[1] 能源宪章秘书处在"ECT 适用的贸易规定"的文件中进一步规定："ECT 的贸易体系适用于非 WTO 成员的 ECT 缔约方之间的贸易。"[2] 因此，WTO 的相关规则可不受 ECT 成员之间的干扰而予以适用，并且根据 ECT 的序言，作为 WTO 成员的 ECT 缔约方不排除采用比 GATT 更高的非歧视标准。

2. 对 ECT 非歧视原则规定的评价。ECT 第 7 条第 1、3 款明确规定了能源过境中的非歧视义务，明确了过境能源材料和产品的最惠国待遇义务，对过境活动中的有可能产生歧视或差别待遇的原因和情形作出了描述。就能源管道运输而言，非歧视义务意味着不应把正在运输的能源产品的来源地、目的地或运载工具用作实施差别待遇的依据；不得基于任何这些标准进行定价歧视；以及不应对这种来自或前往其他缔约国领土的过境运输，给予不

---

[1]　Energy Charter Secretariat, Trade in Energy：WTO Rules Applying Under the Energy Charter Treaty（2002）. para. 45, available at http：//www. encharter. org/what-we-do/trade-and-transit/trade-and-transit-thematic-reports/trade-in-energy-wto-rules-applying-under-the-energy-charter-treaty-2002/, last visited on Dec 30, 2020.

[2]　Energy Charter Secretariat, Applicable Trade Provisions of the Energy Charter Treaty（2003）. available at http：//www. energycharter. org/fileadmin/DocumentsMedia/Thematic/Trade_Provisions_of_the_ECT_2003_en. pdf/, last visited on Dec 30, 2020.

必要的迟延或限制。

由于第 7 条第 3 款所规定的"起运于或目的地在本区域"的措辞会令人质疑能源过境的非歧视义务是否包含国民待遇义务，且 ECT 起草者的意图似乎也不打算包括和国内运输待遇相比较的国民待遇义务，但是从 ECT 的目标和宗旨这样的广泛背景考察，以及对 ECT 和 WTO 相关规则的关系分析，本书认为 ECT 第 7 条第 3 款的规定应包括国民待遇义务，其和最惠国待遇一起构成 ECT 下非歧视义务的内涵。

三、不妨碍原则

（一）不妨碍原则的国际法理论基础

为了应对因外部因素引起的管道运输中断问题，国际法上的不妨碍原则（the Principle of Non-discrimination）应运而生。从国际法上的理论依据来看，平等和互利原则与不妨碍原则的关系密不可分。该原则是从国家主权原则引申出来的一项国际法基本原则，①包括平等和互利两项内容。平等是指国家不分大小强弱、人口多寡、政治制度和经济制度如何，都具有平等地位；互利是指各国在其相互关系中，不应以损害、剥削或榨取别国为手段谋取单方面利益或特权，而应对双方和各方均有利，实现利益兼顾。平等互利原则不仅对国家政治关系有重要意义，而且对国际经济关系也具有重要意义。能源过境中的不妨碍原则体现了该平等互利原则的理论内核，要求各国家平等相处，互利互信，不以中断过境或减少流量的手段谋求特权，不对他国进行控制或损害其正当权益，以实现贸易关系中真正的平等和发展。

---

① 由于国际法基本原则本身的理论性和发展性，对平等互利原则能否成为国际法的基本原则有着不同观点。但是基于"和平共处五项原则"将平等与互利联系在一起，标志着平等原则的新发展这一主张，笔者认为平等互利能够构成国际法上的一项基本原则。

（二）ECT 下不妨碍原则释义

1. ECT 有关不妨碍原则的规定。《能源宪章条约》第 7 条第 6 款的规定涉及能源过境的不妨碍原则。该条款明确要求"在因为能源原料和产品的过境运输引起争端时"，在根据条约第 7 条第 7 款的规定的争端解决程序有结论之前，"能源过境的缔约方不得中断或减少现有的能源流通管道；也不得允许其管辖范围内的任何机构作出中断或减少现有能源原料和产品的流通渠道的行为，或者要求其管辖范围内的机构从事这种行为"，除非"在合同中已作出了特殊的规定或在其他协议中有规定，或者是一致同意斡旋者的决定"。

该条款确立了能源过境的不妨碍原则，核心是防止各国将过境运输当作一种政治工具来使用。对该原则的理解和适用包括以下几点：（1）以因能源原料和产品的过境运输而引起的争端为适用的前提；（2）以尚未根据条约第 7 条第 7 款的过境争端解决程序对过境争端作出结论为适用的条件和时间阶段；（3）以不得中断或减少能源过境流量为具体要求；（4）规定该不妨碍义务的适用对象，除了签署和批准条约的国家，还包括国家所控制的任何实体，该实体应以和缔约国义务一致的方式行使其权利。

该条款的核心是防止各国将过境运输当作一种政治工具来使用。根据这一原则，承担过境义务的缔约方在发生过境争议事件且在争议解决之前，不得妨碍或减少过境能源流量。因此，它有助于防止一国以中断或削减能源运输为手段，迫使另一国接受一些新的过境条件或有利于它的争端解决方案。①

2. 对 ECT 不妨碍原则规定的评价。ECT 第 7 条第 6 款规定的不妨碍原则被认为是过境条款中"最重要的"和"最具有操作性

---

① 参见 Jeremy Carver, The Energy Charter Treaty and Transit, in Thomas Waelde and Katherine M. Christie（ed.）, Energy Charter Treaty：Selected Topics, Dundee University, 1997, pp. 76-77。

的"的内容,① 并被认为具有"显而易见"的重要性。② 但是，对于该条款的认可和接纳究竟是基于它的实际法律意义，还是只是一厢情愿的产物，还存在较大争议。③

首先，该条款强调过境国承担的"不得中断或削减现有的能源过境流量"的义务是有限的，其以"出现了由于过境引起的争端"为前提。如果基于该条款的确切措辞，当过境国因过境以外的任何事项发生争议而选择中断或减少能源过境流量，则不会导致对条约的不妨碍义务的违反。

其次，该条款不能防止供应国中断或减少能源流量。例如，如果因为天然气供应的过境国（乌克兰，波兰或白俄罗斯）"偷猎"在其区域内通过的能源，俄罗斯中断对消费国德国的能源交付，则俄罗斯的行为不能构成对第7条第6款规定的义务的违背（虽然可能违反其他合同义务）。此时，德国不能向俄罗斯主张根据 ECT 的不妨碍原则解决争议，而只能向过境国主张违背了该规定。

最后，该条款允许在"合同和其他协议有特殊规定"时干涉过境。一般而言，过境协议都含有在何种条件下过境运输可以被合法中断的条款，尽管大多数过境协议并未规定如果未缴纳过境关税的情形。如果过境协议中没有规定中断或减少的情形，那么也只有在这种情况下，第7条第6款的重要性才能显现。④ 因此，第7条第6款一般不能防止能源过境运输的中断或减少，但是该条款对于确保能源供应安全的条约主旨依然具有重要意义，它有助于确保缔

---

① 参见 C. S. Bamberger, An Overview of the Energy Charter Treaty, in Thomas Wälde ed., The Energy Charter Treaty: An East-West Gateway for Investment and Trade, Kluwer Law International, 1996, p. 7。

② 参见 A. A. Fatouros, Energy Transit and Investment in the Energy Charter Treaty, Hellenic Journal of International Law, Vol. 2, 1996, p. 186。

③ 参见 Ahn Hee-Man, Transnational Pipeline Gas Projects in Northeast Asia: Factors Affecting the Development and International Legal Perspectives, Dundee University, 2000, p. 61。

④ 参见 Rainer Liesen, Transit Under the 1994 Energy Charter Treaty, Journal of Energy & Natural Resources Law, Vol. 17, 1999, p. 66。

约国成员的集体能源安全。因为越来越多的能源过境管道跨越多国边界运输，如果缺乏这一措施，则相互联系的能源和金融市场将陷入混乱。从确保能源供应安全的角度来看，不妨碍原则的提出可谓是革命性的一步。

第二节　油气管道过境的法律制度框架

能源过境涉及国家间的实质性合作，因而需要相应的国际法律制度加以调整和规范。虽然至今国际社会还没有专门针对能源过境的统一的国际法律制度，但是以 ECT 第 7 条为代表和核心的能源过境法律制度已经形成，这也是以 ECT 为代表的国际公约①对能源过境制度首次作出较为完整和系统的规定，国家间签订的油气管道合作协议反应出能源过境领域的国家实践，它们和一些间接适用的国际协议共同构成目前有关油气管道过境的某种国家间治理框架。②

---

①　在本书中关于能源宪章的术语：《欧洲能源宪章》（European Energy Charter）是 1991 年欧洲委员会提出的一项促进东西方能源合作的政治宣言；ECT 是指代 1994 年开放签署的、规定了具体的国际法律权利和义务的《能源宪章条约》；"能源宪章组织"泛指依照 1991 年《欧洲能源宪章》和 1994 年 ECT 等国际法文件而建立的常设性国际组织，包括"能源宪章会议"（Energy Charter Conference）和能源宪章秘书处，能源宪章会议是决策机构，下设若干个工作小组和临时委员会，包括过境与贸易工作组、投资工作组、能源效率和相关环境问题工作组等，秘书处是能源宪章会议的常设机构，设在欧盟总部所在地比利时的布鲁塞尔，秘书处下设贸易与过境理事会、能源效率与投资理事会、法律事务部和行政与财务部，2001 年秘书处还成立了法律顾问工作小组（The Legal Advisory Task Force），作为能源宪章组织的一个咨询机构，协助起草能源过境和投资等方面的示范协议；"能源宪章"或"能源宪章体系"在本书中泛指以 ECT 为主体，以多种后续补充法律文件为辅助的法律框架体系以及据此建立的国际组织。

②　参见 R. Leal-Arcas, A. Filis, Certain Normative Aspects of the Institutional Architecture of Global Energy Governance, in: L. Boulle, E. Laryea, F. Sucker（eds.）, International Economic Law and African Development, Siber Ink, 2014, p. 60。

一、ECT 下的能源过境制度

ECT 旨在鼓励和促进国际能源合作，是一项涵盖能源合作（贸易、投资、过境、能源效率、争端解决）所有方面的综合多边协议，为跨境能源合作建立了一个多边法律框架，也是迄今在能源领域唯一具有法律约束力，并有争端解决机制支持的多边政府间协定，是第一个阐述能源过境详细原则的多边文书。[1]　其中，能源过境问题被认为是"ECT 中最具创新性的内容"。[2]　作为真正的多边法律文件，ECT 下的能源过境条款构成能源过境国际法律制度的重要内容。

（一）ECT 第 7 条之"运输"规定了关于能源过境的广泛规则

在 ECT 的制度框架下，过境自由被认为是缔约方集体能源安全的一个关键问题，因为能源资源从生产者到消费者的路径需要越来越多地跨越多个国家边界。[3]　ECT 第 7 条是有关能源过境的规定，该条共 10 个条款，构成专门针对能源过境事务的具体制度。其内容包括：

1. 规定了过境运输的定义。根据 ECT 第 7 条第 10 款（a）项的规定，"过境运输"是指"从一个国家起运，目的地为另一个国家的能源原料和产品的运输；该运输通过某个缔约国的区域，或抵或从其港口进行装卸。只要起运国家或目的国家为缔约方"。该条

---

[1]　参见 Yulia Selivanova, The Energy Charter and the International Energy Governance, in: Herrmann, J. P. Terhechte（eds.）, European Yearbook of International Economic Law（EYIEL）, Vol. 3, 2012, p. 309。

[2]　白中红：《〈能源宪章条约〉争端解决机制研究》，武汉大学出版社 2012 年版，第 28 页。

[3]　参见 Energy Charter Secretariat, The Energy Charter Treaty and Related Documents: A Legal Framework for International Energy Cooperation, 2004, p. 15, available at http://www.encharter.org/fileadmin/user_upload/document/EN.pdf, last visited on Dec 30, 2020。

规定的过境是"通过过境"(through-transit),① 即能源原料和产品起源于一个国家,目的地是另一个国家的运输。虽然过境通常涉及通过三个或更多国家的边境,但是第 7 条也适用于只有起运地或目的地国和过境国的情况,即没有排除起运地国和目的地国是同一个国家的情况。② 第 7 条第 10 款 (b) 项还界定了"运输设施"范围,不仅包括油气、煤炭管道和电力运输网,还包括其他的固定能源设施,特别是用来装卸能源材料和产品的港口设施。

2. 规定了能源过境的基本原则,包括过境自由原则、非歧视原则和不妨碍原则。第 7 条第 1 款承认过境自由,规定每一个缔约方应该采取必要的措施促进过境运输,不得在起运地、目的地或所有权方面进行歧视,以及由这些差异而产生价格歧视;不能无理由地拖延、限制或增加费用;第 7 条第 3 款规定过境请求受跨国管道的国民待遇要求的限制;第 7 条第 6 款涉及不妨碍原则,要求在因过境运输引起争端时,在争议未决期间,过境国不得中断或减少过境流量,即不得妨碍过境,该规定对于能源过境至关重要,排除纠纷解决之前过境国使用"关闭水龙头"的能力,③ 从而力图减少由此引发的能源市场的波动,避免相互联系的能源和金融市场陷入混乱,确保各缔约国的集体能源安全。此外,为了在主权国家的利益与项目投资者的利益之间取得平衡,第 7 条第 4 款规定,如果现有基础设施在商业条件上不能完成过境能源原料和产品的运输,则缔约方不应为建设新的基础设施设置障碍,除非非歧视性国民待遇

---

① 参见 Sergei Vinogradov, Cross-Border Oil and Gas Pipelines Legal and Regulatory Regimes, Centre for Energy, Petroleum & Mineral Law & Policy, University of Dundee, 2001, p. 4。

② 在 ECT 附件 N 中,关于两个和三个或更多国家之间的差异变得更加明显。该附件是关于缔约方可以要求在过境运输中涉及至少 3 个独立地区的缔约方名单,目前该名单中有美国和加拿大。

③ 参见 Sergei Vinogradov, Cross-Border Oil and Gas Pipelines Legal and Regulatory Regimes, Centre for Energy, Petroleum & Mineral Law & Policy, University of Dundee, 2001, p. 43。

的相关法律规定防止建设这种新的基础设施。然而，在没有任何此类法律的情况下，该条第5款还规定了另一种情况，如果缔约方能够说明许可建设新的基础设施会危及其自身能源系统的安全和效率，则不需要遵守该条第4款的规定，允许缔约方对建设新的基础设施进行限制，但此时缔约国有义务向相关国家作出明确的说明（而不只是声明）。这些规定为各国家及其参与实体的过境活动和过境设施提供了一些基本保护，同时力图在项目投资者的权利和主权国家的利益之间引入一种平衡。①

3. 规定了过境争端解决程序。缔约国对于其与任何其他缔约方之间的过境运输争端，可援引该条第7款规定的调解程序进行解决。在这一机制下，能源宪章会议秘书长会任命一名独立调解人，如果争端各当事方没有达成有关争端解决的协议，则该调解人有权对争端的解决办法以及程序提出建议，并作出有关能源过境的关税及其他条款的临时安排，这种临时安排最长不超过12个月，或者到争端解决为止，以两者中较早者为准。在该期间，任何国家既不应在其领土范围内阻碍或中断过境，也不能对经过其领土的能源过境运输收取高额的过境费，或以此为手段以达到其他政治目的。作为一种非法律的争端解决方法，该特别调解程序在一定程度上能发挥"保险丝"的作用。②

4. 规定了促进能源过境的合作措施。第7条第2款鼓励缔约方在以下几方面进行合作：（a）能源运输设施的现代化；（b）开发和运营区域间能源运输设施；（c）减轻能源供应中断的影响；（d）促进能源运输设施间的连接。

对于以能源为中心的制度而言，ECT第7条第一次在多边协定中进行了较为全面的规定，它为缔约国之间开展能源过境提供了精

---

① 参见 Bryan Clark, Transit and the Energy Charter Treaty: Rhetoric and Reality, Web Journal of Current Legal Issues, Vol. 5, 1998, p. 5。

② 参见杨泽伟：《跨国能源管道运输的争议解决机制》，载《法学》2007年第12期，第90页。

确细致的治理措施。①

（二）能源宪章过境议定书（草案）完善和充实了 ECT 的过境制度

ECT 于 1998 年生效后不久，能源宪章会议（ECC）于 2000 年决定启动关于能源过境更具体的规则的谈判，以望通过一个单独的过境议定书作为 ECT 的附件，将 ECT 中的原则发展成为更具体的规则。多边层面的谈判在 2002 年 12 月结束，2003 年 10 月能源宪章秘书处发布了过境议定书草案第一稿，但由于欧盟和俄罗斯在过境关税处置程序、优先使用权和区域经济一体化组织条款这三个关键问题上立场不同，② 该草案一直未获通过；2010 年能源宪章秘书处发布了过境议定书草案第二稿，分为序言、正文（八个部分，共 34 条）和附件。③ 其主要内容包括定义、目标和范围，一般条款，特别条款，国际能源交换协议，议定书的履行和遵守，争端解决，机构条款和最后条款。议定书的目标是确保能源的不间断供应，透明和非歧视性的过境，新建、扩建、延伸并有效利用能源运输设施，最小化过境的有害环境影响，并确保及时解决过境争端。④ 强调不得减损 ECT 的规定，议定书应补充、完善、扩大和充实 ECT 的各项规定，ECT 第 7 条的规定适用于议定书。⑤ 总体而言，议定书对过境问题的规定比 ECT 更加全面和积极。

---

① 参见 Rafael Leal-Arcas, Energy Transit Activities: Collection of International Agreements on Oil and Gas Transit Pipelines and Commentary. Energy Charter Secretariat, 2015, p. 10. available at http://www. energycharter. org/what-we-do/trade-and-transit/trade-and-transit-thematic-reports/energy-transit-activities-a-collection-of-intergovernmental-agreements-of-oil-and-gas-transit-pipelines-and-commentary-2015/, last visited on Dec 30, 2020。

② 参见 Andrei Konoplyanik, Thorny issues impede progress toward final Transit Protocol, Oil & gas journal, Vol. 101, 2003, p. 60。

③ 参见能源议定书草案第二版，available at http://www. energycharter. org/fileadmin/DocumentsMedia/TTG_87_ENG. pdf, last visited on Dec 30, 2020。

④ 参见过境议定书（草案）第 2 条。

⑤ 参见过境议定书（草案）第 3 条。

然而，由于欧盟和俄罗斯双方在能源过境制度的关键利益上的差异，议定书谈判屡陷困顿。2011 年 11 月 29 日，能源宪章会议废除了过境议定书的谈判任务，还没有完全关闭未来谈判的大门。虽然过境议定书的相关谈判和协商未取得实际进展，但是草案的目标和内容仍在很大程度上反映了 ECT 的目标，其在磋商中所遇到的困难也正好反映出能源过境的利益焦点所在，议定书在未来的谈判和走向都很值得关注。

（三）IGA、HGA 示范协议是 ECT 过境制度的协议范本和有益补充

为了给跨国能源管道运输项目的谈判提供一个中立性的协议蓝本，并尽可能地节省谈判时间、降低项目实施费用，1999 年经能源宪章大会授权，能源宪章秘书处组织专家起草了两个有关跨国能源管道运输项目的示范协议并于 2003 年 12 月公布，分别为《政府间跨国管道运输示范协议》（The Inter-Governmental Model Agreement on Cross-Border Pipelines，以下简称 IGA）和《东道国政府与项目投资者之间的跨国管道运输示范协议》（The Host-Government Model Agreement on Cross-Border Pipelines，以下简称 HGA）。为了使示范协议更好地反映当今的国际实践和尽可能满足各方的利益要求，2007 年第二版示范协议获能源宪章会议审议通过。

IGA 是关于国家间通过其领土建设和运行所确定的管道系统的国际协议或条约的示范文本，由管道过境范围的相关国家签署。第二版示范协议共 21 条，内容除了序言外，包括以下四个部分：协议的解释和范围，一般义务，税收和非歧视，最终条款。IGA 主要处理将管道基础设施作为一个整体的问题，围绕过境管道项目实现的广泛问题，包括开展合作，土地权利和税收协调，项目实施其他相关问题进行规定，旨在确保在缔约国边界内进行的项目的集体实现。

HGA 是关于东道国和项目投资者就投资、建设和运营相关管道系统的投资协议的示范文本，由项目投资者和管道系统运行范围

内的每个国家签署。第二版示范协议共 47 条，内容除了序言外，包括以下六个部分：协议的解释和范围，一般义务，税收、进出口和货币，实施，责任，最终条款。HGA 处理的是一国领土内能源过境项目实施的相关问题，包括缔约国的义务，投资者的义务，环境问题，技术标准，责任等，它将 IGA 所确定的问题以投资协议的形式更加具体化，且包含争端解决程序的专门规定，要求东道国和项目投资者根据商定的争端解决程序解决争端并履行具体义务。①

此外，两个示范协议后还有相关附件，包括建设规划、税收协议、实践守则，为示范协议在实践中的采用提供参考和便利。

这些示范协议本身不具有法律约束力，但其作为反映给定领域内普遍接受的做法的规定性条款的模板，可作为跨国能源管道运输项目的东道国和投资者的一个指南。② 为潜在合作伙伴之间的谈判提供起点。这些示范协议也可供"能源宪章条约"的非缔约方使用或采用。

（四）ECT 第 7 条和 GATT 第 5 条的互为补充关系

过境自由原则在 ECT 和 GATT 中都被明确提及。其中 ECT 第 7 条"过境运输"建立了专门针对能源和能源产品过境的法律制度，GATT 第 5 条规定的"过境自由"适用于所有的货物贸易。然而，在 WTO 体制下能源贸易长期徘徊于自由贸易的大门之外的现实面前，GATT 项下的各项法律制度是否适用于"能源贸易"却是有疑问的，GATT 所规定的"过境自由"是否适用于能源贸易并不明晰。这就带来了一个问题，即如何看待 ECT 第 7 条第 1 款和 GATT 第 5 条之间的关系。

1. ECT 下 WTO/GATT 规则的适用。ECT 第 29 条"有关贸易事务的临时条款"适用于：（1）"非 GATT 及相关文件的成员的缔约

---

① 参见 HGA 示范协议第 43 条。
② 参见杨泽伟：《跨国能源管道运输的争议解决机制》，载《法学》2007 年第 12 期，第 88 页。

方之间的能源原料和产品的贸易";① （2） ECT 的缔约方中一些是
WTO/GATT 成员，一些不是 WTO/GATT 成员之间的能源原料和产
品的贸易。② 即对于至少有一方不是 WTO/GATT 成员的 ECT 缔约
方之间的能源原料和产品的贸易，应遵守附件 G 规定的例外和规
则，"按照 GATT1994 及其相关文件来管理"。③ 即除了附件 G 规定
的例外和规则以外，WTO/GATT 的规则被纳入了 ECT。④ 附件 G
"应用 GATT 及相关文件的特例及其规定" 的清单中不包括 GATT
第 5 条。⑤ 因此，GATT 第 5 条的规定不排除在 ECT 第 29 条的范
围之外。

　　ECT 的筹备工作表明，参与谈判的各国曾希望在 ECT 第 29 条
或 ECT 第 7 （8） 条中插入一条规定，以确保 ECT 第 4 条的效力，
不论是涉及非 GATT 成员的缔约方之间，还是 ECT 缔约方和非
GATT 成员方之间的能源原料和产品的贸易。⑥ 1994 年法律工作组
的报告认为，"ECT 第 7 条不会'减损'第 29 条"。⑦ 由于筹备工
作没有进一步澄清这一点，ECT 中也没有插入相关条款。因此，在
1994 年 12 月 17 日 ECT 的通过会议上，俄罗斯发表了一项声明，

---

① ECT 第 29 条第 1 款。

② 参见 ECT 第 29 条第 2 款。

③ ECT 第 29 条第 2 款 （a） 项。

④ 参见 Energy Charter Secretariat, Applicable Trade Provisions of the Energy
Charter Treaty （2003） 第 45 段, available at http：//www. energycharter. org/
fileadmin/DocumentsMedia/Thematic/Trade_Provisions_of_the_ECT_2003_en. pdf,
last visited on Dec 30, 2020。

⑤ ECT 附件 G "应用关贸总协定及相关文件的特例及其规定" 第 1 款,
ECT 贸易修正案的附件 W 后来取代了附件 G, 但内容不变。

⑥ 参见 European Energy Charter, Conference Secretariat, Informal Note from
5 October LGS Meeting, Brussels, 5 October 1994, LSG/Notes/Report （folder 3 on
Article 7）, 2 ［4］。

⑦ European Energy Charter, Conference Secretariat, 14 November 1994/775
（folder 3 on Article 7）.

打算补偿这一遗漏①："本条约的任何规定，均不得减损适用于第29条第（2）款附件 G 和相关声明的 1947 年关贸总协定的规定；这是谈判各方的一再清楚表明的意图，也是'条约'第 29 条所载的贸易方式的基础"。② 因此，根据 ECT 的背景及第 29 条的上下文分析，GATT 第 5 条被并入并适用于 ECT。

2. ECT 第 7 条和 GATT 第 5 条相互协调、互为补充。一方面，ECT 第 7 条继承和发展了 GATT 第 5 条的过境运输规则。ECT 的条款以巧妙的方式延伸了 GATT 中有关过境自由原则的规定。将 GATT 中以被动的规定方式所要求的"应有过境自由"转变为"应采取必要措施，促进能源过境……符合过境自由原则"，并在具体规定上更为详尽与细化。在 WTO/GATT 项下，能源产品贸易的范围仍在讨论之中，尤其是电力是否属于"货物"，但 ECT 则明确定义了其适用的"能源材料和产品"包括电力。因此，电力贸易包括在 ECT 规则中，包括那些并入适用于 ECT 的 WTO 规则。③ 另一方面，WTO 多边贸易体制也在日益关注并重新审视其在全球能源安全保障方面的作用，而能源过境运输历来是跨境能源贸易的关键事项，从 GATT1994 第 5 条"过境自由"规则被纳入多哈回合谈判，到 2014 年 11 月通过的《贸易便利化协定》对 GATT 过境条款的修订和加强，都体现了 WTO 体制在这方面的努力。可以说，ECT 的能源过境制度将对 WTO 今后的能源贸易规则谈判和发展方向产生指引和影响。

---

① European Energy Charter, Conference Secretariat, 13 December 1994/842（folder 3 on Article 7）.

② 鉴于没有谈判方在通过会议或后来的会议上反对该声明，根据 VCLT 第 31 条第 2 款（a）项，该声明构成与所有各方缔结的条约有关的协定。参见 The Energy Charter Treaty and Related Documents, 2004, para. 157。

③ 参见 Energy Charter Secretariat, Applicable Trade Provisions of the Energy Charter Treaty, 2003, para. 46, available at http://www.energycharter.org/fileadmin/DocumentsMedia/Thematic/Trade_Provisions_of_the_ECT_2003_en.pdf, last visited on Dec 30, 2020。

二、国家间能源过境协议

(一) 国家间能源过境协议的定义、性质

1. 国家间能源过境协议是国际条约，构成能源过境法律制度的重要组成部分。1969 年《维也纳条约法公约》第 1 条规定："称'条约'者，谓国家间所缔结而以国际法为准之国际书面协定。"①因此，一般来讲，条约是国家之间缔结的、以国际法为依据、对其相互间的权利和义务进行规定的国际书面协议。对于能源过境协议而言，它是指国家之间以国际法为依据签订的、有针对性地规定了跨国能源管道运输活动的一般性原则以及相互间权利义务关系的书面协议。按照"约定必须遵守"（pacta sunt servanda）原则，能源过境协议对当事国具有约束效力，是跨国能源管道运输重要的国际法律依据。

正如《国际法院规约》第 38 条有关国际法院裁判争端的依据的规定，该规定一般被认为是有关国际法渊源的权威列举和说明，② 其中国际条约被认为是首要和基本的国际法渊源，因此有关能源过境的国际条约是能源过境法律制度的主要渊源。在讨论条约作为国际法的渊源的地位和意义时，有关"造法性条约"（law-making treaty）和"契约性条约"（contract treaty）的分类方式值得关注。前者是指"多数国家参加的以制定共同遵守的行为规则为目的并载有共同遵守的行为规范的条约"。③ 一般而言，造法性条约的缔约方较多，且能够对国际法原则、规范产生创立、确认、补充或修订意义，如前文提到的 ECT 等多边国际协议就符合造法性条约的要求。后者是指"国家之间所订立的确定特定事项的具体

---

① 王铁崖、田如萱编：《国际法资料选编》，法律出版社 1986 年版，第715 页。

② 参见 Brownlie, Principles of Public International Law, Oxford University Press, 1990, p. 3. 我国的大多数国际法学者如李浩培、王铁崖、梁西等都持这种观点，认可《国际法院规约》第 38 条是国际法渊源的权威列举和说明。

③ 慕亚平：《国际法原理》，人民法院出版社 2005 年版，第 32 页。

的权利和义务的条约"①，这类条约一般由两个或几个国家就某些具体事项的权利义务内容进行协商并订立，在具体问题的目的达到后即告终止，这类条约只能在有限的缔约国之间构成"特殊国际法"，并不创造新的国际法规范，这里所讨论的国家间能源过境协议即属于此类。

事实上，无论是"造法性条约"还是"契约型条约"，它们都具有规范的效力，在法律上具有约束力。不同条约规则之间，以及条约规则与习惯规则之间，并无性质上的区别，② 有区别的只是适用的范围，以及在国际法的编纂方面，"造法性"条约是一种方便的说法。③ 因此，把一切合法有效的条约都视为国际法的渊源是较为正确的观点。④ 对于国际能源法律制度而言，国家间能源过境协议是制定有关能源过境规则的一种方式，是能源过境法律制度的重要组成部分。

2. 国际石油合同不是国际协议，不能成为能源过境法律制度的组成部分。国际石油合同（international petroleum contracts）主要是指"东道国政府与外国石油公司签订的有关石油开发、生产等方面活动的协定"。⑤ 按照《维也纳条约法公约》的规定，国际石油合同无疑不是国际条约。虽然这类契约的缔约主体有一方为主权国家，但是其缔约的另一方，即外国私人投资者不具有国际法上的权利能力和行为能力，不符合国际法主体的资格和条件。虽然这

---

① 慕亚平：《国际法原理》，人民法院出版社 2005 年版，第 32 页。

② 参见 Prosper Weil, Towards Relative Normativity in International Law? in Martti Koskenniemi ed., Sources of International Law, Routledge, 2017, p. 123。

③ 参见曾令良、饶戈平主编：《国际法》，法律出版社 2005 年版，第 54 页。

④ 参见阿库斯特：《现代国际法概论》，中国社会科学出版社 1981 年版，第 30 页；端木正主编：《国际法》（第二版），北京大学出版社 1997 年版，第 22 页。

⑤ 参见杨泽伟：《国际法析论》（第四版），中国人民大学出版社 2017 年版，第 370 页。

类协议的法律性质一直存在着国际法契约和国内法契约之争,① 但是经过各国的具体实践,现在大多数学者都倾向于将特许协议划入国内法契约的范畴,受东道国国内法的调整。这一结论也受到国际法院相关判例的支持。国际法院在"英伊石油公司案"(the Anglo-Iranian Oil Co. Case)的裁决中也明确指出,伊朗政府和英伊石油公司签订的合同在性质上不是条约,而仅是一国政府和外国石油公司签订的特许协定(concession contract)。②

随着能源问题在国际政治、经济、环境等各领域的重要性和复杂性日益突出,构建能源领域的国际法规则也在不断发展并付诸实践,国际能源法作为一个新兴的法律部门开始得到越来越多的认可和重视,③ 国际能源法被认为是国际法的一个新分支,④其中也当然包

---

① 持这两种观点的主要理由分别是:前者认为特许协议往往约定投资争议由国际法院或国际仲裁方式解决,排除东道国管辖,而东道国也会因为违约而承担国际不法责任;后者认为特许协议的投资方、与政府相对的一方无国际法上的主体资格,投资者是基于东道国政府出让大型项目的经营权才取得签约资格。对这一问题的回答直接关系到东道国政府违约责任的承担。作为投资者所属国的发达国家大多主张将特许协议定性为国际法契约,而作为特许权授予方的广大发展中国家主张将特许协议定性为国内法契约。

② 参见 The Anglo-Iranian Oil Co. Case, in International Court of Justice: Reports of Judgment, Advisory Opinions and Orders, Leydon, 1952, p. 112。

③ "国际能源法"这一概念的出现最早可见于 1984 年国际律师协会能源与自然资源法分会主编的名为《国际能源法》的论文集;1997 年由 Sweet & Maxwell 公司出版的《国际能源法与税收评论》,是最早以"国际能源法"命名的专业学术刊物;国际法的中外学者开始越来越多的研究并使用"国际能源法"这一定义来涵盖与能源勘探、开发、生产、运输、贸易、储备以及利用等一系列关系相关的原则、规则和制度。参见 Adrian J. Bradbrook, Energy Law as an Academic Discipline, Energy & Nat. Res. L, 1996 (14): 193-194; Thomas W. Waelde, International Energy Law and Policy, in Cutler J. Cleveland ed. , Encyclopedia of Energy, Vol. 3, Elsevier Inc. , 2004, pp. 557-582; 杨泽伟:《国际能源法——国际法的新分支》,载《武汉大学国际法评论》2009 年第 2 期, 第 42~61 页;于宏源、李威:《创新国际能源机制与国际能源法》,海洋出版社 2012 年版。

④ 参见杨泽伟:《国际法析论》(第四版),中国人民大学出版社 2017 年版,第 373 页。

括能源过境运输法律制度。然而，国际能源法的定义和范围并没有通说，也使得有关能源过境法律制度的范围出现了不同认识。正如托马斯·W. 瓦尔德（Thomas W. Waelde）提出的国际能源法的定义有广义和狭义之分，[①] 学界对于国际能源法的调整范围大致分为两种不同观点。一种为狭义说，认为国际能源法是调整国际法主体（主要是国家）之间关于能源资源有关活动的原则、规则和制度的总和；[②] 另一种为广义说，认为国际能源法指一切涉及跨国能源活动的法律规范，既调整传统国际法主体之间的能源活动，也调整国家与私人（包括自然人、法人及其他经济组织）之间以及私人与私人之间的跨境能源活动。[③] 值得一提的是，杨泽伟教授在《国际法析论》一书中有关"国际能源法：国际法发展的新突破"一章的论述中，认为"国际能源法是指调整跨国间关于能源勘探、开发、生产、运输、贸易、储备以及利用等方面关系的原则、规则和制度的总和"，[④] 其法律渊源"包括国际条约、国际习惯、国际石油合同、国家立法、一般法律原则、司法判例和权威法学家学说以及国际组织的决议等"。[⑤] 这种观点坚持国际能源法是国际法的一部分，[⑥] 但认为不限于传统的国际法主体，将国家对私人之间的商事行为的协调也置于其中。其以调整"跨国间"的能源事务作为

---

① 狭义的国际能源法是指国际法关于能源问题的法律体系；而广义的国际能源法涵盖了所有的关于跨国界的能源活动的法律体系，由公共国际法、国际经济法和比较能源法的一些规则组成。参见 Thomas W. Waelde, International Energy Law and Policy, in Cutler J. Cleveland ed., Encyclopedia of Energy, Vol. 3, Elsevier Inc., 2004, pp. 557-582。

② 参见李扬勇：《国际能源法刍议》，http：//erelaw. tsinghua. edu. cn/news_view. asp? newsid=409，最后访问日期：2020 年 12 月 30 日。

③ 参见 Adrian J. Bradbrook, Energy Law as an Academic Discipline, Journal of Energy & Natural Resources Law, Vol. 14, 1996, p. 193。

④ 杨泽伟：《国际法析论》（第四版），中国人民大学出版社 2017 年版，第 366 页。

⑤ 杨泽伟：《国际法析论》（第四版），中国人民大学出版社 2017 年版，第 369 页。

⑥ 参见杨泽伟：《国际法析论》（第四版），中国人民大学出版社 2017 年版，第 369 页。

确立国际能源法的定义的视角，重视国际能源法律规范的多样性和关联性，且从国际实践的角度探讨该问题，是一种以"问题"为导向的思考方法，对于确立国际能源法学的研究范围以及在实践中处理一个紧密联系的能源法律问题很有裨益。

如果将"国际能源法"作为一个隶属于国际法的单独的法律部门，其地位将和海洋法、外层空间法等部门法一样，因其有着独特的调整对象（国家间的能源法律关系）和适用国际法的调整方法（国际法规范）而成为一个新的法律部门。正如许多国际公法学者所认为的，国际法律部门的划分标准应符合法学学科和研究对象一一对应的传统模式，① 否则将失去法律部门之间相对的独立性和封闭性，② 法律部门的划分也将最终被打乱甚至失去意义。因此，"国际能源法"作为国际法的一个分支，其调整对象是国际法主体之间的能源法律关系，其法律渊源是国际条约和国际习惯等国际法渊源，而不应扩大于国家和私人投资者之间，以及私人之间的能源问题及其法律制度。正是在此基础上，国际石油合同不能成为能源过境法律制度的组成部分，但应该作为能源过境法律问题的研究内容。

（二）政府间油气管道运输协议的法律实践

迄今，在跨境石油运输和管道运输方面已经缔结并履行了多项双边和多边协议。③ 从时间轴线来看，一些管道协议可追溯到 20 世纪 30—40 年代。这些早期协议有 1938 年巴西和玻利维亚签订的"玻利维亚石油开发利用协议"，1941 年阿根廷、玻利维亚、巴西、巴拉圭和乌拉圭缔结的一项多边条约。这些协议的主要目的是通过创造有利的税收和投资制度，促进通过管道进行的跨境石油贸易。

---

① 持有相同或类似观点的外国学者主要有英国的施瓦增伯格（G. Schwarzenberger）、奥地利的霍亨费尔登（Seidl-Hohenveldern）、日本的金泽良雄以及法国的卡罗（D. Carreau）、朱亚尔（P. Julliard）、弗罗里（F. Flory）等，国内学者主要有史久镛、汪暄、周忠海、徐崇利等。

② 参见孙国华、朱景文主编：《法理学》，中国人民大学出版社 1999 年版，第 299 页。

③ 参见 Sergei Vinogradov, Cross-Border Pipelines in International Law, Natural Resources and Environment, Vol. 14, 1999, pp. 75-76。

此外，20 世纪 30—50 年代在中东建设的跨境管道主要由各政府和私营公司间通过签订有关协议进行管理和规制，如 1931 年叙利亚政府和伊拉克石油有限公司签订的过境协议，以及 1955 年签订的补充协议；1949 年沙特阿拉伯政府与太平洋西部石油公司签订的石油协定等，这些协议并非专门针对管道的建设和管理，其还涉及石油的生产和运输。

事实上，大多数管道过境协议都发生在最近几十年，受冷战时期地缘政治压力的影响，同时借助于石油管道技术和过境管道项目的发展，世界管道体系在以美国、苏联和欧盟国家为核心的板块区域获得了极大发展。这一时期主要的管道过境协议有：1977 年美国和加拿大签订的"从加拿大阿拉斯加和北加拿大到美国的天然气过境管道协议",① 20 世纪 60—70 年代在苏联（俄罗斯）主导下其和东欧国家之间签订的建设友谊输油管道协议。② 尤其是自 20 世纪 70 代开始，北海的近海天然气开始大规模生产，③ 与北海跨境天然气管道有关的国际协定在数量和范围上都逐渐增多。例

---

① Agreement concerning Transit Pipelines, 28 January 1977, United States of America-Canada, UNTS 1086, 343, available at http://www.treaty-accord.gc.ca/text-texte.aspx? id=101884, last visited on Dec 30, 2020. 阿拉斯加管道建于高纬度严寒地区，北起北冰洋沿岸的普拉德霍湾，南至太平洋沿岸的瓦尔迪兹港，全长 1287km，是美国最大的现代化大管径输油管道，也是世界上最为先进的管道之一。

② 也称经互会输油管道，是一个由俄罗斯向中欧和东欧国家输送原油的，世界上长度最长的输油管道。分为南北两线，一线长 4412 公里，从俄罗斯（苏联）通往德国；另一线长 5500 公里，输往捷克和匈牙利，工程分为两期，分别于 1964 年和 1973 年完工，现由俄罗斯石油管道运输公司管理。

③ 海底油气勘探开发经历了一个从近海到远海、从浅海到深海的过程。自 1890 年始，人类开始海洋油气勘探。1959 年荷兰在北海首先发现气田，1965 年后英国、挪威等北海沿岸国家陆续投入北海石油开发，但因北海自然条件恶劣，油气勘探和开发难度高、成本大，北海油气并未实现大规模开发。20 世纪 70 年代，世界石油危机对欧洲产生了严重的影响，石油价格上涨、开采技术和生产条件改进使得北海油气开发势在必行。1970 年北海找到了规模巨大的油田后，这个地区成为世界上油气勘探开发最活跃的地区，伴随着石油和天然气在国际边界的传输日益增多，一个用于将天然气收集并运输到陆上的广泛的海底管道网络开始形成。

如，1973 年英国和挪威签订的"从埃克非思科油田（Ekofisk Field）和邻近地区向英国输送石油的管道协议"，[1] 1988 年挪威和比利时签订的"从挪威大陆架和其他地区向比利时输送天然气的管道协议"[2] 等。这些协议主要是双边的，涉及石油和天然气的生产国（挪威、英国）和消费国（德国、比利时、法国），在有关管辖权、管道所有权、运营、关税和税收等方面有很多类似规定。

　　20 世纪 90 年代以来，随着石油和天然气国际贸易的持续增长和新兴能源供给（如中亚）和需求主体（如中国）的增加，世界油气管道协议进一步大幅增加，例如，1999 年阿塞拜疆、格鲁吉亚和土耳其签订的"巴库-第比利斯-杰伊汉石油管道（巴杰管道）协议（BTC 协议）"，[3] 2003 年贝宁、加纳、尼日利亚和多哥签订的"西非天然气管道项目条约（WAGP 条约）"，[4] 2006—2009 年

---

[1]　Agreement between the Government of the United Kingdom of Great Britain and Northern Ireland and the Government of the Kingdom of Norway relating to the Transmission of Petroleum by Pipeline from the Ekofisk Field and Neighbouring Areas to the United Kingdom, May 22, 1973, UNTS 885, 63.

[2]　Agreement between the Government of the Kingdom of Norway and the Government of the Kingdom of Belgium relating to the Transmission of Gas from the Norwegian Continental Shelf and from other areas by Pipeline to the Kingdom of Belgium, April 14, 1988, Stortingsproposisjon（St. prp.）Nr. 148, pp. 187-188.

[3]　Agreement among the Azerbaijan Republic, Georgia and the Republic of Turkey relating to the Transportation of Petroleum Via the Territories of the Azerbaijan Republic, Georgia and the Republic of Turkey through the Baku-Tbilisi-Ceyhan Main Export Pipeline, November 18, 1999, available at http：// www. bp. com/sectiongenericarticle. do？categoryld = 9029334&contentld = 7053632, last visited on Dec 30, 2020. 该管线由美国主导，全长 1760 公里，经阿塞拜疆、格鲁吉亚到土耳其的地中海港口杰伊汉，于 2006 年竣工，结束了俄罗斯独占中亚油气管道出口的历史。

[4]　Treaty on the West African Gas Pipeline Project between the Republic of Benin, the Republic of Ghana, the Federal Republic of Nigeria and the Togolese Republic, 2003, available at http：//www. wagpa. org/Treaty_on_WAGP_Projec t. pdf, last visited on Dec 30, 2020. 该管线从位于尼日利亚东南部尼日尔三角洲地区开始，穿越拉各斯直达贝宁共和国，向西经过多哥，最后到达加纳，陆路跨越距离全长为 630 公里，已于 2007 年竣工。

中国和哈萨克斯坦、土库曼斯坦分别签订的中亚油气管道合作协议，① 2007 年俄罗斯与哈萨克斯坦、土库曼斯坦、乌兹别克斯坦签署的跨国能源合作协议，② 2008—2009 年，俄罗斯主导的"南溪"天然气管道项目和"北溪"天然气管道项目，③ 2009 年奥地利、保加利亚、匈牙利、罗马尼亚和土耳其签订的《纳布科管道协议》，④ 2013 年阿尔巴尼亚、希腊和意大利签订的《亚得里亚海

---

① 具体包括：2006 年 4 月 3 日，中国与土库曼斯坦签署的关于输气管道建设与长期天然气供应的框架协议；2007 年中国和哈萨克斯坦签订的"天然气管道建设和运营合作协议"以及 2009 年签订的修正和增补议定书。

② 该协议内容主要是更新改造俄罗斯的"北向油气管道"，即由中亚里海地区向西或向北穿越俄罗斯领土抵达俄黑海新罗西斯克港口的传统管线，同时延此线路铺设新的沿里海天然气管线；目的是确保"北向管道"的油气输出主导地位，与美国在中亚能源争夺中进行博弈。

③ "南溪"天然气管道项目包括俄罗斯和东欧国家签订的多个天然气管道合作协议，主要包括 2008 年 1 月 18 日"保加利亚-俄罗斯南溪协议"、2008 年 1 月 25 日"塞尔维亚-俄罗斯南溪协议"、2008 年 2 月 28 日"匈牙利-俄罗斯南溪协议"、2008 年 4 月 29 日"希腊-俄罗斯南溪协议"、2009 年 11 月 14 日"斯洛文尼亚-俄罗斯南溪协议、2010 年 3 月 2 日"克罗地亚-俄罗斯南溪协议"、2010 年 4 月 24 日"奥地利-俄罗斯南溪协议"、2013 年 7 月 23 日"马其顿共和国-俄罗斯南溪协议"，该项目的设计线路绕过了俄罗斯向欧洲输送天然气最大中转国乌克兰，旨在将俄罗斯的天然气输送到欧洲；"北溪"天然气管道是俄罗斯向欧洲（包括德国、英国、荷兰、法国和丹麦）供气的一条新管线，从俄罗斯威堡经波罗的海海底铺设至德国赖富斯瓦尔德，总长 1220 公里。"南溪"和"北溪"项目都力图保持欧盟国家对俄罗斯天然气的依赖，并挑战欧盟的"纳布科"管道项目。

④ 参见 Agreement among the Republic of Austria, the Republic of Bulgaria, the Republic of Hungary, Romania and the Republic of Turkey Regarding the Nabucco Project, July 13, 2009, available at http：//www. mfa. gov. hu/kum/en/bal/actualities/spokesman_ statements/090713 _ nabucco. htm, last visited on Dec 30, 2020. "纳布科天然气管道"项目是欧盟主导的力图绕过俄罗斯或伊朗的跨里海能源管道与南高加索能源管线，分南北两线，设计全长 3300 公里，建成后将里海沿岸天然气绕过俄罗斯经由土耳其和阿塞拜疆、格鲁吉亚和中亚国家输送到欧洲，但该项目尚未能取得实质进展。

输油管道项目协定（TAP 条约）》等。①

（三）政府间油气管道运输协议的发展特点

1. 政府间过境管道协议的发展曲线反映出受地缘政治深刻影响的痕迹。政府间能源过境管道协议是跟随能源过境管道项目的发展而发展的。从宏观层面看，自 1865 年美国建成世界上第一条油气管道以来，世界油气管道项目在全球呈现上升趋势，相应地，过境管道协议的数量越来越多，所辐射的地理范围越来越广泛；从微观层面看，世界油气管道的发展历程与世界政治、经济的发展密切相关，可大致分为"二战"前、冷战时期和冷战后时期三个阶段。"二战"前，煤炭仍占能源消耗的主导地位，油气管道数量较少，油气管道的发展集中在油气富集的中东、美加之间、苏联和西欧国家；冷战时期，在两极体系下，美国在北美的庞大网络管道初具雏形，苏联积极筹谋并建设在西伯利亚和中亚的庞大油气管道网络，石油和天然气开始在世界一次能源消耗中占主导地位，美苏展开对中东地区的能源争夺，欧盟则在强权之间求生存，构建有利于自身战略自主性的油气管道网络，世界油气管道建设拓展到东欧、墨西哥、非洲南部和澳大利亚等国家和地区；在冷战后时期，在多极格局下，世界油气管道在快速发展的同时也成为世界主要国家相互间政治博弈和利益制衡的手段，同时，中国、印度等新兴经济体国家在油气管道项目中所占比重明显增强。

2. 政府间能源过境管道协议的类型更为专业、形式更为多样。现代政府间管道相关协议有不同类型，较早的石油协定一般并非专门针对管道的建设和管理，而是在一项协议中还涉及石油的生产和运输等其他问题，如 1949 年沙特阿拉伯政府与太平洋西部石油公

---

① 参见 Agreement among the Republic of Albania, the Hellenic Republic and the Italian Republic relating to the Trans Adriatic Pipeline Project, February 13, 2013, available at http：//nomoi. info/ΦEK-A -267-2013-σελ -93. html, last visited on Dec 30, 2020. 该管线通过希腊、阿尔巴尼亚和亚得里亚海把里海的天然气输送到欧洲，是欧洲南部天然气走廊的一部分。

司签订的石油协定。然而，随着管道项目的发展，现在大多数的管道协议都专门针对过境管道问题，即为了实施一个特定的跨境项目而签订协议，如从基尔库克（伊拉克）到切尔汉（土耳其）的原油管道协议。

除了有关管道项目的双边或多边的具体协定外，还有一些内容较为宽泛的"框架协定"，在框架协定中确定各缔约方之间所有跨界管道的一般原则和义务，如 1977 年 1 月美国和加拿大签订的《从加拿大阿拉斯加和北加拿大到美国的天然气过境管道协议》，①而将更加具体的规范留在其他相关协议中予以规定，如 1977 年 9 月美国和加拿大签订的《有关北部天然气管道的原则协议》。②

3. 政府间能源过境管道协议所涉及的过境问题更加全面和具体。最早的政府间管道协议，如 1938 年巴西和玻利维亚签订的"玻利维亚石油开发利用协议"，基本上是对意图的宣布，而不是跨国石油基础设施的功能性法律框架。③ 然而，随着时间的推移，相关协议变得更加具体和详细，并开始对那些必须解决的复杂的法律和管辖问题作出回应，④ 涉及有关管道管辖权、管道所有权，管道建设运营、关税和税收以及管道争议解决等各方面问题的规定。

---

① 参见 Agreement between the Government of Canada and the Government of the United States of America Concerning Transit Pipelines，January 28，1977，available at http：//www. treaty-accord. gc. ca/text-texte. aspx？id = 101884. last visited on Dec 30，2020。该框架条约共 10 个条款，对双方的合作意图和合作原则作出了规定。

② 参见 Agreement Between Canada and the United States of America on Principles Applicable to a Northern Natural Gas Pipeline，September 20，1977，available at http：//laws-lois. justice. gc. ca/eng/acts/N-26/page-6. html. last visited on Dec 30，2020。该原则协议对管道铺设的日程表、路线、运行以及管辖等方面的问题作出了详细规定。

③ 参见 Sergei Vinogradov, Gokce Mete, Cross-Border Oil and Gas Pipelines in International Law, German Yearbook of International Law, Vol. 56, 2013, p. 3。

④ 参见 Sergei Vinogradov, Cross-Border Pipelines in International Law, Natural Resources and Environment, Vol. 14, 1999, pp. 75-76。

三、间接适用的国际协议

在能源过境领域，还有一些间接适用的国际协议。

一类是与能源法律规制相关的能源合作、贸易、投资相关的协议和文件，如《国际原子能机构规约》《国际能源纲领协定》《联合国气候变化框架公约》《国际新能源机构规约》等。这些协议广泛适用于与能源活动相关的各个领域，从不同角度确立了各缔约国在生产、利用、消费能源资源和能源产品等能源活动中的权利和义务，这些国际协议一方面构成国际能源法的主要渊源，① 另一方面这些协议所包含和确立的能源合作原则、能源组织规范等制度和规则也适用于与能源过境相关的活动。

另一类是与国际运输相关的国际协议。过境作为从一地方到其他地方的一种移动方式，它的实现方式多种多样，不仅包括铁路、公路、水路、航空这些传统运输方式，还包括电缆、电线、波浪和能源管道等新兴运输方式。适用于这些不同运输方式的法律原则和规则有着相似性，比如"过境自由""非歧视"和"平等待遇"等原则。因此，与国际运输相关的国际协议，如《国际公路运输公约》《国际便利海上运输公约》《统一国际航空运输某些规则的公约》等，其中所包含的一般原则和基本规定，也能为管道运输提供一些基本的法律原则。

此外，在贸易、运输和过境领域，还有一些多边环境协定和国际组织的各种"软法律"文件，如各种建议和准则。这些协议和文件在与管道过境的任何相关活动中，也应予以遵守或考虑。

第三节 油气管道过境制度的特点和发展趋势

正如国际能源法的发展还处于"稚嫩的童年期"②，能源过境

---

① 参见于宏源、李威：《创新国际能源机制与国际能源法》，海洋出版社 2010 年版，第 129~131 页。

② 余敏友、唐旗：《国际能源法的兴起与变迁》，《2007 年中国能源与安全问题研究法律与政策分析国际会议论文集》，第 178 页。

的法律制度也还处于早期发展阶段。回顾能源管道的发展历史和相关法律制度的演变过程，能源过境法律制度呈现出渊源条约化、形式多边化、内容精细化的特点。

一、有关能源管道过境自由的国际习惯法并未形成

日益广泛的条约实践带来了一个重要问题：能源管道过境领域的条约与国际习惯法之间的关系是什么？或者说，能否认为已经形成了有关能源过境自由的习惯国际法规则。目前看来，似乎还不能得出这一论断。

（一）能源管道过境自由尚缺乏广泛的学者学说和司法判例支持

尽管能源管道过境问题在当代已非常重要，但目前还没有关于能源管道运输的习惯规则的存在和内容的研究。自格老秀斯于国际法的形成年代提出"海洋自由原则"以来，国际法上关于"过境自由"的国际习惯的最后一项一般性研究是 1957 年劳特派特的《国际法中的过境自由》一文，该文将过境权称为"不完美的权利"，在充分认可"过境自由是群体间最基本的需要之一"的同时，从实证分析的角度和条件来看，"必须承认过境权利的存在是犹豫不决的"，对于"过境自由"能否成为一项国际习惯法上的规则，并未给出肯定的回答。①

相关国际司法判例也不足以说明对"管道过境自由"的国际习惯法的认定。1931 年，常设国际法院在"铁路运输"（Railway Traffic）的咨询意见中，没有询问是否存在关于过境自由的习惯规则，也没有审查 1921 年《巴塞罗那过境自由协定规约》是否已经编纂、固化或从历史来源上证明该项惯例。② 1960 年，在葡萄牙

① 参见 E. Lauterpacht, Freedom of Transit in International Law, Transactions of the Grotius Society, Vol. 44, 1958, pp. 313-356。

② 参见 Danae Azaria, Treaties on transit of energy via pipelines and countermeasures, Oxford University Press, 2015, p. 42。可以认为法院没有对习惯进行调查是因为它在处理国际联盟理事会提交给它的问题时，将有关的"国际约定"解释为只涉及国际条约。

诉印度的"通行权案"（the Right of Passage）中，国际法院引用了关于过境的当地习俗作为特别法（lex specialis），但是没有调查有关过境的一般惯例的存在。印度明确拒绝承认争端发生时 1921 年《巴塞罗那过境自由协定规约》能够代表一项惯例的主张，[1] 葡萄牙则使用"巴塞罗那公约"及其筹备工作来证明存在所谓的特殊惯例。[2] 因此，争端双方的这种做法不支持陆地过境自由的习惯规则的存在或形成，也没有证据证明这些不同的主张反映了法律确信。[3]

（二）过境自由的理论和实践尚不满足国际习惯的内涵和构成条件

按照《国际法院规约》第 38 条的规定，国际习惯是"作为被接受为法律的一般实践的证明"。[4] 一般认为一项国际习惯的构成有两个要素：一个是"一般实践"（a general practice），另一个是"法律确信"（opinio juris）。作为国际法最古老和初始的渊源，一项习惯规则的形成需要同时具备这两个要素，即国家实践被接受为法律才能形成习惯。以此为标准来考察"过境自由原则"会发现，该原则尚未达到习惯国际法的地位和效力。首先，从"一般实践"来看，虽然许多双边或多边条约都规定了过境权的问题，但从条约的数量和涉及的成员国数量来看，还不能达到国际社会大多数成员都承认"过境自由"的程度，即便是那些涉及成员国数量较为广泛的包含"过境自由"制度的多边条约，也有各自的限制范围和适用条件，大多因其流于宽泛而缺乏明确的适用性，需要各国通过

---

① ICJ Pleadings, Right of Passage, ICJ Reports 1960, Vol. II, 124-125, [284] - [286].

② ICJ Pleadings, Right of Passage, ICJ Reports 1960, Vol. III, 500, [233] - [234].

③ 参见 Danae Azaria, Treaties on transit of energy via pipelines and countermeasures, Oxford University Press, 2015, p. 42。

④ 《国际法院规约》第 38 条第 1 款 b 项："international custom, as evidence of a general practice accepted as law."

双边条约进一步确认相互的权利义务。例如，1947年《关税及贸易总协定》第5条虽然规定了有关过境自由的一般国际法律框架，其中特别规定："……每个缔约国应有通过最方便的国际穿越路线过境各缔约国领土的自由。"但该规定在实践中却极少被援引或适用。其次，从"法律确信"来看，目前尚缺乏大多数国家都认为采取"过境自由"是一项法律义务的充分证明。由于国家的心理是复杂的，也是难以证明的，在各国基于所达成的协议行使过境权利、履行过境义务的现实情况下，国家是否具有在没有条约约束的情况下仍遵守过境自由的"法律义务感"变得更加界限不明，有待于国际法上更多的条约和司法实践予以补充和证明。

综上所述，过境自由从来不是一项绝对权利，该权利的获得和行使更多地基于在双边或多边国际条约中作出的承诺以及在条约项下履行的义务，是各国基于国家主权权利的行使而进行的权利让渡。因此，不能断言国际法上已经存在"过境自由原则"。较为中肯的说法是，包括ECT在内的国际条约所规定的"过境自由原则"是一项"进展中的工作"。① 换言之，过境自由原则还没有达到像"公海自由原则"这样的习惯国际法的地位和效力。

二、油气管道过境法律制度的条约化趋势明显

相比于有关过境自由的习惯国际法的存在及其范围的不确定性，② 条约的成文化、精确化和系统化的特点，使得它更适合专业或技术层面规则的制定。对于过境管道项目而言，管道的构造和操作规则需要高度的精确性和技术性，条约的适用恰逢其时，这也印证了国际法向成文法发展的趋势。此外，许多条约规定了解决争端方式或建立争端解决机构，赋予其解决争端或监督守约的权限，以便缔约各方进一步合作，这些作用若没有条约则不能获得。因此，

---

① 参见 Rainer Liesen, Transit Under the 1994 Energy Charter Treaty, Journal of Energy & Natural Resources Law, Vol. 17, 1999, p. 73。

② 参见 Danae Azaria, Treaties on transit of energy via pipelines and countermeasures, Oxford University Press, 2015, p. 7。

随着能源过境的条约实践日渐发展，各项条约和协议中都体现出确保能源过境自由、不歧视、不妨碍过境的法律原则和制度，并已呈现出缔结具有争端解决条款的多边协议的发展趋势。①

（一）ECT 向着专门的"能源过境框架公约"方向发展

作为第一个将能源过境制度纳入条约内容的一项具有法律约束力的多边条约，ECT 在取得了很多个"第一"之后，其过境议定书的艰难谈判和任务终止都表明过境法律制度的发展还有很多未解的问题，其发展空间亟待拓展。

虽然 ECT 下有关能源过境议定书的谈判过程历经 11 年却未能取得成功，但是能源宪章进程并未停止进一步发展能源过境法律制度的尝试。根据能源宪章会议 2016-2017 年工作计划和 2017 年工作重点，秘书处已于 2016 年 11 月启动了"能源过境多边框架协定"的起草准备工作，召集一组研究员为"能源过境多边框架协定"的谈判进行前期研究。一方面通过较为抽象、简单和原则性的规定对能源过境的法律问题和相关事务作出设置，如协定的目标、原则、缔约方的基本义务等；另一方面，在以后的议定书、附件或附录中对缔约方的实体性义务进一步充实完善。虽然未来的相关谈判依然存在困难和变数，但能源过境的法律制度正在向着多边框架协议的方向发展。

（二）ECT 呈现出多边化的发展趋势

从 ECT 的成员国数量和地理范围的发展来看，能源过境的法律制度一直在向多边化的趋势发展；随着 2015 年《国际能源宪章》的开放签署，能源宪章进程开始加速摆脱原来的欧洲烙印，所有签署《国际能源宪章》的国家将参加有关 ECT 各个条款的修改工作，就新的"国际能源宪章条约"达成共识，过境法律制度的发展也将体现出多边化的发展格局。不过从现代条约体系的发展

---

① 参见 Danae Azaria, Treaties on transit of energy via pipelines and countermeasures, Oxford University Press, 2015, p. 1。

趋势来看，国际性条约的发展受阻，而区域性条约的发展突出，对于依赖于地缘政治和地理形态的能源过境问题而言，过境法律制度区域性地发展也是一个不可逆转的趋势。

三、能源过境各当事方的能源安全观念发生转变

（一）能源安全的历史发展和能源安全概念的变迁

回顾国际能源安全的发展历史，会发现过去 100 年来能源安全往往是能源政策的一个问题。在两次世界大战期间，能源被视为重要的军事物资，甚至是德国和日本分别入侵苏联和印度尼西亚的主要目标，因而能源安全就等同于国家安全。20 世纪 50~60 年代，北美、西欧、苏联和东北亚区域的经济发展极大地推动了世界能源需求，① 国际石油供应系统由西方石油公司控制。20 世纪 70 年代成为能源不安全时代的开始，1973 年和 1978 年的两次石油危机促使能源进口国开始实施确保能源安全的各种对策，如能源效率、能源储备、能源供应多样化和能源投资，这一时期的能源安全仍主要意味着石油安全。② 20 世纪 80 年代，石油被核能和天然气替代，能源供应扩张和高能源价格导致的能源需求下降使得能源供应危机得到缓解，石油定价趋向以市场为导向，对气候变化问题的认识开始提高。20 世纪 90 年代，海湾战争对世界能源市场的影响有限，苏联解体则在苏联国家造成了毁灭性的经济和社会后果，天然气过境风险已然明显，能源需求安全仍是一些出口国面临的问题，全球

---

① 世界能源需求在 50—60 年代增长了一倍多。北美、西欧、苏联和东北亚占增长比重的 89%，参见联合国能源统计年报（2013 Energy Statistics Yearbook），available at http：//unstats. un. org/unsd/energy/yearbook/，last visited on Dec 30, 2020。

② 石油在 1979 年占世界能源贸易的 86%，中东在同一年提供了 58% 的国际贸易石油。参见联合国能源统计年报（2013 Energy Statistics Yearbook）. available at http：//unstats. un. org/unsd/energy/yearbook/，last visited on Dec 30, 2020。

变暖问题在这整个十年逐渐制度化。① 21 世纪初，9·11 恐怖袭击、阿拉伯之春和"伊斯兰国"等事件使能源的不安全又被广泛讨论；海洋能源运输不断上升，所谓的"海道问题"开始引发担忧；② 俄乌天然气危机、日本福岛核事故、美国页岩气革命、欧盟内部天然气市场自由化计划都对世界能源安全产生重要且各异的影响。

尽管许多国家都强调能源安全的重要性，但对于什么是能源安全却还未达成共识，"各国对能源安全的立场取决于它们身处何位"。③ 能源安全的概念和能源安全观念也随着能源性质在时间推移中的发展而发展。从 20 世纪 70 年代强调能源特别是石油的物理可用性，到在价格水平上提到"负担得起"或"公平"的获取能源，再到明确可持续性对能源安全的意义，以及近年来能源安全的概念下开始越来越多地讨论能源贫困问题。然而，能源安全的概念却"要么太狭窄而难于应对能源的综合挑战；要么太广泛而缺乏精确性和一致性"。④ 正因为能源安全和能源问题的多维性和演变性，一个能被普遍接受的能源安全的概念并不容易出现。甚至有学者认为，尝试得出"标准化的概念是愚蠢的"。⑤

---

① 1997 年通过的"京东议定书"是第一个对工业化国家具有约束性义务以减少温室气体排放的国际公约，对国际能源供应和消耗产生了国际法上的义务和影响。

② "海道问题"是指由伊朗核计划的对抗所引发的，将霍尔木兹海峡和马六甲海峡作为运输封锁点对海洋能源运输安全造成的影响。

③ E. Gupta, A. Korin, G. Luft G, Energy Security and Climate Change：A Tenuous link, in Benjamin K. Sovacool ed., The Routledge Handbook of Energy Security, Routledge, 2010, p.45.

④ Benjamin K. Sovacool, Marilyn A. Brown, Competing Dimensions of Energy Security：An International Perspective, Annual Review of Environment and Resources, Vol.35, 2010, p.79.

⑤ Lynne Chester, Conceptualizing Energy Security and Making Explicit its Polysemic Nature, Energy Policy, Vol.38, 2010, p.893.

（二）能源过境各当事方视野中的能源安全的不同内涵

1. 对能源出口国而言，国际能源安全意味着以"合理"的价格进行"稳定"的能源出口，从而确保新的能源投资和总体经济发展。虽然对于能源出口国何时开始将需求安全视为能源安全的一部分并不确切，但 1986 年石油价格崩溃后，主要石油出口国开始面临能源需求不稳定的局面，欧佩克组织开始强调"石油供应的全球安全与需求的安全和可预测性之间的相互关系"。[1] 能源需求安全则通常指"公民、社会和国家对一次能源与电力的可持续可靠和连续供应免受内外威胁的一种保障状态，它反映了保持国家安全和经济安全的必要程度"。[2] 目前，在世界范围内，俄罗斯是在能源需求安全方面最有声望的国家，其能源政策关注点在于与俄罗斯能源的传统和新近消费国家建立稳定的关系。[3] 此外，伊朗、加拿大、尼日利亚等国也是主要的能源出口国家，它们对"能源需求安全"有着不同程度的要求。

2. 对能源进口国而言，国际能源安全意味着"以可承受的价格不间断地获得能源"。[4] 美国是世界上最主要的能源进口国，能源安全传统上旨在保持所谓的能源独立。伴随页岩气革命，美国的能源供应安全已得到很大改善。对于美国而言，"能源安全用于指不同情况下的不同事物，并广泛涵盖能源供应可用性、可靠性、可

---

[1]　参见 The Riyadh Declaration，Riyadh，March 30，2007。

[2]　［俄］斯·日兹宁著，强晓云、史亚军等译：《国际能源政治与外交》，华东师范大学出版社 2005 年版，第 45 页。

[3]　参见 Alexey Gromov，Nikolay Kurichev，The energy strategy of Russia for the period up to 2030，Risks and opportunities，in Susanne Oxenstierna，Veli-Pekka Tynkkynen ed. ，Russian Energy and Security up to 2030，Routledge，2013，p. 5。

[4]　D. Yergin，Energy security and markets，Energy and Security：Toward a New Foreign Policy Strategy，2005，p. 56.

负担性和地缘政治的考虑"。① 欧盟作为一个主要的能源进口地区，对能源安全更强调供应来源多样化，正是基于这样的信念，欧盟主张"有效的市场是解决长期能源安全威胁的最低成本方式"。② 此外，日本以及新兴的经济发展力量中国、印度、巴西等国作为主要的能源进口国对能源供应安全的需求也在迅速增长。

3. 对能源过境国而言，其对能源安全的诉求与进口国的能源供应安全具有实质相似性。在俄罗斯向欧盟的能源管道输送中，乌克兰的过境地位凸显，其既是过境国，也是进口国。乌克兰政府将能源安全定义为"为该国的经济和社会领域实现技术可靠、来源稳定、有竞争力和不损害环境的能源资源供应"。③ 该定义与能源进口国家的立场非常相似，所实施的能源安全政策措施也与能源进口国类似，包括促进能源多样化、提高能源效率等，并未明确将能源过境和能源安全相联系。此外，土耳其正在成为主要的过境国，随着中亚的油气管道建成和运营，中国也成为中亚和俄罗斯之间能源管道的过境国。

不难发现，能源安全是一个对于能源出口国、进口国和过境国具有普遍性的问题。供应安全意味着交付，对能源消费国来说很重要，需求安全意味着市场的透明度和可预测性，这对能源生产国很重要；对过境国而言，能源交付即供应安全是其关注点。由于制定有关能源安全的共同原则在应对能源供需安全的挑战方面的重要作用，能源过境法律制度的发展过程，也在向确保能源过境各当事方的能源安全的方向努力。2015 年"国际能源宪章"的目的之一就

---

① 美国总统执行办公室于 2014 年发布的一份文件，也是近年来唯一提到"能源安全"这一术语的官方文件。参见 Energy Charter Secretariat, International Energy Security: Common Concept for Energy Producing, Consuming and Transit Countries, March 2015, p. 11。

② 参见 Andrews Speed, Energy Policy and Regulation in the People's Republic of China, Kluwer Law International, 2004, pp. 90-91。

③ 参见 Energy Charter Secretariat, International Energy Security: Common Concept for Energy Producing, Consuming and Transit Countries, March 2015, p. 12。

是为参与能源活动的各方制定一个共同的能源安全概念，"共同应对国家、区域及国际级能源的相关挑战，包括全球能源结构的发展"。①

随着能源安全的概念和观念的演变，能源过境各当事方的权利义务内容也变得更加广泛和具体，这种变化体现在能源过境的国际条约和政府间协定中。作为能源生产国需要承担提供能源、保障能源供应顺畅，不能将能源供应作为政治工具来敲诈威胁他国的义务，同时它有制定本国能源价格体系、获得相应的价值，自愿与他国签订能源过境协议的权利；作为能源消费国有通过协议获得能源的权利，但同时它要承担支付相应价格的义务；而能源过境国则有获得过境费用、低价获得能源的权利，同时它要承担保障能源过境顺畅的义务。这三方同时承担在技术、管道更新重建、环境保护等方面进行合作的义务。

四、过境义务的性质从双边向不可分割的多边方向转变

（一）国际法上能源过境义务的分类

在法律语境下，"自由"（freedom）主要是指"弃权"（abstention），意味着对这种自由的尊重和不干涉，在国际法中"自由"一词用来表示存在合法权利和责任，如"公海自由"；与"自由"相反，"权利"（rights）不仅可以是消极地"弃权"，还包括积极地采取

---

① "国际能源宪章"谈判期间已经尝试为能源生产国、过境国和消费国，包括发展中国家和发达经济体制定一个共同的能源安全概念。除了供应和运输的安全之外，它还应包括与"稳定性""可预测性"或"安全"等有关需求的提及。宣言的最后草案确认了能源安全对能源生产国、过境国和消费国的重要性，但没有明确能源安全的各个方面，但它强调了责任和利益的相互性。参见国际能源宪章经同意并于 2015 年 5 月 20 日在海牙公布的"关于国际能源宪章的部长级会议受采纳的文本"，available at http：//www. energycharter. org/fileadmin/DocumentsMedia/Legal/IEC_CH. pdf，last visited on Dec 30，2020。

措施以确保权利的享有和实现。① 一项"权利"意味着其对应的
"义务",既包括积极义务也包括消极义务,而"自由"则意味着
其对应的"义务"是消极义务。

在能源过境事项中,过境国承担的"过境义务"是积极义务
还是消极义务,或者兼而有之?过境国违反不干涉过境义务或违反
采取积极措施确保过境顺利的义务,是否以及如何承担国际责任?
取决于具有约束力的义务的规范强度。② 一条规则可以用"双方将
努力"或"将尽最大努力"这样的"软"语言表达,但不影响规
则的规范性质,③ 在这种情况下,国际法上对行为义务(obligation
of means)和结果义务(obligation of result)的传统区分④,是确定
相关义务的产生时间和履行方式的关键。

结果义务要求各国在每一种情况下都实现义务所规定的特定结
果,但是国家有选择实现这一结果的方法的自由裁量权,当然国家
所选择的手段必须足以满足国家的国际义务。当义务所要求的结果

---

① 例如有关"人权"的理论,参见 P. Alston, R. Goodman, International
Human rights, Oxford University Press, 2013, pp. 181-182。

② 这种规范强度的差异不同于"软法"(soft law)和"硬法"(hard
law)的区别。参见 J. Klabbers, The Redundancy of Soft Law, NordicJIL,
Vol. 65, 1996, pp. 167-182。

③ 参见 A. A Fatouros, An International Legal Framework for Energy,
Martinus Nijhoff, 2008, p. 434; Examples listed by Prosper Weil, Towards
Relative Normativity in International Law? Sources of International Law, Routledge,
2017. pp. 123-152。也有学者认为使用这种措辞将得出一种"宽松(loose)"
的义务,参见 M. Roggenkamp, Transit of Network-bound Energy: A New
Phenomenon? Transit Examined from the Barcelona Transit Convention to the Energy
Charter Treaty, World Competition, Vol. 2, 1995, p. 142。

④ 国际法委员会特别报告员阿戈(Ago)曾就国际责任问题提出将国际
义务分为行为义务、结果义务和预防义务。然而,这种划分被认为主要是与
规则的内容而非国际责任的规则相关而其后被放弃,国际法委员会评注可被
解释为隐含地赞同行为义务和结果义务之间的传统区分。参见 Ian Brownlie,
Barrister Ian Brownlie, Q. C. QBE, State Responsibility, Oxford University Press,
1983, p. 110。

不发生时，就违反了结果义务，即使是某些实体的行为或不作为等并不能归因于国家的行为。相反，行为义务是以某种方式行为的义务，国家没有义务实现特定结果，但国家有义务利用它们合理可用的一切手段，部署适当的手段，尽最大努力获得结果。如果国家没有采取必要的"尽职勤勉"行为来防止"一级规则"[①] 所禁止的情况，无论是否发生这种情况，都会违反行为义务，反之如果国家采取这种勤勉行为，但发生了不希望的结果，它就不会违反其义务。

确定一项义务是行为义务还是结果义务，以及它是否涉及勤勉义务取决于对"一级规则"的认定和解释。由于每一项条约所规定的义务各异，每项义务应根据条约的规定而单独解释。

（二）能源过境法律制度中的过境义务的范围和内容呈现出多样性

有关能源过境的条约和协定的规定是这一领域的"一级规则"，对于确定能源过境义务的范围和内容具有首要作用，也说明国际法这一领域的一级规则的多样性。

GATT 第 5 条的规定建立的规则属于结果义务，要求 GATT 成员"不得阻碍过境"，即使是私营实体经营过境管道，也不得对过境施加不合理的和歧视性的条件，但是各成员可以选择他们为实现这一结果而采用的手段。

ECT 第 7 条的规定则建立了一个行为义务和结果义务的矩阵,[②] 要求"采取必要措施"以便利过境，该义务是行为义务，当 ECT 缔约方不采取一定程度的尽职勤勉的必要措施来促进过境

---

① "一级/初级/一类规则"（primary rules）是确定国家权利义务关系的规则，相对地，旨在确定国家违反"一级规则"的法律后果的国家责任规则被称为"二级/次级/二类规则"（secondary rules）。参见曾令良、饶戈平主编：《国际法》，法律出版社 2005 年版，第 179 页。

② 参见 Danae Azaria, Treaties on Transit of Energy via Pipelines and Countermeasures, Oxford University Press, 2015, p. 98。

时，即使对于过境管道的私营经营者，以及当其行为归于国家的ECT缔约方或实体的机构中断过境时，都导致违反该行为义务。而该条第3、4款规定则包含结果义务，规定ECT缔约方给予过境"不低于起运于或目的地是本地区"的非歧视待遇，"有义务不为建设新的基础设施设置障碍"。

政府间的特定管道协议为所有协议缔约方规定了管道流量过境的义务。通常包含为实现该项目所必需的授予土地权利的义务，确保缔约方不干扰或便利项目的建设和运行的义务，以及要求缔约国不要征收（附加）税的义务。其中有一些属于结果义务，如："不允许或要求中断或限制天然气运输自由"（"纳布科协定"第7.2条）；"允许天然气出口和过境"（WAGP条约第Ⅷ条）；"不得通过设施中断或阻碍石油在其领土内，越过和/或离开其领土的自由"（BTC协定第Ⅱ（4）（ⅲ）条）；允许自由畅通地过境，同时进口国承诺从过境国购买天然气（"中国-哈萨克斯坦协定"第4条）；保证通过天然气管道的天然气能源充分和不受限制地过境（俄罗斯-希腊南溪协议第9条；俄罗斯-保加利亚南溪协议第10条；俄罗斯-匈牙利南溪协议第8条）。有一些属于行为义务，如：对在其领土内的项目部分的运行采取一切必要措施的义务，以及"确保天然气不间断流通"（ITGI协定第2条）；承诺尽一切努力确保通过石油管道不间断运输石油（第1条，布尔加斯-亚历山大波利斯协定）；尽最大努力确保在其领土上不受阻碍地运输天然气，而出口国则尽最大努力确保可靠地将天然气运往过境国（俄罗斯-奥地利南溪协议第4条）。如果过境国中断或减少过境，将会违反所有这些过境义务。

（三）过境义务的性质从双边向不可分割的多边方向转变

条约义务的性质是条约缔约方之间所产生的关系的类型，其不同于以缔约主体的数量所划分的双边或多边条约的分类。有关条约义务的性质的一个重要变化是从双边走向多边，除了大量的双边义务外，某些从范围来看是全球性的、且不能被分割为双边的或个别国家之间的义务得到认识和认可。国际法院、常设国际法院和其他国际法庭承认国际义务的性质的多样性。① 国际法委员会关于条约法和国家责任的特别报告，也对条约义务之间的区别进行了表述。② 而 1969 年的《维也纳条约法公约》虽然没有涉及条约义务的性质并以此对条约进行分类，但在公约的数个条款中留下了有关多边条约义务的性质的痕迹。③ 经过诸多实践和理论的累积，国际义务的性质可分为双边义务和多边义务两种，多边义务又可分为"

---

① 例如，国际法院在 1951 年的"防止及惩治灭绝种族罪公约保留案"（The Reservations to the Genocide Convention Case）的判决中第一次尝试对双边义务和整体义务进行了区分，判决认为"该公约是纯粹出于人道主义和教化的目的而被通过的"；法官阿尔瓦雷斯（Alvares）在其不同意见中走得更远，认为"公约具有普遍性，是国际社会的宪法，……是为了普遍利益而非私人利益确立的"。ICJ Reports 195，23，51. 常设国际法院在 1923 年的"温布尔登案"（Wimbledon case）中也表达了关于一个条约被描述为超越有直接关联的当事方的利益，且构成一个所谓的客观制度，甚至对非当事方也具有约束力的观点。常设国际法院裁定《凡尔赛合约》所规定的基尔运河的国际制度对德国也有约束力，即便德国不是该条约的缔约国。参见 PCIJ，Series A，No. 1，1923。

② 例如，特别报告员杰拉尔德·菲茨莫里斯（Gerald Fitzmaurice）关于条约法的特别报告，将多边条约之间的义务的区别分为"互惠性"（reciprocal）或"让步性"（concessionary）义务与"整体性"（integral）义务，此外还增加了一个第三类条约，即那些具有"相互依存性质"（interdependent nature）的多边条约。参见 Third Report on the Law of Treaties by Gerald Fitzmaurice，UN doc. A/CN. 4/115，YILC 1958，Vol. II，20，27，Art. 18，19。詹姆斯·克劳福德（James Crawford）在他为国际法委员会所做的关于国家责任的第三次报告中，也对"双边"义务和"多边"义务进行了区别。按照他的观点，"双边义务可以产生于不同的来源，包括一般国际法、双边或多边条约或单边法规"。多边义务又可分为"对整个国际社会的多边义务"（obligation to the international community）和对包括该国家在内的一国家集团的义务（obligation og erga emnes parte），UN doc. A/CN. 4/507，March 10，2000，para. 99-108。

③ 例如，《维也纳条约法公约》第 60 条第 2 款（b）、（c）项的规定，在多边条约当事国之一有重大违约情事时，允许"特别受违约影响之当事国"甚至"任何其他当事国"全部或部分地停止履行条约。

对一切的义务"（obligation erga omnes，或称对整个国际社会的义务 obligation to the international community as a whole）和"集体义务"（obligation erga omnes parte，或称对一国家集团的义务 obligation to a group of states）。而集体义务又可分为"具有相互依存（interdependent）性质的义务"和"具有整体（erga omnes）性质的义务"。① 被违反的国际义务性质不同，所产生的法律后果也就不同。例如，对于具有"集体性质"或"整体性质"义务的违反，违约国家应承担国家责任的救济，而其他缔约方则不能停止履行该整体义务，且在这种情况下，可由该多边条约的各当事方援引违反国际义务责任的权利。

在能源过境法律制度领域，其主要规则的性质同样具有复合性。这种义务的复杂性表现在：一项多边条约可以转化为"一系列的双边义务"，由于国际不法行为的多样性会导致产生多个不同受害国，而不是由一个国际不法行为对多个受害国造成伤害；② 同样，在条约所载义务是双边义务的情况下，虽然能源出口国可能违反对过境国的出口义务，但它不得违背其对能源进口国的出口义务。然而，如果过境义务是相互依存（interdependent）的，则其履行情况就取决于所有其他条约当事方履行相同义务的情况，所有条约当事方都因中断或阻碍能源过境的违约行为而受到损害，违反这种义务必然影响到该集团中的每一个国家，由于该义务的履行以所有其他当事方履行相同义务为条件，因而该义务具有"全球互惠"（global reciprocity）的双重性质。③ 因此，有关能源过境的国际条约和政府间协议中，不妨碍能源管道过境的义务表现出了不可分割（indivisible）的性质，且可归类为"相互依存的义务"和"整体

---

① 参见马静：《论国际义务的性质》，中国政法大学博士学位论文，2006年，第63页。

② 参 见 K. Parlett, The Law of International Responsibility, Oxford University Press, 2010, p. 50。

③ 参见 L. A. Sicilianos, The Classification of Obligations and the Multilateral Dimension of the Relations of International Responsibility, EJIL, Vol13, 2002, pp. 1133-1134。

义务"。例如，在 BTC 协议、ITGI 协议下的过境义务是根据"全球互惠"来承担的，各方履行过境义务的必要条件是所有其他各方都遵守协议，该过境义务可被划分为"相互依存"的义务；而在纳布科协定、WAGP 条约和 TAP 条约的规定中，"整体利益"（community interest）在条约中占主导地位，所有的条约当事方也都会因违反不中断能源管道过境的义务而受到损害，过境义务可被归类为"整体义务"。

总体来说，能源过境的国际条约创造了一些双边义务和多边义务。正如 ECT 下，有关贸易和保护投资的义务是双边的，而有关保护环境的义务是多边义务，甚至是具有整体性质的义务。虽然确定每一项条约中的过境义务的性质是困难的，但是一个普遍的结论是在过境义务领域义务的不可分割性是能源过境条约的主要特征，过境义务的性质已经从双边向多边的方向转变。

本 章 小 结

正如很多国际法的理论和制度都能在罗马法中找到其身影，"过境自由原则"也是如此，国际地役中的过境权是"过境自由原则"产生的理论基础。虽然国际社会尚未有一部统一的国际能源管道运输的条约出现，但有关于该问题的国际性规定和国际惯例已体现在一般性的国际公约和相关政府间协议以及有关国家的能源运输实践当中。在多个涉及跨国能源管道运输方面的国际公约中，ECT 第 7 条第 1 款有关过境自由的规定补充和延伸了 GATT 第 5 条的有关"过境自由"的规定，作为能源过境制度的基础，过境自由原则是不歧视原则和不妨碍原则的前提，引导能源过境活动各方取得过境权利义务的平衡。目前能源过境法律制度的框架已经初具雏形，以 ECT 第 7 条的规定为核心的一般国际公约、能源过境的政府间协议和间接适用的其他国际条约建立起了有关过境的国际条约法，但是国际习惯法上的能源管道过境自由和制度并未形成。这既是相关理论和实践还不足以满足国际习惯对"国家实践"和"法律确信"的认定要求，也是国际法向成文法方向发展的必然之路。随着能源宪章进程的发展，"国际能源宪章"的签署是包括ECT在内的能源宪章体系向更加广泛的多边化推进发展的重要步骤，有关"能源过境的多边框架协议"的准备和起草工作已开始着手进行，这也是未来能源过境法律制度发展的机遇和方向。有关能源过境的制度和规则在发展演变的过程中，一方面需要规则间的相互补充、协调，如 ECT 第 7 条和 GATT 第 5 条在过境制度问题上的互补，另一方面能源过境各当事方的权利义务内容日渐广泛和具体，涉及能源过境的原则、管辖权问题、过境关税、安全和环境保护等多个方面。与过境相关的国际义务也从传统的双边义务向不可分割的多边义务方向转变。这种不同的义务性质将导致产生不同的法律后果，如在发生违背过境义务的中断或妨碍过境的行为时，其他缔约国能否采取反措施或中止履行义务，以及谁能够援引国家责任等。

第二章 油气管道过境的
土地权利问题

　　油气管道的地上权利问题是管道项目涉及的首要法律问题，其对确立管道的法律地位、管道的安全保护和管道沿线廊道生态环境保护和管道权利冲突等都具有重要影响。不论是互联模式还是统一模式的国际油气管道，其管道设施的建设、使用和维护都依附于土地，涉及以临时、永久或其他方式占有和使用土地，① 相应的土地权利（rights on land）不仅包括土地私有权（private land rights，如所有权、使用权或租赁权等），还包括自由移动权（free movement rights，如进入权、通行权等）。

第一节 油气管道建设运营过程中的
土地权利概述

一、油气管道的定义和分类

　　法律意义上的"管道"（pipeline）是指"用于运送液体、气体或者浆料固体，由许多有泵控装置相连的输送管组成的设施"。② 根据管道项目在结构组成上的不同，国际管道项目可分为互连模式

---

　　① 参见张耀东：《油气长输管道通过权研究》，华中科技大学博士学位论文，2008 年，第 17 页。

　　② 参见 R. Lagoni, Pipelines, in Bernhardt ed., Encyclopedia of Public International Law, Vol. 3, 1997, p. 1033。

(interconnector model) 和统一模式 (unified model)。① 不同的项目模式，将对涉及该项目的国家和商业参与者的政治和商业关切产生重大的法律影响。

互连模式下，一系列独立的国内管道在不同国家之间的共同边界相互连接在一起，每个国家对其领土内的管道部分保留独立和明确的主权。各国在税收、人员雇佣、健康和安全等方面的国家法律分别适用于各自的管道部分。互连模式下管道的建设和运营不需要通过国家间协议来规定，任何与管道跨境相关的协调事宜都可以通过政府与项目投资者之间的东道国协议（HGA）来完成。② 统一模式下所建设的管道是一个真正的国际管道，是跨越一个或多个国家边界的单一管道。在适用于整个管道长度的相关国家之间建立一个单一的法律制度，并通过政府间协定（IGA）解决与之相关的协调问题（如共同的财政、安全和雇佣制度）。该模式还有许多其他特点，如简化了各个政府和商业参与者在管道建设和维护方面所适用的规则。

二、油气管道所涉土地权利的界定和法律属性

油气管道的建设和运营主体在建造、利用、检查、维护或维修管道设施时都要获得相应的土地权利。然而，无论在国内还是国外，目前对该类土地权利的界定尚没有达成统一。在既有的研究中，学者们大多使用"管道通过权（right of way）"③ 或"管道地

---

① 参见 Ishrak Ahmed Siddiky, The International Legal Instruments for Cross-Border Pipelines, in Kim Talus ed., Research handbook on international energy law, Edward Elgar Publishing, 2014, p. 308。

② 参见 Herbert Smith, International Law Regime of Trans boundary Pipelines, 2002. available at http://www.mondaq.com/x/18195/international + trade+investment/International + L aw + Regime + of + Transboundary + Pipelines, last visited on Dec 30, 2020。

③ 参见 E. Omonbude, Cross-border oil and gas pipelines and the role of the transit country: economics, challenges and solutions, Springer, 2016, p. 15; M. Dulaney, R. Merrick, Legal Issues in Cross-Border Oil and Gas Pipelines, Journal of Energy & Natural Resources Law, Vol. 23, 2005, p. 260。

下通过权"① 这样的法律术语来进行界定，主要涉及管道运营公司在管道施工建造、运营利用、检查维修过程中通过和利用他人所有或使用的土地的相应权利问题。

如前所述，管道的"过境自由原则"源自国际法上的国际地役制度，其所涉土地权利在法律性质上属于一种地役权。该权利的法律特征主要有三个方面。首先，在法律形式上，相应土地权利的实现由管道公司与土地所有权人或使用权人通过合同约定；其次，在权利主体上，主要是承担管道建设与运营任务的公司或财团；最后，在权利义务关系上，表现为获取相应的土地权利并给予土地所有权人或使用权人相应的补偿。地役权的这些特征为跨境管道的土地权利问题提供了较好的法律解决路径，即管道公司通过合同的方式和土地权人约定包括管道建设、检查、维修以及为管道安全运行之目的所进行的任何行为的权利，以及对土地利用限制的条款和补偿范围、数额等。

三、油气管道所涉土地权利的类型划分

管道的建设和运营过程中涉及油气管道在建设、运营与管理各个阶段使用土地的权利。根据管道用地在建设及使用过程中的用途不同，可将管道用地分为三类。

（一）永久性建设用地

即管道工程建成后需要永久使用的土地。主要用在管道项目的首末站、中间站（热站、加压站和热泵站）、分输站、线路截断阀室、检测点、线路标志桩和管道伴行路等用地，一般占到整个项目用地比例的 10% 左右。由于是永久性使用，这部分项目用地通常需要改变土地性质和权属，如国家以划拨方式交付管道项目公司控制或使用，或由国家办理征收或提供协助，由管道项目公司支付土地补偿费用。

---

① 参见李成业：《论管道地下通过权——一个基于解释论的分析》，载《国际石油经济》2010 年第 2 期，第 20~23 页。

（二）临时性建设用地

即因管道项目施工和作业而需临时用地，工程施工完成后恢复土地原貌并归还原土地权利人的用地情形。它主要用于管道工程敷设作业带、施工临时通道、管道防腐厂临时占地、堆管及设备、材料存放场地、取弃土场地以及穿越工程临时用地等。临时性用地通常不改变土地性质和权属，由管道项目公司或建设单位与土地权利人签订临时用地合同，支付用地补偿。

（三）一般性建设用地

这部分用地主要包括管道穿越用地、管道通行用地和管道后续用地。管道穿越用地主要用于管道项目需穿越河流、冲沟、水网、公路、铁路、自然保护区、林地、水源地、文物保护区、军事用地等不宜地下敷设管道且难以避绕的区域的情形；管道通行用地用于承载地下敷设管道，在管道建成后不直接使用地表土地的情形，通常为保持管道稳固可靠且不妨碍交通和农田耕作，世界上约98%的管道采用埋地敷设方式；管道后续用地用于管道建成后，在运营过程中对管道进行维护、维修等再次使用土地的情形。这三种用地方式主要针对主体管道铺设的用地情形，但对土地的利用方式和后果却各不相同。其中，管道穿越用地由于架设于地上而几乎完全限制了土地的其他用途，因此可以当作永久建设用地情况处理；管道通行用地是一种对土地的长期性、限制性占用，在管道建成后，管道公司通常并不直接使用该土地，而是由原权利人继续使用，这就容易造成土地权属的混乱，增加实际管理的难度和成本，给管道安全带来隐患；管道后续用地大多由管道公司和土地权利人另行签订临时用地协议的方式来调整，这会给双方带来不便且容易导致土地再次利用的损害赔偿争议。

除了按照管道用地用途进行权利划分外，还可以根据项目用地所处的建设阶段进行分类，如 IGA 示范协议将其分为管道项目预构造阶段，管道设施建设和安装阶段以及管道建设后阶段的管道土地权利。

四、为获取跨境管道土地权利的补偿和损害赔偿

为获取土地权利而向土地权利人支付土地的补偿和赔偿费用是有关管道土地权利的另一个重要问题，根据土地性质和权利类型的不同，该成本可由国家或管道项目公司承担。它具体包括两部分：一是土地补偿费，二是损害赔偿金。

（一）土地补偿费

土地补偿费是为获得管道的土地权利而向土地所有权人或土地使用权人所支付的弥补其土地权利灭失而产生的费用。例如，在管道项目永久性建设用地的情形下，在管道建成后仍需长期占用土地所有权人的土地，土地性质和权属均发生改变，因而向土地所有权人所支付的土地补偿费用；而在管道地下敷设的情形下，会在一定范围内限制土地的用途并影响土地使用权人的农业生产活动或其他权利，当这种"影响"切实发生时，就需根据"影响"的范围和程度向土地权利人支付补偿费用。

（二）损害赔偿金

损害赔偿金是管道项目建设运营过程中，因造成土地权利人的财产损害或导致环境损害等所应承担的赔偿费用。它主要包括两类损害赔偿情形：一是因保养、检修管道而对土地权利人的地上附着物或其他财产（如农作物、树苗等）造成损害，二是因油气泄漏造成土地环境破坏和经济损失。一般来说，按照"谁损害谁赔偿"的原则，由造成损害的主体承担相应的损害赔偿责任。

第二节 ECT 过境制度下的管道地上权利问题及各国法律实践

一、ECT 过境制度中的有关管道地上权利的规定

作为对 ECT 第 7 条过境制度的完善和补充，IGA 和 HGA 这两

项示范协议中都有关于油气管道地上权利的规定。

（一）示范协议对管道的土地权利的界定

IGA 示范协议将管道的土地权利定义为"为了开展项目活动而需在领土上实施的所有审查、测试、评估、分析、检查、建造、使用、拥有、占有、控制、转让和享受的权利"。① 同时，它要求各个国家在"公平、透明、合法、可执行和明确的商业条款和条件下授予和维护土地权利"，并"将这些实际建立的条款和条件体现在相应的东道国政府协议中"。②

HGA 沿用了 IGA 中有关土地权利的定义，另外还指出，"最广泛意义"上的地上权利不仅指管道项目完成后对管道系统内部、管道系统之上或之下的管道系统走廊的权利，还包括管道项目投资者为评估和选择特定的项目用地（包括管道路线和位置）的目的所合理要求的在期望的领土上享有的土地权利。③ 其中，"项目用地"指"项目实施所必需的管道路线和所有土地"。④

（二）示范协议对管道的土地权利的分类

HGA 的附录还包括更详细的土地权利规定，按照三个确定的阶段进行安排，分别为预构造阶段、设施建设和安装阶段以及建设后阶段。在这些阶段授予的土地权不仅包括使用、拥有和控制管道系统走廊的专有权利，还包括车辆通行的自由移动权，⑤ 在境内和穿越境内运输物资的权利，⑥ 任何土地的介入权⑦以及跨境飞越的权利。⑧

---

① IGA 第 1 条。

② IGA 第 6 条。

③ HGA 第 1 条。

④ HGA 第 1 条。

⑤ 参见 HGA 附录 1，PartII，第 3.1.1.（a）（iv）和 3.1.2.（b）（ii）段。

⑥ 参见 HGA 附录 1，PartII，第 3.2.2.（a）段。

⑦ 参见 HGA 附录 1，PartII，第 3.2.2.（f）和 3.3.1.（f）段。

⑧ 参见 HGA 附录 1，PartII，第 3.1.1.（a）段。

(三) 示范协议对管道的土地权利的成本负担的规定

HGA 列出了国家对项目投资者就土地权利的一般义务清单，主要包括：(a) 提供项目土地上的土地权；(b) 确定项目土地的权利人或主张享有任何形式的所有权或其他权益的人，并通知权利人授予其项目投资者的土地权；(c) 协助项目投资者获取和行使土地权；(d) 行使主权以便项目投资者能够获得和行使土地权；(e) 颁发必要的许可证、授权书和土地登记证书；(f) 确保项目投资者在管道系统走廊内享有［拥有］、使用、占有、所有、控制和建造土地和/或土地之下的独有和不受限制的权利；(g) 维护和赔偿每个项目投资者因土地权利灭失而导致的任何损失或损害；(h) 处理或赔偿由于项目投资者的土地权利而受损害的人的赔偿金，并赔偿项目投资者向这些人支付赔偿的相关费用。① 因此，HGA 将从第三方获得土地权的成本归于各个国家来承担。

此外，在其关于安全的规定中，IGA 和 HGA 都专门要求各国确保土地权利的安全，并且在涉及第三方对土地权造成实际损失或损害威胁时，尽到合法合理的努力以执行其任何相关的法律条款。②

二、各国法律实践对跨境管道项目的不同法律规制方法

从既有的跨境管道项目的法律实践来看，其项目协议可以是针对特定项目的，也可以是非项目特定的协议。

(一) 非项目特定协议

非项目特定协议往往具有框架协议性质，其虽然适用于具体的管道项目，但所规定的内容具有一般性，要么涉及各缔约国之间就未来各种管道的全面合作，要么涉及全部或部分缔约国之间的各种

---

① 参见 HGA 第 14 (3) 条。
② 参见 IGA 第 12 条，HGA 第 24 条。

投资事项的规定，一般通过 BITs（双边投资协议）或 ECT 完成。在这种情况下，特定项目的规制将在国家层面实施，主要通过国家特许协议来实现。

（二）项目特定协议

项目特定协议是用于管理指定的管道项目的协议。一般由各当事国之间签订一项或多项有关该特定项目的政府间协议（IGAs），它们主要处理与整个管道基础设施有关的横向问题，如合作、物质安全、提供土地权、统一适用于项目的税收结构以及与项目实施有关的问题，旨在便利各国在其领土范围内实现该项目；然而，各国之间仅就该项目达成合作是不够的，还应对项目的实际建设和运营进行规范。由于项目的建设和运营主要由私人公司或财团来承担，这些财团包括外国投资者注册成立的私营企业，有时也包括国有企业，为了将投资者纳入项目的法律制度范畴，国家和外国投资者之间签署相应的东道国政府协议（HGAs），主要处理涉及各国领土内项目活动的垂直问题，并扩展相关 IGAs 中确定的一些问题，如各项政府义务、投资者义务、环境和其他相关标准、责任、终止以及与在每个特定领域执行项目有关的问题。因此，IGA 的目标从一开始就和 HGA 相联系，目的是创建一个详尽的项目特定制度，在各国的管道项目实践中，该项目特定制度具体包括以下结构：

1. 项目由一个或多个 IGA 单独管理，而没有相应的 HGAs。例如，基尔库克-杰伊汉管道（Kirkuk-Ceyhan Pipeline）① 仅由一个 IGA 管辖。该协议于 1973 年由伊拉克共和国政府和土耳其共和国政府签订，是一个框架文书，其他问题则受国家各自的政府特许协议的约束。由于该管道完全由国有公司运营，项目的建设、运营、维护、管理和融资是一项政府义务，因此不需要单独的 HGA。南溪管道（South Stream Pipeline）由俄罗斯与各相关国家（即奥地

----

① 基尔库克-杰伊汉管道折中了两条平行的原油管道，这两条原油管道源于伊拉克城市基尔库克，最终卸载在地中海沿岸的杰伊汉港。两条管道分别于 1977 年和 1987 年开始运营。

利、保加利亚、克罗地亚、希腊、匈牙利、塞尔维亚、前南斯拉夫的北马其顿共和国、斯洛文尼亚和土耳其）签署的多个双边政府间协议进行管理，没有相应的 HGAs。由于管道由在每个国家设立的不同公司来进行建设和运营，该管道的概念接近于不同国家管道的连接，即互连模式的跨国管道。

2. 项目涉及一个或多个 IGA 以及与之相互作用的 HGA 进行管理。根据每个项目的具体情况，IGAs 和 HGAs 之间的相互依存程度和相互作用程度有所不同，并具体表现为不同的规制方法。

（1）最直接的实施方式是一个项目只有一个 IGA 和一个 HGA。例如，西非天然气管道项目，它由四个相关国家所缔结的一个 IGA 和这些国家与西非天然气管道公司所签订的一项国际项目协议（WAGP HGA）来管理。在跨境管道只涉及两个国家的情况下，当管道运营公司根据其中一个国家的法律成立时，一般只需要一个 HGA 来规范另一个国家和运营公司之间的权利和义务。例如，多尔芬天然气管道项目（Dolphin Gas Pipeline）①，它由卡塔尔与阿拉伯联合酋长国之间的 IGA 和卡塔尔与多尔芬能源有限公司（根据阿拉伯联合酋长国法律注册）之间所签订的一项 HGA 管理。即便管道运营公司是根据第三国法律成立的，当事方也可能决定只签订一项 HGA。例如，跨安纳托利亚管道项目（Trans-Anatolian pipeline），② 它由土耳其和阿塞拜疆之间的 IGA 以及土耳其和跨安纳托利亚天然气管道公司（在荷兰注册）之间的 HGA 来管理。

（2）最普遍概念上的实施方式是所有相关国家签署一个 IGA，然后在每个国家和投资者之间签订若干 HGAs，即 HGAs 的数量和

---

① 多尔芬天然气管道项目位于拉斯拉努夫、卡塔尔、塔维拉、阿拉伯联合酋长国之间，是卡塔尔、阿拉伯联合酋长国和阿曼之间的天然气管道项目的一部分。

② 跨安纳托利亚天然气管道起源于阿塞拜疆，横跨土耳其境内，至土耳其与希腊和保加利亚的边界。管道主要用于阿塞拜疆 Shah Deniz 油田第二阶段的天然气销售和过境运输。该管道自 2015 年 3 月开始建设，于 2019 年 12 月正式落成。

涉及的国家数量相关。巴库-第比利斯-杰伊汉管道① （BTC
Pipeline）、纳布科管道② （Nabucco pipeline），跨巴尔干管道③
（Trans-Balkan pipeline）和土库曼斯坦-阿富汗-巴基斯坦-印度天然
气管道④ （TAPI pipeline）都采用了这种方法。在这种方式下，
IGA 和 HGAs 之间的相互依赖程度因项目而异，并取决于各缔约国
在 IGA 结束时就某些 HGA 的问题达成一致的意愿。例如，纳布科
项目的 IGA 仅在税收调节部分提及相应的 HGAs,⑤ 巴库-第比利
斯-杰伊汉管道的 IGA 则几乎在所有方面都提及相应的 HGAs。⑥

（3）一个项目缔结若干个 IGAs 和相应的 HGAs。例如，南高
加索管道 （South Caucasus Pipeline）⑦ 就是这种情况。该管道分
别受土耳其和阿塞拜疆之间的 IGA 以及格鲁吉亚和阿塞拜疆之间
缔结的 IGA 的约束，此外，该管道还受格鲁吉亚和阿塞拜疆分别

---

① 巴库-第比利斯-杰伊汉管线于 2005 年建成，全长 1789 公里，起点为
阿塞拜疆首都巴库，经过格鲁吉亚首都第比利斯，最后到达土耳其位于地中
海的杰伊汉港口。该管线是前苏联地区第二长的管线，用于将 ACG （Azeri-
Chirag-Guneshli）油田所生产的原油运送至地中海沿岸。

② 纳布科管道由欧盟主推，全长约 3300 公里，目的是将里海地区的天
然气经土耳其、保加利亚、罗马尼亚和匈牙利 4 国先输送至奥地利，然后再
输往欧盟其他国家，受地缘政治等多重因素影响，但该管道项目一直未实际
建成。

③ 跨巴尔干管道由俄罗斯和保加利亚参与，目的是建设连接黑海和爱
琴海的管道，以绕过博斯普鲁斯海峡和达达尼尔海峡。项目开始于 2008 年，
但实际建设一直被推迟，2011 年俄罗斯宣布退出该项目。

④ 土库曼斯坦-阿富汗-巴基斯坦-印度天然气管道起自土库曼斯坦东部
道列塔巴德气田，经阿富汗、巴基斯坦至印巴边境的印度小镇法济尔加，全
长 1814 公里。项目自 2015 年 3 月启动，原计划于 2019 年底完成，因阿富汗
境内局势动荡，该项目被一度搁置，至今尚未建成。

⑤ 纳布科管道项目 IGA 第 11.1 条。

⑥ 巴库-第比利斯-杰伊汉管道项目 IGA 第 II （1）、（2）、（4）、（7），
III （2）、（3），IV，V （1）、（2）、（3）、（4），VI （1），IX 条。

⑦ 南高加索管道是一条平行于 BTC 输油管道的天然气管道，起源于里
海的 Shah Deniz 气田，穿越阿塞拜疆、格鲁吉亚和土耳其领土，管道于 2006
年开始运营。

与其投资者所缔结的 HGA 的约束。① 需要特别注意的是，这两项 IGA 的用途并不相同，格鲁吉亚和阿塞拜疆之间的 IGA 是一个特定项目管道协议，而土耳其和阿塞拜疆之间的 IGA 是销售支持协议。

三、从跨境管道的法律实践看 ECT 过境相关制度的指导和示范意义

既有的跨境管道项目协议大多数都遵循了 ECT 过境制度下 IGA 示范协议的模式，将有关跨境管道的地上权利问题交由相应的 HGA 来具体规定。仅有多尔芬管道项目的 IGA 等个别的政府间协议没有涉及管道的土地权利或自由移动权。在对管道地上权利作出规定的大多数项目协议中，有一些 IGA 示范协议的规定几乎完全相同，有一些则选择以不同的方式对管道地上权利进行规定。

（一）与 IGA 示范协议有关管道地上权利的规定相同的管道项目协议

在观察到的既有管道项目协议中，巴库-第比利斯-杰伊汉管道、南高加索管道和跨安纳托利亚管道的 IGA 都规定由其相应的 HGA 进行管道地上权利问题的管理，跨亚德里亚海管道②（Trans-Adriatic pipeline）的 IGA 甚至没有明确提及管道的地上权利，而是直接将该问题交由其两个 HGAs 进行规定。这些管道项目的 HGAs 都对管道的土地权利作出了宽泛的界定，包括审查权、检验权、评估权、分析权、检查权、建造权、使用权、租赁权、占有权、占用

---

① 由于管道投资者不包括土耳其，所以土耳其没有签订相应的 HGA。

② 跨亚德里亚海管道项目位于希腊-土耳其边界，它与跨安纳托利亚管道相连接，将来自希腊北部的天然气通过阿尔巴尼亚和阿得里亚海运输到意大利南部。该管道项目已于 2019 年 7 月开始试运行，和纳布科管道项目、跨安纳托利亚管道和土耳其—希腊—意大利管道等多条管道项目一样，是欧盟构建能源供应路线和来源多样化的天然气走廊项目之一。

权、控制权、所有权、地役权、分配权、任务权和享受权等。① 这些定义的解释也大多和 HGA 示范协议相同，即管道的土地权利不仅涉及管道系统走廊自身，还涉项目投资者可能需要的其他土地。

依照 HGA 示范协议的结构，上述四项管道项目的 HGAs 所涉及的土地权利内容也根据项目所处的不同阶段而有所不同，这些阶段分别为（1）项目预构造阶段；（2）项目设施和安装阶段；（3）施工后阶段。其中跨亚德里亚海管道项目的 HGAs 提出了略有不同的阶段划分方式，将其分为（1）施工前阶段；（2）施工后阶段；（3）扩张阶段。②

通过土地权利事项的具体规定，这些 HGAs 赋予了项目投资者以土地专有权，包括保证不向任何其他人授予任何与其相冲突的权利，③ 保证使其对所有国家当局和所有第三方具有强制执行力，④ 这些权利得到了有关车辆、货物和人员的通行权利的支持。⑤ 在上述四项管道项目各自的 IGA 中，自由流动权的规定与土地权分开规定的方式加强了有关国家对相关管道项目的支持，从而增强了项目投资者的信心。⑥

---

① 参见巴库-第比利斯-杰伊汉管道项目阿塞拜疆、格鲁吉亚和土耳其的 HGA 的附录 1；南高加索管道项目阿塞拜疆、格鲁吉亚的 HGA 的附录 1；跨亚德里亚海管道项目阿尔巴尼亚德 HGA 附件 1 第 1.1 段（定义）和希腊 HGA 第 1.1 段；跨安纳托利亚管道项目的 HGA 的第 1 条。

② 参见跨亚德里亚海管道项目希腊、阿尔巴尼亚的 HGA 附表 1 第 1 部分第 6 段。

③ 参见巴库-第比利斯-杰伊汉管道项目土耳其的 HGA 第 7（2）（ii）条。

④ 参见跨安纳托利亚管道项目的 HGA 附录 2 第 1.2 段。

⑤ 例如，参见巴库-第比利斯-杰伊汉管道项目阿塞拜疆、格鲁吉亚的 HGA 附录 2 第 2.1、2.3（ii）段，该项目土耳其的 HGA 附录 4 第 2.1（iv）段；南高加索管道项目阿塞拜疆、格鲁吉亚的 HGA 附录 2 第 2.1、3.1 段；跨亚德里亚海管道项目希腊、阿尔巴尼亚的 HGA 附表 1 第 1 部分第 5 段以及跨安纳托利亚管道项目的 HGA 第 18 条和附录 2 第 2.1 段。

⑥ 参见巴库-第比利斯-杰伊汉管道项目的 IGA 第 II（4）（viii）条；南高加索管道项目格鲁吉亚-阿塞拜疆的 IGA 第 II（4）（xi）条给予货物、材料、用品、技术和人员自由移动的权利；这两项协议的 III（3）条都规定应确保项目投资者及其雇员有权进入和离开其领土。

尽管在地上权利的定义和内容方面具有以上共同点，但是在获得土地权利的成本方面上述四项管道协议却有所不同。其中，巴库-第比利斯-杰伊汉管道项目和南高加索管道项目的 HGA 要求由国家政府承担向第三方支付的赔偿金，① 跨亚德里亚海管道项目和跨安纳托利亚管道项目的 HGA 规定由投资者支付此类赔偿。② 有的管道协议以间接方式将土地成本的负担归于投资者。例如，跨亚德里亚海管道项目希腊的 HGA 中规定："该安排表中没有任何内容要求由国家政府向任何人支付就项目目的而取得相关管理的任何款项。"③ 即间接规定由项目公司承担相应的赔偿责任。

（二）与 IGA 示范协议有关管道地上权利的规定相异的管道项目协议

除了上述四项管道项目协议以外，其他的管道项目协议对土地权利的处理方式和 IGA 及 HGA 示范协议是不同的。

1. 纳布科管道项目。该项目的 IGA 对管道的土地权利进行了宽泛的界定，即"依法在任何领土范围内的土地上所授予的项目活动所需的免费和不受限制的权利，其中包括但不限于使用、拥有、所有、占用、控制、分配和享用这些土地的权利"。④ 且各国应"遵循公平透明以及可依法执行的商业条款和条件，努力促进项目所需的特许权、补助费以及土地权的实现"。⑤ 除了上述规定外，纳布科管道项目的相关 HGA 却以不同的方式处理土地权利问

---

① 参见巴库-第比利斯-杰伊汉管道项目土耳其的 HGA 第 7.2（vii）（5）条，格鲁吉亚 HGA 第 7.2（vii）（6）条，阿塞拜疆 HGA 第 7.2（vii）（5）条；南高加索管道项目格鲁吉亚的 HGA 第 7.2 条（vii）（5）条，阿塞拜疆的 HGA 第 7.2（vii）（6）条。

② 跨亚德里亚海管道项目阿尔巴尼亚的 HGA 附表 1，31（f）、3.5（（b）（iii）（B））条，希腊的 HGA 第 1 部分第 2.1（a）段；跨安纳托利亚管道项目的 HGA 第 16.5（b）条。

③ 跨亚德里亚海管道项目希腊的 HGA 附表 1 第 1 部分第 2.1（a）段。

④ 纳布科管道项目 IGA 第 2（9）条。

⑤ 纳布科管道项目 IGA 第 10（1）条。

题。其中，匈牙利的 HGA 要求该国采取"合理的努力"以"协助纳布科国际公司与国家政府讨论获得和行使土地权利"，而未要求国家承担任何关于讨论结果的义务；① 奥地利的 HGA 则规定适用国内的土地管理法和纳布科管道项目的 IGA 来处理土地权利问题；② 土耳其、罗马尼亚和保加利亚的 HGAs 包含了更为详细的土地权条款，这和 HGA 示范协议类似，但是在国家所承担的义务方面，除了要求国家"协助"公司获得和行使土地权而承担的各种义务之外，将所有与土地权有关的费用归于纳布科国际公司承担，③ 这又与 HGA 示范协议相反。

2. 南溪管道项目。该项目的 IGA 没有针对土地权利问题规定太多细节。其中一些协议将管道运营公司作为获得土地权利的主体，另一些协议则提及国家的一般义务。例如，俄罗斯与马其顿的 IGA 要求东道国确保"提供必要的土地使用权"；④ 同样，俄罗斯分别与克罗地亚、匈牙利和塞尔维亚签订的 IGA 都责成东道国确保"项目实施所需的土地分配和不可撤销的土地使用权"，但未提及任何管道运营公司的义务；⑤ 另一方面，俄罗斯分别与奥地利、保加利亚和斯洛文尼亚签订的 IGA 要求各国"确保运营公司获得管道建设和运营所需的必要许可证和其他土地权"。⑥

3. 土库曼斯坦-阿富汗-巴基斯坦-印度天然气管道项目。该项目的框架协议对土地权的管理采取了另一种方式。它要求各缔约国"确保实施该项目所需的土地分配"，所产生的土地成本将"作为

---

① 参见纳布科管道项目匈牙利的 HGA 第 13（1）条。

② 参见纳布科管道项目奥地利的 HGA 第 13 条。

③ 参见纳布科管道项目罗马尼亚的 HGA 第 12（3）条；土耳其的 HGA 第 14（3）条；保加利亚的 HGA 第 12（3）条。

④ 南溪管道项目俄罗斯和马其顿的 IGA 第 7（2）条。

⑤ 参见南溪管道项目俄罗斯和克罗地亚的 IGA 第 9 条；俄罗斯和匈牙利的 IGA 第 10 条；俄罗斯和塞尔维亚的 IGA 第 11 条。

⑥ 南溪管道项目俄罗斯和奥地利的 IGA 第 4（a）条；俄罗斯和保加利亚的 IGA 第 12 条；俄罗斯和斯洛文尼亚的 IGA 第 10 条。

项目建设的成本，由财团按公允价值支付"。① 框架协议还在不同的段落中规定了自由移动权。如缔约国应允诺"财团有权将货物、材料、技术和人员自由转移到可用设施和领土范围之间"，② 以及允诺"财团成员的人员、运营公司、承包商、供应商和其他参与项目的人员不受限制地进入和在其领土移动的权利"。③

4. 跨巴尔干管道项目。该项目的IGA将土地权定义为"所有检查、测试、评估、分析、视察、建造、使用、拥有、占用、控制、操作和享受"的权利。④ 要求各国保证在双边协议中根据"公平、透明和清晰的商业条款和条件为所有项目活动授予土地专有权"。⑤ 因此，该土地权利的适用不限于管道走廊，还适用于项目投资者可能要求的其他土地，如为运载设备而暂时建造的通道和路径。⑥ 此外，各国应为所有项目活动授予和保有进入海港和领海的权利。⑦ 但是，该项目协议没有提及土地成本的负担问题。

5. 西非天然气管道项目。该项目的HGA包含了全面的土地权利条款。其对土地权利使用了"独占权"（exclusive possession right）这一术语进行界定，即"排除任何其他人而占有该土地的权利，但不妨碍该土地所在国的宪法权利"。⑧ 规定管道运营公司有义务确定相关土地⑨并与非国有土地所有者进行谈判，⑩ 各国有义务授予永久土地权（有别于"独占权"）作为管道许可证附带的

① 土库曼斯坦-阿富汗-巴基斯坦-印度天然气管道项目框架协议第12段。

② 土库曼斯坦-阿富汗-巴基斯坦-印度天然气管道项目框架协议第20段。

③ 土库曼斯坦-阿富汗-巴基斯坦-印度天然气管道项目框架协议第22段。

④ 跨巴尔干管道项目IGA第1（1）段。

⑤ 跨巴尔干管道项目IGA第11（1）段。

⑥ 参见跨巴尔干管道项目IGA第11（1）段。

⑦ 参见跨巴尔干管道项目IGA第11（2）段。

⑧ 西非天然气管道项目HGA第1.1段，"独占权"的定义。

⑨ 参见西非天然气管道项目HGA第21.1段。

⑩ 参见西非天然气管道项目HGA第21.3段。

权利以促使运营公司获得"独占权"。①由于被授予的土地权利不属于国家所有，因此公司应当为获得这些权利支付公平合理的补偿。②

除了上述管道项目协议外，还有一些项目协议在土地权利的国家义务和土地成本负担等方面与示范协议文本有所不同，如跨撒哈拉管道项目（Trans-Saharan Gas pipeline）、巴库-苏普萨管道项目（The Baku-Supsa pipeline）等。

第三节　对油气管道地上权利问题相关法律实践的评析

一、管道通过权需进一步发展成为解决管道项目用地的重要制度

作为一种用益物权，地役权的法律特征基本能够为跨境管道的土地权利问题提供现有法律框架下合理的解释和安排，但是跨境管道的土地权利的性质归属不应止于地役权。这是因为，和一般的地役权相比，油气管道项目对土地所有权或使用权的限制性和排他性更为严格，在已铺设管道的土地上再设立其他用益物权将受到较大限制；当强调管道的公共性质时，这种限制还带有强制性，且管道项目的用地权利还包括管道安全和生态环境保护等特定的权利内容。因此，有必要将管道通过权进一步发展成为一种独立的用益物权形式，使其成为解决管道项目用地的重要制度。

二、IGA、HGA 示范协议与管道项目的国家实践各有不同又相互借鉴

在管道项目的国家实践中，大多数的管道项目协议都包含有关土地权和使用权的规定，但和 IGA、HGA 示范协议处理该权利的

---

① 西非天然气管道项目 HGA 第 21.4 段。
② 参见西非天然气管道项目 HGA 第 21.6 段。

方式却有所不同,尤其是在土地权利的成本负担的问题上两者差异明显。除了少数协议未提及土地成本分配问题外,① 有两项管道项目协议和示范协议一样都规定由国家承担土地成本,即巴库-第比利斯-杰伊汉管道项目 HGAs 和南高加索管道项目 HGAs,其余大部分协议都规定由投资者也就是管道项目公司承担土地成本。②

通过时间轴的梳理,不难发现,IGA 和 HGA 示范协议(2003年第一版,2007 年第二版修订)关于土地权利的措辞受到巴库-第比利斯-杰伊汉管道和南高加索管道的项目协议条款的启发,在一个条款中对土地所有权和使用权这两种权利进行规定,在示范协议公布之后缔结的跨亚德里亚海管道和跨安纳托利亚管道项目协议也遵循了这种做法,但是在土地权的成本负担问题上,跨亚德里亚海管道和跨安纳托利亚管道项目协议并没有延用示范协议的建议。事实上,除了巴库-第比利斯-杰伊汉管道和南高加索管道的项目协议之外,没有任何协议要求国家为获得土地权利向第三方支付赔偿金。

三、应考虑修订 IGA、HGA 示范协议的土地权利条款

由于"示范协定"旨在反映现行的国际惯例,但目前第二版的 IGA 和 HGA 示范协议在土地权利条款的规定上已和各国实践脱节,难以起到指导和示范意义。因此,应考虑在未来第三版的 IGA 和 HGA 示范协议中对该条款进行修订:一是考虑将土地权利条款分为两个单独条款,一条涉及土地权利的界定,另一条涉及获取土地权利的成本负担;二是为了提供更大的法律确定性,可以在 HGA 示范协议中提及东道国关于土地权和征用的宪法规定,将承

---

① 例如,基尔库克-杰伊汉管道项目 IGA,跨巴尔干管道 IGA,纳布科管道项目匈牙利、奥地利的 HGA 等少数管道协议。

② 例如,土库曼斯坦-阿富汗-巴基斯坦-印度天然气管道协议,纳布科管道项目土耳其、保加利亚的 HGA,西非天然气管道项目的 HGA,跨安纳托利亚管道项目的 HGA,跨亚德里亚海管道项目的 HGA,跨撒哈拉管道项目的 IGA 等管道协议。

担土地成本的主体由国家扩充为国家或投资者，使其与国家法律实践保持一致并发挥示范作用。

本 章 小 结

油气管道过境的土地权利问题是开展油气管道项目所涉及的首要法律问题，其要解决的是管道项目所用土地的来源和性质问题，以及在此基础上土地权利人和管道企业的权利义务分配问题。由于跨境管道项目具有线路长、跨度大，且至少穿越两个国家的领土范围等特点，跨境管道建设运营周期所涉及土地权利的类别和性质多样，并表现在用地性质、用地阶段、使用时限以及赔偿范围等多个方面。在 ECT 的过境制度框架下，IGA 和 HGA 示范协议用广义的方式对土地权利进行了的界定和划分，且由国家承担获取土地权利方面的主要责任，这与大多数既有的过境管道法律实践有所不同，也说明示范协议的规定和国家的法律实践存在脱节。在示范协议的未来修订中，应考虑修订其土地权利条款，明确管道项目的土地权利的性质，将国家从土地权利的获取责任上解放出来，明确管道通过权不同于一般的土地权利的特殊内涵，将管道通过权发展成为解决管道项目用地性质和内涵的重要制度。

第三章　油气管道过境的
安全和环境问题

安全问题是油气管道运输中需要考虑的重要问题。跨境油气管道的建设运营会对区域自然生态和社会环境造成一定的扰动，且有可能受地质环境变化、管道腐蚀、第三方损害等多种因素的影响而引发管道安全事故，造成经济损失和区域生态环境的破坏。为了减少油气管道事故的风险和后续影响，保障油气管道的安全运行，在国际层面已经实施了若干能源和环境公约，在各管道项目协议中也大多对安全和环境问题有所规定，但是经济发展、能源消耗和环境问题相互之间关系复杂，① 能源供应体系与环境保护之间不同的概念和利益冲突，导致一些公约和规则的实施效果不佳。

第一节　油气管道建设运营过程中的
安全和环境问题概述

油气管道的安全问题的外延非常广泛。本章所涉及的是管道系统和能源资源本身的安全问题，以及保护管道设施和其他管道实物资产免受外部有害影响，而不涉及能源供应安全、项目投资者的投资安全或国家安全等方面。通过分析跨境管道事故的原因和结果，可更好地理解与管道有关的潜在风险，客观评估防止此类跨境管道事故的法律规则的有效性，为制定相关的预防措施和

---

① 参见 A. Bahareh, A. P. Seyed, R. Roshandel, et al. International convention to Decrease Conflict between Energy Supply and Environmental Protection, Ukrainian Journal of Ecology, Vol. 8, 2018, p. 608。

规则提供借鉴。

一、油气管道安全风险的因素分析

自 20 世纪 70 年代起，欧洲和美国等发达国家在"二战"之后所建设的许多油气长输管道逐步进入老龄期，长输管道事故频发，严重影响了人员、财产和环境安全。经过几十年的发展，相关国家和研究机构以管道工业流程和保险学中的风险分析技术为基础的管道风险评价机制已较为完善。① 目前，最具代表性和影响力的管道风险划分和评价技术是由英国的肯特·米尔饱尔（W. Kent Muhlbaue）于 1992 年在《管道风险管理手册》中提出的，现已成为世界各国开展油气管道风险评价研究工作的指导性文献。米尔饱尔将管道风险归纳为 4 类，包括第三方损害、腐蚀、设计和误操作。② 结合油气长输管道事故数据统计，对这四类风险因素详述如下：

（一）第三方损害风险

米尔饱尔将其定义为由于非管道员工的行为而造成的管道意外损害，即人为外力破坏。根据施害主体的主观意愿可分为无意损害和蓄意破坏。前者如地下敷设管道的地面建设施工作业导致的管道基础破坏、管道悬空、管道恒压状态受到破坏等情形；后者包括盗、扒管道防腐层、仪器仪表、阀门或附属设施，在管道上开孔盗

---

① 例如，国际管道协会（Pipeline Research Council International）在对输气管道事故数据统计分析的基础上，归纳总结出 22 种引起管道失效的基本因素，并对 21 种因素进行了分类（1 种因素原因未知）；1985 年，美国巴特尔·哥伦布研究院（Battelle Columbus Laboratories）发表了《风险调查指南》，通过运用评分体系法实现了对管道的风险分析。参见张圣柱：《油气长输管道事故风险分析与选线方法研究》，中国矿业大学博士学位论文，2012 年，第 2 页。

② 参见 W. K. Muhlbauer, Pipeline risk management manual: ideas, techniques, and resources, Elsevier, 2004, pp. 45-49。我国学者潘家华教授于 1995 年在《油气储运》上对该管道风险评价技术进行了详细介绍。

油、盗气，或者蓄意破坏（恐怖袭击）管道、设施等情形。据欧洲天然气管道数据小组（EGIG）① 统计，2004—2013 年欧洲天然气管道事故中约有 35%源于第三方损害。目前，第三方损害已成为导致长输管道泄漏、火灾、爆炸事故的最主要原因。

（二）腐蚀风险

油气管道腐蚀老化所致的油气溢泄事故较为常见，包括大气腐蚀、管道内腐蚀和埋地金属腐蚀三个方面。架空管道易受大气腐蚀，埋地管道易受土壤、细菌和杂散电流的腐蚀，加之受道路承重和震动等因素影响，均可能对油气管道产生不同程度的腐蚀影响，致使管道内外壁产生物理和化学变化，久而久之引发管道变形、破裂、穿孔，为油气溢泄事故埋下隐患。在这方面 EGIG 的统计数字是 24%。而根据美国管道和危险材料安全管理局（PHMSA）统计，2010 年以来因管道腐蚀导致的油气管道事故中约占事故总数量的 25%。② 腐蚀是导致液体管道失效的重要因素。

（三）设计风险

油气管道系统设计的合理性是决定系统安全运行的关键，设计质量的高低会直接影响工程质量。设计风险因素包括管道安全系数的大小、系统安全系数、疲劳、水击潜在危害、土壤移动概率等几个方面。

（四）误操作风险

它包括设计、施工、运行和维护四个方面的不正确操作。设计方面包括对危险认识不足、选材不当、安全系数考虑不周等因素；

---

① 欧洲天然气管道事故数据小组（European Gas Pipeline Data Group，EGIG）是一家成立于 1982 年的公司，最初由六家欧洲天然气输送系统运营商收集相关的天然气事故数据，后来扩展为西欧十五个主要天然气输送系统运营商的集团，成为一个拥有广泛天然气管道事故数据库的所有者。http：//www.egig.eu/about-egig，最后访问日期：2020 年 12 月 30 日。

② 参见黄维和、郑洪龙、王婷：《我国油气管道建设运行管理技术及发展展望》，载《油气储运》2014 年第 12 期，第 1259 页。

施工方面包括环焊口质量不佳、回填状况、防腐涂层施工状况以及检验状况等因素；运营和维护方面包括操作人员培训、定期检验维护等因素。

对油气管道安全风险的因素分析，有助于建立科学的风险评价方法，对事故导致的损害结果进行评估，并从法律规制层面进行事前防控和预后处理。

二、管道安全事故有可能导致的环境损害后果

当今世界几乎所有的人类环境问题均与化石燃料为主的能源利用结构有关。[1] 尽管与其他运输碳氢化合物的方式相比，管道运输相对安全，但不应低估管道事故的安全风险及其可能造成的损害后果。[2] 表3-1列举了根据美国安全部、欧洲天然气管道数据小组（EGIG）、欧洲石油化工协会（CONCAWE）[3] 和能源相关严重事故数据库（ENSAD）[4] 所收集的油气管道事故数据，由于缺乏足够的环境损害和经济损失数据，该表仅显示事故和人身伤亡的数量。

---

① 参见叶玉：《全球能源治理：结构，挑战及走向》，载《国际石油经济》2011 年第 8 期，第 47 页。

② 参见 H. Montiel，J. A. Vilchez，J. Arnaldos，et al. Historical Analysis of Accidents in the Transportation of Natural Gas，Journal of Hazardous Materials，Vol. 51，1996，p. 91；P. Burgherr，S. Hirschberg，Severe Accident Risks in Fossil Energy Chains：A Comparative Analysis，Energy，Vol. 33，2008，pp. 538-539。

③ 欧洲石油化工协会（CONCAWE）成立于 1963 年，成员范围包括大多数在欧洲经营的石油公司，活动范围涵盖了燃料质量和排放、空气质量、水质、土壤污染、废物、职业健康和安全、石油产品管理和跨国管道性能等领域，收集了欧洲跨国石油管道自 1963 年以来的溢油量、清理和采收率、环境后果和事故原因等数据。https：//www. concawe. eu/publications，最后访问日期：2020 年 12 月 30 日。

④ 能源相关严重事故数据库（Energy-Related Severe Accident Database，ENSAD）是保罗谢乐研究所（The Paul Scherrer Institute，PSI，瑞士最大的自然和工程科学研究机构，主要进行物质和材料、能源与环境、人类健康三个领域的世界级研究）建立的全面收集与能源相关的油气管严重事故数据库。http：//www. psi. ch/ta/risk-assessment，最后访问日期：2020 年 12 月 30 日。

表 3-1　　美国、欧洲和 ENSAD 油气管道事故的比较数据

能源产业链	美国 （1992—2011）		欧洲国家 （1970—2010）		ENSAD （1970—2005）	
	事故数量	死亡人数	事故数量	死亡人数	事故数量	死亡人数
石油	5574	41	478	14	约 30 起	约 2500 人
天然气	4691	340	1249	不确切	197	2970

如表 3-1 所示，过去几十年来发生了大量的油气管道事故，造成大量人员伤亡。正是基于石油和天然气的化学和物理特性，一些监管机构已将油气管道运输归类为危险活动。从法律角度来看，石油和天然气管道事故有相似之处，但从技术角度和损害结果来看，它们也有不同，与这些管道事故有关的环境损害和经济损失的细节则须在个案基础上提供和分析。

（一）天然气管道事故及其损害结果

天然气管道事故可能造成人身损害、环境破坏和经济损失三大风险。[①] 天然气管道施工缺陷、管道腐蚀以及地质活动都有可能造成管道破裂，管道中处于高压状态的天然气具有易燃性和易爆性，即使是小火花也可能引发天然气管道爆炸。如果管道的任何部分无法运行，并且没有其他交通工具可用，则流量中断会降低整个管道链的供应安全性。且和石油管道相比，天然气管道一旦因事故而中断，其恢复供应的技术要求更为复杂，所需时间也往往较长，对能源消费国而言供应风险相对更高。

表 3-2 列举了一些近期的跨境天然气管道事故案例，这些实际案例准确反映出跨境管道事故的破坏性，从中也会发现并非所有的管道事故都将导致人身损害、环境破坏和经济损失，损害结果的评估和报告可能取决于适用的法律和事故发生的地点。

---

① 参见 A. J. Brito, A. T. de Almeida, Multi-attribute risk assessment for Risk Ranking of Natural Gas Pipelines, Reliability Engineering & System Safety, Vol. 94, 2009, p. 187.

表 3-2　　　　　　　　**近期跨境天然气管道事故案例**①

管道项目名称	事故原因	事故时间、地点	相关国家	人身损害	环境损害	经济损失
比利时过境天然气管道	管道建设施工导致的管道泄漏和爆炸	2004 年比利时	挪威、比利时、法国	24 人死亡，超过 120 人受伤	大面积破坏	1 亿欧元
伊朗-土耳其天然气管道	库尔德分裂主义分子的破坏活动	2012 年土耳其东部	伊朗、土耳其	28 人受伤	不明确	天然气管道短期中断
巴库-第比利斯-埃尔祖鲁姆天然气管道	不明确	2012 年土耳其东部	阿塞拜疆、格鲁吉亚、土耳其	无	不明确	天然气管道短期中断
西非天然气管道	船锚导致管道破裂	2012 年多哥	尼日利亚、多哥、贝宁、加纳	无	海洋中泄漏大量天然气	管道中断近一年；仅加纳发电短缺 300 兆瓦
	管线修复作业	2012 年		2 人死亡		不明确

（二）石油管道事故及其损害结果

与天然气管道事故类似，石油管道事故也有可能造成人身损害、环境破坏和经济损失。然而，由于这两类能源物质的不同特

---

① 参见 Mehdi Piri, Michael Faure, The Effectiveness of Cross-Border Pipeline Safety and Environmental Regulations-under International Law, N. C. J. Int'l L. &Com. Reg., Vol. 40, 2014, p. 70。

106

性，其管道输送的潜在风险和事故造成的危害程度有所不同。① 首先，石油管道泄漏具有极大的环境破坏性。由于石油能在水中快速运动，一旦输油管道泄漏将可能造成大范围的海洋和陆地环境污染，地下管道泄漏的石油会对地下水质量造成重大健康风险。其次，石油具有易燃性，可能导致爆炸进而造成严重的人身伤害和财产损失。再次，对有机生物而言，石油摄入具有很高的毒性，且石油污染大多辐射范围广泛，如果人类摄入了被石油污染的动植物将导致严重的健康问题，其对野生动植物的损害可持续数年至有机体的整个寿命。此外，石油管道中断也会产生重大的经济影响，这和天然气管道类似。虽然石油不需要在高压下运输且容易储存，但跨境输油管道的中断仍可能导致相关利益方承担高额成本。最后，石油泄漏和污染的清理费用不应低估。

表 3-3 列举了若干近期跨境石油管道事故案例，从中可以看到石油管道与天然气管道的不同特点，尤其是在环境污染和损害方面，石油管道事故所导致的健康风险、经济损失和潜在不利影响都十分严峻。

表 3-3　　　　　　　近期跨境石油管道事故案例②

管道项目名称	事故原因	事故时间、地点	相关国家	环境污染和人身损害	财产损害和经济损失
乌涅恰-文茨皮尔斯管道	不明确	2007 年拉脱维亚、白俄罗斯	白俄罗斯、俄罗斯、拉脱维亚	俄罗斯管道在贝拉乌西纳河流入拉脱维亚时，泄漏了 100 吨柴油；溢出的柴油污染了乌拉河 15 公里延伸段	管道中断；约 44 万欧元清理费用

① 参见 E. Omonbude, Cross-border Oil and Gas Pipelines and the Role of the Transit Country: Economics, Challenges and Solutions, Springer, 2016. p. 16。

② 参见 Mehdi Piri, Michael Faure, The Effectiveness of Cross-Border Pipeline Safety and Environmental Regulations-under International Law, N. C. J. Int'l L. &Com. Reg., Vol. 40, 2014, pp. 73-74。

续表

管道项目名称	事故原因	事故时间、地点	相关国家	环境污染和人身损害	财产损害和经济损失
南欧输油管道	输油管道断裂	2007年法国	瑞士、法国、德国	自然保护区中约5公顷土地面积上排放了5400立方米原油	泄漏后果导致5000万欧元经济损失，其中数千万用于环境恢复
安桥输油管道	原油管道破裂	2010年美国密歇根州	美国、加拿大	超过80万加仑的石油泄漏到密歇根州、卡拉马祖河和邻近地区；野生动物栖息地遭受原油污染，大面积河流对船员和垂钓者的关闭	仅清理费用花费约8亿美元；150户家庭永久撤离家园
基尔库克-杰伊汉输油管道	恐怖分子袭击	2010年土耳其	土耳其、伊拉克	2人死亡，1人受伤	管道运营短期中断

（三）油气管道事故的环境后果和安全标准

如上所述，油气管道事故导致的相关损害结果是复杂和多样的，其中尤以环境损害结果为甚，其往往受损程度深、范围广、持续性长且难于控制。一方面，管道事故原因和油气泄漏量及其造成的环境损害后果直接相关。例如，因管道局部腐蚀所形成的孔洞，其渗漏量相对较小，而因地震引发的管道大面积断裂或机械损伤所致的裂口则泄漏量非常大，所导致的污染范围和污染速率也大。另一方面，管道铺设方式和地域环境差异也会导致不同的损害结果。埋设于地下的油气管道泄漏将会使油气产品随地下水、河流和水流等的流动迅速渗透到周围土壤，引发土壤和水资源污染等大面积的环境损害。架设于地面的油气管道泄漏会使化学物质排放到空气中，油蒸气在一定程度上也可能对海洋环境及其野生动物造成危害。

为尽量减少油气管道事故风险和环境损害后果，国际、国内和管道私营组织等各个层面设想了一系列环境标准和安全条例。然而，尽管风险可以通过更高的安全标准来缓解，但应用这些标准可能会导致更高的价格。对此，并非所有的管道运营商都愿意支付。① 正如事故数据所表明的，造成油气管道事故的风险因素是多样的，但人为失误是管道事故的主要原因。事实上，大多数事故都是由于技术故障、维护不善或外部影响而发生的。② 对于污染的致害方而言，当对受害者的补偿成本低于遵守安全规则的成本时，其有相当大的倾向将环境污染成本外化到当地区域。③ 正因为此，油气管道事故在很大程度上是可以预防的，而标准和执法机制的选择对于减少油气管道事故风险和后续影响至关重要。

三、跨境油气管道的国际环境法律制度

自20世纪中期开始，关于跨国能源管道运输的国际环境法律制度逐步增多，为规范油气管道发展及其环境问题提供了法律依据，此类国际法律规范主要有国际条约、区域性协议和软法三

---

① 参见 L. Hanakova, Accountability of Transnational Corporations under International Standards, 2005, pp. 5-6, available at http://digitalcommons. law. uga. edu/cgi/viewcontent. cgi? article=1020&context=stu_llm, last visited on Dec 30, 2020。

② 参见 G. A. Papadakis, Major Hazard Pipelines: A Comparative Study of Onshore Transmission Accidents, Journal of Loss Prevention in the Process Industries, Vol. 12, 1999, p. 91; P. Burgherr, S. Hirschberg, Severe Accident Risks in Fossil Energy Chains: A Comparative Analysis, Energy, Vol. 33, 2008, pp. 538-539。

③ 参见 Xue Hanqin, Transboundary Damage in International Law, Cambridge University Press, 2003, p. 47。

种形式。①

（一）关于管道运输环境问题的国际条约

相关的国际条约始于 1958 年的《日内瓦公海公约》（Geneva Convention on the High Seas）和《日内瓦大陆架公约》（Geneva Convention on the Continental Shelf）。《日内瓦公海公约》第 24 条规定："各个国家应该制定有关的规章，防止因石油管道或者是石油勘探开发过程中的行为而导致的海洋环境污染。"1969 年的《国际油污损害民事责任公约》（International Convention on Civil Liability for Oil Pollution Damage）②、1974 年的《防止陆源海洋污染公约》（Convention on Prevention of Marine Pollution from Land Sources）、1977 年的《勘探开发海底矿物资源所导致的石油污染民事责任公约》（Convention on Civil Liability for Oil Pollution Damage from Offshore Operations）都对环境保护作出了规制。1982 年的《联合国海洋法公约》（United Nations Convention on the Law of the Sea）是人类历史上第一个以专章形式专门规定防止海洋环境污染的全球性公约，"根据本部分采取的措施，应针对海洋环境的一切污染来源。这些措施，除其他外，应包括旨在最大可能范围内尽量减少下列污染的措施……来自用于勘探或开发海床和底土的自然资源的设施和装置的污染，特别是为了防止意外事件和处理紧急情况，保护

---

①　参见杨泽伟：《跨国能源管道运输的若干国际法问题》，载《暨南学报（哲学社会科学版）》2007 年第 5 期，第 52 页。

②　公约适用于在缔约国领土、领海及专属经济区等区域范围发生的因船舶漏油或排油所导致的污染损害，以及为防止或减轻这种损害而采取的预防措施。1992 年 11 月，国际海事组织（IMO）在伦敦召开的国际会议上通过了《1969 年国际油污损害民事责任公约的 1992 年议定书》，2003 年通过了"公约基金"的补充议定书。尽管公约仅适用于因船舶事故导致的石油污染，对于管道泄漏导致的损害并不适用，但公约在处理海上油污事故、确定污染责任、保护海洋环境和受害者的利益方面的制度仍有示范意义。参见 A. Bahareh，A. P. Seyed，R. Roshandel，et al. International Convention to Decrease Conflict between Energy Supply and Environmental Protection，Ukrainian Journal of Ecology，Vol. 8，2018，p. 614。

海上操作安全，以及规定这些设施或装置的设计、制造、装备、操作和人员配备的措施"，①这些规定将对海上能源管道运输的环境保护产生直接影响。此外，1990 年的《关于石油污染的准备、反应和合作的国际公约》（International Convention on Oil Pollution Preparedness, Response and Co-operation），1992 年的《联合国气候变化框架公约》及其《京都议定书》（United Nations Framework Convention on Climate Change and Kyoto Protocol，1997 年）以及 1992 年的《生物多样性公约》（Convention on Biological Diversity）等，也都是关于国际环境污染问题的国际性公约，对国际环境问题做出了相关的规定，涵盖了各国保护国际环境的义务。

（二）关于管道运输环境问题的区域性协议

相关的区域性协议主要有 1972 年的《奥斯陆倾倒公约》（Convention for the Prevention of Marine Pollution by Dumping from Ships and Aircraft），1992 年的《东北大西洋海洋环境保护公约》（Convention for the Protection of the Marine Environment of the North-East Atlantic），1994 年的《能源宪章条约》（ECT）和 1997 年欧盟的《环境影响评估指令》（Directive 85/337/EEC Certain Public Private Projects Environment）等，其中 ECT 是最具代表意义的区域性条约。此外，由联合国环境规划署（UNEP）倡导的"区域海洋行动计划"（Regional Seas Action Plans）②，也是十分重要的环境保护规划。它通过推动缔结条约或制定规则和标准，以保护世界海洋环境，并对海上石油和天然气的勘探开发活动产生了影响，如 1989 年的《关于勘探开发大陆架所导致的海洋污染议定书》（The

---

① 公约第 193 条第 3 款。

② 1972 年瑞典斯德哥尔摩联合国人类环境大会之后，UNEP 于 1974 年发起区域海洋行动计划（RSAP）。计划旨在通过对海洋和海岸的可持续管理与利用，防止全球海洋及海岸生态环境的急剧退化，使海域相邻国家共同参与综合及专项行动以保护其共享的海洋环境。迄今为止，已有 140 多个国家参加了联合国环境署支持的 13 个区域海计划，包括 29 项公约和议定书，现已成为覆盖全球 18 个海区的最广泛的保护海洋和海岸环境的倡议。

Protocol Concerning Marine Pollution Resulting from Exploration and Exploration of the Continental Shelf)、1994 年的《防止地中海因勘探开发大陆架和海床底土而受污染的议定书》（The Protocol for the Protection of the Mediterranean Sea against Pollution Resulting from Exploration and Exploration of the Continental Shelf and the Seabed and its Subsoil）等。这些区域性协议在一定区域范围之内对区域环境问题作出了相关规定，规定了区域内各个主权国家或地区的环境保护义务及其所应承担的责任。

（三）关于管道运输环境问题的软法

国际环境软法虽然不具备国际条约和区域性协议的法律效力，但是在国际环境法律规制上具备一定的指导意义，其表现形式通常为国际会议的宣言或国际组织的行动指南。其中最具影响力的是1972 年在斯德哥尔摩通过的《联合国人类环境会议宣言》（United National Declaration on Human and Environment），虽然宣言没有提及能源供应体系，但是对于在国际层面上认识能源供应体系的环境影响却发挥着作用，其影响力甚至远超许多其他环境公约。① 1992 年《里约环境与发展宣言》（Rio Declaration）提出包含可持续发展原则的 27 条环境与发展问题的原则。《21 世纪议程》（The United Nations' 21 Century Agenda）和《约翰内斯堡执行计划》（The Johannesburg Plan of Implementation）强调了可持续的发展原则；以及 2000 年联合国的"千年发展目标"、2002 年的"可持续发展问题世界首脑会议"和"可持续发展问题世界首脑会议的执行计划"、2008 年的"八国集团首脑会议行动计划"以及"经济大国能源安全气候变化领导人会议宣言"等。这些国际环境软法包含了许多关于能源政策发展的重要信息。如推行国家能效计划、消除妨碍可持续能源市场的市场扭曲和不正当补贴，各经济大国根据共同但有区别的责任原则和各自能力，履行各自责任，应对环境问题

---

① 参见 Lyster, Rosemary, Bradbrook, Adrian., Energy Law and the Environment, Cambridge University Press, 2006. p. 4。

的挑战。

第二节　ECT 过境制度下的安全和环境
问题及各国法律实践

一、ECT 过境制度中有关安全和环境问题的规定方法

ECT 第 7 条的过境条款没有涉及安全和环境问题的规定，但在过境议定书和 IGA、HGA 两项示范协议中体现了 ECT 过境制度下对安全和环境问题的关注。在 ECT 下，跨境管道建设和运营过程中涉及的安全、环境、技术、健康、质量、保险、劳工、人权等一系列问题，通常以制定或指定相关标准的方式进行规范。这些标准仅适用于一国领土内的管道项目，或者跨越两个或多个国家的整个跨境管道。通常，在条约层面有两种对标准进行规范的方式，一是在条约中自行制定标准，二是通过行为守则或附录等其他方式提供标准的汇编。但 IGA 示范协议本身并没有对安全和环境等问题提供详细的标准，而是通过以下五种间接方法提供标准:[1]

(1) 由各个国家确定适用于其领土的标准;

(2) 将标准的制定权提交给由其设立的委员会;

(3) 由各个国家在未来通过协商以制定标准;

(4) 由各个国家与项目投资者通过协商以制定标准;

(5) 参照适用 HGAs 的规定。

二、ECT 过境制度中有关管道安全和环境标准的规定内容

IGA 示范协议第 10 条涉及对安全和环境标准的规定，要求

---

[1] 参见 Ms. Barbara v. Gayling-Westphal. Intergovernmental Agreements and Host Government Agreements on Oil and Gas Pipelines: A Comparison, Energy Charter Secretariat, 2015, p. 71。

"各个国家制定符合当前条件且在国际上具有兼容性和可接受性的环境和安全标准",且该标准"至少要符合世界银行集团有关环境、健康和安全方面的标准和准则"。① IGA 示范协议要求各个国家必须遵守所确定的标准,并按照各方要求经常进行磋商。为快速解决管道系统溢泄和其他危害环境与安全的问题,IGA 示范协议进一步规定了受助国和协助国的权利义务,即"其他国家有义务协助受灾国的合理要求,协助国有权根据书面要求获得赔偿,以补偿因协助行为而产生的费用"。② 这有助于确保对可能损害能源运输并影响管道系统所有国家的危害实施国际援助。该规定运用了上述的方法(3)和(5),由各国进行标准的协商,并参照适用 HGAs 的详细规定。

IGA 示范协议第 12 条和 HGA 示范协议第 24 条是有关管道安全问题的条款。这两条规定完全相同,都要求各个国家承担确保其领土内的管道系统安全的义务,并"采取一切合法合理的努力,执行其任何有关第三方有可能造成的管道系统的实际损害和/或损害威胁的法律条款"。这一规定不仅涉及管道设施的安全,而且涉及国家领土范围内土地权利和人员安全,但该规定不涉及能源资源自身的安全。尽管安全标准主要适用于管道运营公司和项目投资者,但该安全标准条款仅适用于各个国家。该规定运用了上述的方法(1)和(5),由各个国家确定适用于其领土的安全标准,并由 HGAs 进行更详细的规定。

此外,过境议定书也规定了一些与跨境管道项目的环境、安全、技术、健康、社会和会计问题相关的适用标准。一方面,尽量减少能源过境的有害环境影响是过境议定书的主要目标之一;③ 特别是在能源过境设施的建设、扩建、运营和维护中,要求缔约方以经济的方式尽量减少对环境的影响;④ 各国的国内立法还应对环境

① IGA 示范协议第 10(1)条。
② IGA 示范协议第 10(2)条。
③ 参见过境议定书(草案)第 2(1)(e)条。
④ 参见过境议定书(草案)第 7(1)条。

损害提供有效和非歧视性赔偿责任制度。① 另一方面，议定书要求各个国家就环境、安全、技术、健康等普遍接受的标准"尽最大努力达成一致",② 但是没有具体规定这些标准的水平。总体而言，过境议定书提供的标准是宽泛和较低的，为各个国家进一步制定这些标准留下了很多空间。

三、从跨境管道的法律实践看 ECT 过境相关制度的指导和示范意义

既有的跨境管道项目协议大多数都遵循了 ECT 过境制度下示范协议的模式，在 IGA 中对环境和安全标准的要求或确定方式作出了规定，这些协议通常遵循不同的方法并提供不同级别的细节，并在相关的 HGAs 协议中进行更加具体的规定。目前，仅有基尔库克-杰伊汉管道项目的 IGA 没有对所涉及的环境和安全标准问题进行任何规定。

（一）跨境管道实践中有关环境和安全标准的规定方法

和 IGA 示范协议类似，在既有的管道项目实践中，其 IGA 协议本身并没有提供有关环境和安全问题的具体标准，而是选择和提供其他手段来制定相关标准（即上述（1）-（5）项间接确定方法），大多数的 HGA 协议不仅采用了 IGA 协议所指定的方式来确定标准，还有可能在 HGA 协议中自行规定其他标准。

大多数管道项目的 IGA 协议采用了方法（3），（4）和/或（5）。例如，巴库-苏普萨管道项目的 IGA 协议规定由政府和石油公司合作建立管道设施的共同标准;③ 巴库-第比利斯-杰伊汉管道项目 IGA 和南高加索管道项目的格鲁吉亚-阿塞拜疆 IGA 协议要求国家与项目投资者和其他机构进行合作并协调制定统一的适用标

---

① 参见过境议定书（草案）第 7（2）条。
② 过境议定书（草案）第 12 条。
③ 参见巴库-苏普萨管道项目 IGA 第 5 条。

准，这些标准应在 HGA 中规定。① 有的 IGA 协议没有提及 HGAs，但在 IGAI 中有着类似规定，如纳布科管道项目、土库曼斯坦-阿富汗-巴基斯坦-印度天然气管道项目和跨安纳托利亚管道项目的 IGA 协议。

有两项管道项目 IGA 协议选择了方法（2），将标准的制定权提交给由其设立的委员会。一是跨亚德里亚海管道项目 IGA，规定由执行委员会建立协调统一的标准，再由各自的 HGAs 制定具体的标准;② 二是西非天然气管道项目 IGA，该协议没有对标准进行明确规定，而是规定允许由天然气管道项目管理局对环境影响评估和环境管理计划进行审查和回应，并协调和促进所有必要的环境审批，此外规定参照适用相应 HGA 的规定。③

还有一些管道项目 IGA 协议应用了方法（1），通过参考国家立法来确定适用的环境和安全标准。例如，卡塔尔和阿拉伯联合酋长国的 IGA 协议规定根据其自己的法律对每个国家的标准做出决定，因此不在整个管道中采取统一的方式;④ 南溪管道项目俄罗斯分别和保加利亚、希腊之间的 IGA 协议都规定根据各自国家立法制定环境标准。⑤

（二）跨境管道实践中有关环境和安全标准的规范水平

几乎所有的管道项目协议都涵盖与环境和安全标准有关的内容，但各个协议对相关标准所要求达到的水平却参差不齐。事实上，通过在 IGAs 和 HGAs 中纳入标准，甚至可能削弱相关主体的环境和安全保护义务。

由于 IGA 自身没有制定具体的标准，因此一些政府间谈判委

---

① 参见巴库-第比利斯-杰伊汉管道项目 IGA 第 4 条；南高加索管道项目的格鲁吉亚-阿塞拜疆 IGA 协议第 4 条。

② 参见跨亚得里亚海阿尔巴尼亚 HGA 第 19 段及以下和希腊 HGA 附表 2。

③ 参见西非天然气管道项目 IGA 第 IV2.（2）（b）（iv）和（v）条。

④ 参见卡塔尔和阿拉伯联合酋长国的 IGA 第 5（1）条。

⑤ 参见俄罗斯分别和保加利亚的 IGA 第 4（3）条，俄罗斯和希腊的 IGA 协议第 4（2）条。

员会通过选择适用国家的立法或国际标准及惯例来提供最低程度的环境和安全保护，此时需要根据其各自的国际环境和安全法律以确定实际的保护水平。例如，南溪管道项目俄罗斯分别和保加利亚、希腊之间的 IGA 协议规定各自适用保加利亚或希腊国内立法所制定的环境标准；① 跨安托纳利亚管道项目 IGA 规定适用土耳其的国内法律和国际工业惯例；② 卡塔尔和阿联酋的 IGA 规定根据其法律分别确定安全和环境标准；③ 跨巴尔干管道项目 IGA 要求各国建立技术、健康、质量、环境和安全标准，并符合石油工业和各项法律汇总中公认的国际标准和商业惯例；④ 土库曼斯坦-阿富汗-巴基斯坦-印度天然气管道项目框架协议要求技术，环境和安全标准"符合国际标准和实践"，但是如果它们是现行法律比国际标准更为严格，则要制定有关管道环境保护和安全的国家立法。⑤

有一些管道项目 IGA 选择适用了关于环境和安全问题的一般标准。例如，跨撒哈拉管道项目 IGA 协议规定，管道系统应按照国际公认的标准以安全可靠的方式运行和维护，⑥ 管道项目的初始阶段活动应遵循最佳的国际惯例和各自的国家法律的规定；⑦ 以及在其环境影响评估和环境管理计划应适用"良好的国际惯例"这样的一般性规定。⑧ 西非天然气管道项目 HGA 规定，管道系统应按照国际上可接受的行业标准"进行操作，维护和修理"。⑨

（三）跨境管道法律实践中有关环境和安全标准的具体规定

1. 有关环境标准的规定。巴库-第比利斯-杰伊汉管道项目的所

---

① 参见俄罗斯分别和保加利亚的 IGA 第 4（3）条，俄罗斯和希腊的 IGA 协议第 4（2）条。
② 参见跨安托纳利亚管道项目 IGA 第 8 条。
③ 参见卡塔尔和阿拉伯联合酋长国的 IGA 第 5（1）条。
④ 跨巴尔干管道项目 IGA 第 6（1）段。
⑤ 土库曼斯坦-阿富汗-巴基斯坦-印度天然气管道项目框架协议第 14 段。
⑥ 参见跨撒哈拉管道项目 IGA 第 9.1 条。
⑦ 参见跨撒哈拉管道项目 IGA 第 7.6 条。
⑧ 跨撒哈拉管道项目 IGA 第 4.1 条。
⑨ 西非天然气管道项目 HGA 第 23.5 段。

有 HGAs 和南高加索管道项目的萨塞拜疆 HGA，都要求项目投资者尽其最大努力减少对环境的潜在干扰。① 有的 HGAs 进一步规定需参考国际石油或天然气管道行业普遍采用的标准和做法，确保该项目从未受到任何更严格的规则约束。② 然而，巴库-第比利斯-杰伊汉管道项目下格鲁吉亚 HGA，却规定了更严格的环境保护标准，要求该标准不低于荷兰和奥地利所适用的相关标准和惯例。③ 南高加索管道项目下格鲁吉亚 HGA 提及世界银行的环境标准和国际社会普遍遵守的关于天然气管道的标准。④ 随着巴库-第比利斯-杰伊汉管道项目的法律框架进一步扩展，现在还包括环境影响评估制度。这显然选择了比 IGA 和 HGA 示范协议更严格的环境标准。⑤

跨亚得里亚海管道项目 HGAs 提到了欧盟环境评估指令（85/337/EC），还纳入了《跨界环境影响评价公约》（Convention on Environmental Impact Assessment in a Transboundary Context）⑥ 和《在环境问题上获得信息、公众参与决策和诉诸法律的公约》（Convention on Access to Information, Public Participation in Decision-

---

① 参见巴库-第比利斯-杰伊汉管道项目下阿塞拜疆 HGA 附录 3 第 3 (1) 段，格鲁吉亚 HGA 附录 3 第 3 (1) 段，土耳其 HGA 附录 5 第 3 (1) 段；南高加索管道项目阿塞拜疆 HGA 附录 4 第 3 (1) 段。

② 参见巴库-第比利斯-杰伊汉管道项目下阿塞拜疆 HGA 附录 3 第 3 (3) 段，土耳其 HGA 附录 5 第 3 (3) 段，南高加索管道项目阿塞拜疆 HGA 附录 4 第 3 (3) 段。

③ 参见巴库-第比利斯-杰伊汉管道项目下格鲁吉亚 HGA 附件 3 第 3 (1) 段。

④ 参见南高加索管道项目格鲁吉亚 HGA 附录 4 第 3 段。

⑤ 参见 BP "巴库-第比利斯-杰伊汉管道项目协议公民指南"，p. 12, available at：http：//subsites. bp. com/caspian/citizens% 20guide% 20final. pdf, last visited on Dec 30, 2020。

⑥ 即《埃斯波公约》（Espoo Convention），公约于 1997 年生效，由 "战略环境评估议定书"（Protocol on Strategic Environmental Assessment）加以补充。公约旨在对跨界环境影响评价方面促进国际合作，制订预防性政策以及防止、减轻和监测一般性显著环境影响，是汇集所有利益相关方以防止环境破坏发生的关键步骤。available at http：//www. unece. org/env/eia/welcome. html, last visited on Dec 30, 2020。

making and Access to Justice in Environmental）①，具体标准参照欧洲银行（EB）的"环境与社会政策"以及国际金融公司（IFC）制定的"战略共同体投资手册"中概述的环境标准。②

　　跨安托纳利亚管道项目 HGA 选择将环境标准的制定交给管道项目实体的方式，要求该实体遵守国家法律和天然气管道行业普遍采用的国际标准和惯例，包括国际金融公司的相关标准。③

　　纳布科管道项目下几乎所有的 HGAs 都规定由纳布科国际公司制定环境标准，同时应符合国家法律和赤道原则（Equator Principle）④，只有罗马尼亚的 HGA 采用将国家环境环境法应用于管道项目公司这一不同方法。⑤

　　乍得-喀麦隆输油管道项目 IGA 要求各国根据国际石油工业普遍接受的规则，确定运输商在环境保护方面的义务，并执行适用于

---

　　①　即《奥胡斯公约》（Aarhus Convention），公约于 2001 年生效。公约旨在为解决环境污染与破坏问题，保护人类的环境健康权，将民众获得环保相关情报、参与行政决定过程与司法等措施制度化，是环境信息公开制度发展的里程碑。

　　②　参见跨亚德里亚海管道项目阿尔巴尼亚 HGA 第 2 部分附表 2 第 1、2、3、4、8 段和希腊 HGA 的附表 2 第 1、2、3、4、8 段。

　　③　参见跨安托纳利亚管道项目 HGA 第 17（1）条。

　　④　赤道原则是一套项目融资环境与社会风险管理工具，用以决定、衡量以及管理社会及环境风险，用以管理专案融资（Project finance）或信用紧缩，主要由十项基本原则和八项绩效标准以及包含 63 个行业的《环境、健康与安全指南》共同构成。该原则最初由花旗集团、荷兰银行、巴克莱银行与西德意志银行等私人银行制定，后来在采用世界银行的环境保护标准与国际金融公司的社会责任方针基础上形成了这套原则。截止到 2017 年底，来自 37 个国家的 92 家金融机构采纳了赤道原则，因此它形成了一个实务上（de facto）的准则，协助银行及投资者了解如何加入世界上主要的发展计划，对它们进行融资。http：//equator-principles.com，最后访问日期：2020 年 12 月 30 日。

　　⑤　参见纳布科管道项目下匈牙利 HGA 第 15（1）条；奥地利 HGA 第 15（1）条；土耳其 HGA 第 16（1）条；保加利亚 HGA 第 14（1）条；罗马尼亚 HGA 第 14（1）条。

管道的规定，以防止，减轻和控制环境污染。①

　　西非天然气管道项目 IGA 要求其"环境影响评估和环境管理计划"应符合"高压天然气管道建设和运营类似条件下当代环境保护实践的最高标准，国际上可接受的行业标准和公认的适用于高压天然气管道的良好做法，以及出口信贷机构和国际金融机构在高压天然气管道建设和运营相似情况下的环境保护标准，管道运营公司需要遵守这些标准"。② 跨撒哈拉管道项目 IGA 规定，在其"环境影响评估和环境管理计划"中应用"良好的国际惯例"。③

　　2. 有关安全标准的规定。在既有的管道项目实践中，大多数项目协议都包含管道的物理安全，如纳布科管道项目、南溪管道项目、跨巴尔干管道项目和西非天然气管道项目等。但是对能源资源自身安全进行规定的 IGA 协议有三项，分别是巴库-苏普萨管道项目、巴库-第比利斯-杰伊汉管道项目和格鲁吉亚-阿塞拜疆管道项目。④

　　这些 IGA 协议所涉及的管道物理安全条款都较为笼统。大多仅规定各国应确保管道设施和其他资产以及项目活动本身的安全。⑤ 乍得-喀麦隆管道项目 IGA 要求各国"采取一切必要措施以

---

　　①　参见乍得-喀麦隆输油管道项目 IGA 第 15 条。

　　②　西非天然气管道项目 IGA 第 19.8 条。

　　③　跨撒哈拉管道项目 IGA 第 4.1 条。

　　④　参见巴库-苏普萨管道项目 IGA 第 3（1）条；巴库-第比利斯-杰伊汉管道项目 IGA 第 III（2）条；南高加索管道项目格鲁吉亚-阿塞拜疆 IGA 第 III（2）条。

　　⑤　参见巴库-苏普萨管道项目 IGA 第 3（1）条；巴库-苏普萨管道项目 HGA 第 6（1）条；巴库-第比利斯-杰伊汉管道项目 IGA 第 III（2）条；南高加索管道项目格鲁吉亚-阿塞拜疆 IGA 第 III（2）条；土库曼斯坦-阿富汗-巴基斯坦-印度天然气管道项目 IGA 第 4（1）条和框架协议第 26 段；跨安托纳利亚管道项目 HGA 第 10 条；跨亚德里亚海管道项目希腊 HGA 第 9.1（b）段，阿尔巴尼亚 HGA 第 14.1（b）段；巴库-第比利斯-杰伊汉管道项目下格鲁吉亚 HGA 第 11 条，阿塞拜疆 HGA 第 11 条，土耳其 HGA 第 12 条；南高加索管道项目下阿塞拜疆 HGA 第 11 条，格鲁吉亚 HGA 第 11 段；跨撒哈拉管道项目 IGA 第 3.9 条。

确保对管道的保护"。① 一些协议还包含各国承担搜寻、引爆或消除爆炸物费用方面的义务。② 跨撒哈拉管道项目 IGA 还要求各国保护管道免受其管辖范围内的任何外部威胁。③

有一些管道项目的 HGAs 规定由国家承担确保管道设施安全的义务,如巴库-第比利斯-杰伊汉管道项目、南高加索管道项目和跨安托纳利亚管道项目的 HGA,其相关规定与 HGA 示范协议的措辞几乎相同。④ 和示范协议的安全条款不同的是,巴库-第比利斯-杰伊汉管道项目和南高加索管道项目的 HGA 还包含"安全力量的可用性"条款,⑤ 要求由政府安全部门创建安全力量部队,为管道设施和从事管道作业的人员提供实际安全保障。该安全部队的费用由政府承担,从而使各国对其部队的所有此类安全行动的行为负全责。另一方面,跨安纳托利亚管道项目在安全条款方面仅接收了 HGA 示范协议的部分内容,不包括土地权利和人身安全,并且免除因东道国政府的这种国家安全行动对项目投资者造成的任何损失或损害的责任。⑥ 跨亚德里亚海管道项目 HGAs 是在示范协议文本发布之后签署的协议,协议要求各国尽其最大努力保护领土内的管道设施,同时强烈提及人权标准,⑦ 其借鉴了 HGA 示范协议的一

---

① 乍得-喀麦隆管道项目 IGA 第 15 条。

② 参见巴库-苏普萨管道项目 IGA 第 3 (2) 条;巴库-第比利斯-杰伊汉管道项目 IGA 第 III (1) 条;南高加索管道项目格鲁吉亚-阿塞拜疆 IGA 第 III (1) 条;跨亚德里亚海管道项目下希腊 HGA 第 9.3 段,阿尔巴尼亚 HGA 第 14.3 段。

③ 参见跨撒哈拉管道项目 IGA 第 4.3 条。

④ 参见巴库-第比利斯-杰伊汉管道项目下阿塞拜疆 HGA 第 11 (1) 和 (2) 条,土耳其 HGA 第 12 (1) 和 (2) 条;南高加索管道项目下阿塞拜疆 HGA 第 11 (1) 和 (2) 条,格鲁吉亚 HGA 第 11 (1) 和 (2) 段;跨安托纳利亚管道项目 HGA 第 22 条。

⑤ 巴库-第比利斯-杰伊汉管道项目下格鲁吉亚 HGA 第 6 (6.3) 条,阿塞拜疆 HGA 第 11 (1)、(2) 条;南高加索管道项目下格鲁吉亚 HGA 第 12 (1)、(2) 条;跨安纳托利亚管道项目 HGA 第 22 条。

⑥ 参见跨安纳托利亚管道项目 HGA 第 22 条。

⑦ 参见跨亚德里亚海管道项目希腊 HGA 第 9 段,阿尔巴尼亚 HGA 第 14 段。

些规定，但没有采用示范协议在安全问题上的规定方法。

卡塔尔-阿联酋管道项目 IGA 规定各国政府应及时交换有关管道可能受到的威胁或有关安全事件的信息。此外，主管当局必须相互协商以便达成有关实物保护的相互安排。① 跨撒哈拉管道项目 IGA 也有此类项目规定，要求各国作出"管道实物保护方面的相互安排"，并不时予以适用。②

纳布科管道项目下 HGAs 都包含有关安全的规定，都要求国家确保管道安全，但以不同方式进行规范。根据匈牙利 HGA 和奥地利 HGA 的规定，管道公司要求确保项目土地、管道和所有涉及人员的安全，该安全义务由国家政府负责;③ 而罗马尼亚 HGA 和保加利亚 HGA 只是要求各国努力维护项目土地、管道和所有相关人员的安全。土耳其 HGA 则对安全义务的承担采用了不同方法，不是要求国家，而是要求公司为项目土地、管道和涉及的所有人员提供安全保障。④ 跨亚德里亚海管道项目希腊 HGA 中还有一处值得关注，其关于安全的规定还涵盖了跨境管道基础设施的安装和国家的必要同意以及项目投资者的批准,⑤ 目前尚不清楚这一规定在多大程度上依赖于对安全问题的实际关切。

第三节　对跨境管道安全与环境问题相关法律实践的评析

一、应考虑修订 IGA、HGA 示范协议的安全与环境标准条款

在管道项目的国家实践中，大多数的管道项目协议都符合

---

① 参见卡塔尔-阿联酋管道项目 IGA 第 7（1）、（2）条。

② 跨撒哈拉管道项目 IGA 第 8 条。

③ 参见纳布科管道项目匈牙利 HGA 第 21 条，奥地利 HGA 第 20（1）条。

④ 参见纳布科管道项目土耳其 HGA 第 21 条。

⑤ 参见跨亚德里亚海管道项目希腊 HGA 第 9.4 段。

IGA、HGA 示范协议对安全和环境标准的规定方式，即通过提交各国进一步协商，适用各国国内法律，提交给项目委员会或参照适用 HGAs 等方式以明确相关标准内容。过境议定书中提到的包括环境、技术、健康、安全、社会和会计等标准，也可以在大多数现有协议中找到。然而，随着各国管道项目的法律实践的发展，尤其是对环境保护和人权标准等问题的关注不断提升，IGA 和 HGA 示范协议所建议的做法是否可行并保持下去是值得怀疑的。① 因此，在未来示范协议的修订中，应考虑从以下三方面对过境管道的安全与环境标准问题进行规范。

（一）考虑将人权标准纳入示范协议或过境议定书

虽然目前仅有跨亚德里亚海管道项目的 HGAs 规定了人权标准，但是考虑到管道项目的建设、运营、扩建和维护等活动对管道走廊及其沿线区域的影响以及各非政府组织的国际压力，保护当地民众的利益已逐渐成为能源工业的组成部分，并通过提供地方服务、技术转让、帮助当地进行道路、医院和学校等基础设施建设等方式来实现。② 随着环境问题、可持续发展问题和人权问题的重要性日益增长，在过境议定书或示范协议中纳入人权标准将有助于保障当地民众利益，促进跨国管道项目的顺利实施。

（二）合理吸纳既有管道协议中对安全标准的规定

在安全标准的规定上将土地权利和人员安全与管道设施的安全分开，将土地权利保障的内容纳入 IGA 示范协议中处理土地权利的规定中。虽然示范协议采纳了巴库-第比利斯-杰伊汉管道和南高加索管道的 HGAs 的安全条款，不仅涉及管道设施的安全，还包括

---

① 参见 Ms. Barbara v. Gayling-Westphal. Intergovernmental Agreements and Host Government Agreements on Oil and Gas Pipelines：A Comparison, Energy Charter Secretariat, 2015, p. 82。

② 参见杨泽伟：《跨国能源管道运输的若干国际法问题》，载《暨南学报（哲学社会科学版）》2007 年第 5 期，第 54 页。

土地权利和领土内的人员安全，但示范协议公布后没有任何其他现有管道协议再次全面借鉴和实施示范协议的规定，尤其是 IGA 示范协议只是重复了 HGAs 的安全规定，而既有的管道项目协议中没有一项协议实际上包含这样的条款。由于示范协定旨在反映当代国家的实践，因此应合理吸纳既有管道协议中对安全标准的规定，为管道设施和从事管道作业的人员提供实际安全保障。

（三）制定统一的安全和环境准则或行为守则作为示范协定的附件

示范协议和过境议定书都没有具体规定安全和环境标准的内容和水平，为政府和各管道运营商留下了适用于特定管道项目的安全和环境标准的酌定权，且这种间接方式所应用的标准主要是行业标准，对安全和环境标准没有统一要求。有研究表明，通过制定统一的安全和环境规范并且始终如一的运用将最有效地体现示范协议的示范价值，更好地对跨境管道的安全和环境问题进行规则引导。

二、油气管道安全和环境保护制度的发展趋势

围绕着经济发展，能源消耗和环境问题之间的关系是复杂的。人口增长、技术进步和能源需求增加是导致空气、水、土壤污染和气候变化等环境问题的最重要因素。[①] 跨境管道事故仍然普遍存在，对受害人造成了人身伤害、环境破坏和经济损失。然而，调整能源和环境问题的国际法律规范在出发点和价值诉求上并不相同，前者主要基于国家间的互惠利益，后者主要基于人类共同利益和普遍价值。因此，尽管在国际一级实施了若干能源和环境公约，但全球环境状况仍很严峻，能源供应体系与环境保护之间的不同概念和利益冲突导致一些公约的实施效果不佳。

根据目前的法律框架，关于能源供应和环境保护的区域和国际

---

① 参见 A. Bahareh，A. P. Seyed，R. Roshandel，et al. International Convention to Decrease Conflict between Energy Supply and Environmental Protection，Ukrainian Journal of Ecology，Vol. 8，2018，p. 616。

层面有许多具有约束力的协议和不具约束力的法律文件。尽管相关公约和法律文件数量众多，但都倾向于针对安全或环境问题的某一方面，缺乏相互整合，还没有将能源供应链（勘探、开采、加工、输送、分配和消耗）和环境保护水平的控制整合在一起的国际公约，也没有专门处理跨境管道安全标准或跨境管道事故造成的损害赔偿的国际公约。诸如《联合国海洋法公约》和《埃斯波公约》等涉及能源与环境保护问题的公约，都没有为避免或消除跨境管道运输导致的跨界污染外化而提供充分保证。

总体而言，目前能源与环境领域的国际法律制度条约化趋势明显，但专门化发展不足。有学者认为，为弥补能源与环境的国际法律制度专门化不足这一短板，有必要考虑建立一个更合适的具有明确和统一的安全和环境标准的国际法律框架。该法律框架应该允许公共当局有效地执行合规，从而防止将污染成本外部化到跨国界的当地区域，① 为各国减少能源供应体系与环境保护之间的利益冲突提供必要的激励，这也是有关油气管道安全和环境保护制度的新尝试。

本 章 小 结

跨境油气管道在全球能源贸易链条中发挥着重要作用，参与此类项目的缔约方通常会设法避免管道过境运输带来的政治和经济风险。然而，跨境管道的安全风险来自多个方面，管道事故仍然普遍存在，对受害方造成人身伤害、生态环境破坏和经济损失。与能源和环境相关的国际公约的综合方法导致其缺乏对跨境管道过境的生态环境污染问题的适用性。作为规范油气管道过境的重要制度，现有的 ECT 及 IGA、HGA 示范协议本身并没有提供详细的安全和环境标准。应完善 ECT 能源过境制度中的安全和环境标准条款，加

---

① 参见 Mehdi Piri, Michael Faure, The Effectiveness of Cross-Border Pipeline Safety and Environmental Regulations-under International Law, N. C. J. Int'l L. &Com. Reg. , Vol. 40, 2014, p. 132。

强对环境保护问题的关注，列入人权标准条款，制定统一的安全和环境准则或行为守则，建立一个更合适的涵盖明确和统一的安全和环境标准的国际法律框架，促进能源与环境国际法律制度的专门化发展，为提高环境保护水平和推进管道项目的顺利实施产生积极影响。

第四章 油气管道过境的税、费问题

　　跨境油气管道项目具有建设周期长、地域跨度大、投资总额大、涉税环节多、人员和部门较分散等特点。这些特点使得管道建设项目呈现出纳税问题上的复杂性和风险性，且目前跨境管道的税收待遇长期缺乏一致性，进一步导致潜在的管道开发商和投资者可能面临的税收不确定、税收不充分以及双重征税等普遍存在税收争议和冲突的风险。① 能源过境活动的税、费问题和油气管道项目本身的税费问题，既有联系又有区别。通过梳理能源过境活动的税收原则、税收方式、税收风险以及过境费率的征收目的和标准等问题，并结合当前油气管道过境税、费制度的法律实践，应考虑修订 IGA、HGA 示范协议的税费条款，顺应便利过境的贸易自由化趋势，实现在国际税收领域对税收分配公平和对跨国纳税人税负公平等目标和原则的追求。

第一节 油气管道过境的税、费问题概述

　　能源管道过境的税和费是油气管道项目的重要法律问题。两者虽然相似但并不相同，对管道过境税、费问题的理解需首先区分三个相关的概念，即过境关税（Transit Duties）、过境费（Transit Fees）和管输费（Transportation Tariff）。过境关税亦称"通过税"，是由一国海关对通过本国国境或关境，去往第三国的外国货物征收的一种关税，其征税主体是国家或代表国家行使权力的海关等国家

---

　　① 参见 P. Roberts, Knut Olsen, Characterization and Taxation of Cross-Border Pipelines, Journal of World Energy Law & Business, Vol. 5, 2012, p. 372。

机构。过境费是通过管道输送油气而向过境国缴纳的一定费用。一般认为，过境费属于过境关税。① 过境费是否收取以及收取标准，一般由过境国政府和过境管道公司在过境协议中约定。管输费是由管道项目的经营实体对管道服务的用户或买方收取的费用。对管道经营者而言，管输费决定管道项目的收入，其准确定价是确保管道项目合理回收投资和稳定获得利润的前提。"过境费"和"管输费"可以合并称为"过境管输费"，两者的支付方都是油气所有者，而直接和间接的受益者都是过境国政府，但是由于征收主体截然不同，两者在法律性质、征收原则和计算标准等方面都有差异。

一、油气管道过境的税的问题

能源过境是油气管道项目的重要功能和活动之一。油气管道项目的税收问题和过境费的标准密切相关，两者都将影响管道项目的可行性以及油气产品在终端消费市场的竞争力，并可能受国家税收政策的变化而产生税收风险。

（一）油气管道项目的税收种类

油气管道项目的建设周期可分为设计、采购、施工、试运行和正式运营等多个阶段，其所涉税收环节较多，涉及多个税收种类。对于跨境管道的所有者而言，必须明确征收税款的种类，并且以不影响项目可行性的方式征收税款。② 管道项目的 IGAs 和 HGA 通常载有关于项目征税种类的条款。一般来说，相关国家可通过以下四种方式对管道项目征税。

1. 对管道所有者的收入征收所得税。对项目所有者和经营者而言，其经营管道项目、输送油气资源所收取的管输费等服务费属于企业经营所得，对该收入涉及企业所得税；此外，在项目建设和

---

① 参见石凯、祝宝利、张珊：《对油气管道过境费确定标准的思考》，载《国际石油经济》2012 年第 1 期，第 131 页。

② 参见 M. Dulaney, R. Merrick, Legal Issues in Cross-Border Oil and Gas Pipelines, Journal of Energy & Natural Resources Law, Vol. 23, 2005, p. 264。

运营中，还可能存在增值税和营业税混合纳税情况。

2. 对管道所有者所行使的通行权和其他土地使用权征收土地税。管道建设和运营都要占用土地资源，并支付相应的土地费用，包括临时征地费和永久征地费。对于临时性征地费，管道公司应将此费用纳入到管道项目建设投资成本中；对于永久性征地费，在管道实际建设过程中，永久性征地费主要是取决于法律规定的补偿标准、经济发达水平以及与土地所有者的谈判能力等因素。土地费用会因管道项目的性质和合作模式而有所不同。

3. 对运输服务的享有者征收过境费或其他与服务有关的税。对于跨多国长输管道，是否收取过境费主要是取决于国家之间的政治经济关系。在收取过境费的情况下，过境费水平通常根据管道的竞争力水平和用户的承受价格来确定，其数额不尽相同。因此，不同的过境管道比较其过境费水平是没有意义的。需注意的是，对于管道所有者收取的管输费所形成的收入，按规定应交纳所得税。而过境费不是计算所得税的税基，它和管输费的性质并不相同，因此不需纳税。①

4. 政府可能放弃部分税收收入而直接参与项目并分享项目收入（和风险）。根据跨国油气管道建设与运营的国际合作方式可分为，上中下游一体化和油气边境买断、管道分段建设与运营两大类②，不同的合作方式下，过境国政府在管道项目上的参与程度有所不同。尤其在边境买断合作方式下，往往涉及过境国较多，各方利益关系不易协调，过境国政府通过签订 IGA 和 HGA，具体协调管道建设与运营。过境国政府可能通过放弃部分税收收入而直接参与项目，并分享项目收入的方式，以促进融资并提高谈判灵活性，达到保护自身利益的目的。

---

① 参见叶先灯、郭鹏：《对海外油气管道项目商务模式的探讨》，载《国际经济合作》2009 年第 9 期，第 71 页。

② 参见梅世强、王雪青：《跨国输油气管道建设与运营的国际合作方式》，载《综合运输》1999 年第 7 期，第 8 页。

（二）油气管道过境的税收原则

作为一项跨境经济活动，油气管道及其过境活动的税收管理应遵循国际税收法律制度的规定。由于税收直接关系到一个国家的财政利益，各国在税收法律制度方面存在重大差异，因此国际税法中至今没有出现一个国际公约。目前调整国际税收活动的法律制度主要是国家间的双边税收条约以及区域性的税收协定，在国际税法上最重要的国际文件支持就是 OECD 范本①和 UN 范本②两个税收协定示范文本。这种范本并不具有约束力，只是为各国缔结双边税收协定提供参考和方便。虽然跨境管道的税收待遇长期缺乏一致性，但是这些税收协定和示范协议所构成的国际税收法律制度，对于阐明管道活动的税收原则和待遇发挥着潜在作用。③

1. 跨境管道的税收活动应遵循国际税法的基本原则。所谓原则是指人们对某一事物发展的因果关系以及如何进行判断的信念或理念。④ 作为一个独立的法律部门，只有那些普遍适用于国际税法的各个方面和整个过程，构成国际税法的基础并对国际税法的立

---

① OECD 范本即《关于对所得和资本避免双重征税的协定范本》，由经济合作与发展组织（Organization of Economic Cooperation and Development，OECD）的 24 个成员国于 1963 年制定了这一协定草案，1977 年正式通过后通称为 OECD 范本。该范本旨在避免国际间的重复课税、消除税收差别待遇及通过各国税务部门的情报互换来防止国际间的偷漏税等问题。与联合国范本相比，OECD 范本强调对收入所得实行居民管辖权，对有关国际税收内容作出了有利于发达国家的规定。

② UN 范本即《关于发达国家与发展中国家间避免双重课税的协定范本》，是由联合国特设的专家小组于 1968 年开始起草，1979 年 12 月最终形成的联合国税收协定范本。该范本旨在协调各国相互间税收关系，促进发达国家与发展中国家签订税收协定，为签订国际税收双边协定提供参考的示范文本。

③ 参见 P. Roberts, Knut Olsen, Characterization and Taxation of Cross-Border Pipelines, Journal of World Energy Law & Business, Vol. 5, 2012, p. 372。

④ 参见 L. Eden, Taxing multinationals: Transfer Pricing and Corporate Income Taxation in North America, University of Toronto Press, 1998. p. 64。

法、守法、执法等均具有指导意义的基本信念，才能够被称为国际税法的基本原则，主要包括国家税收主权原则、国际税收分配公平原则、国际税收中性原则和跨国纳税人税负公平原则。① 对于跨境管道的税收活动而言，一是尊重各国在国际税收中自主权，包括自主制定本国有关跨境管道征税的法律制度以及在平等自愿的基础上签订管道项目协议的涉税条款；二是有关国家在税收管辖权相互独立的基础上平等地参与国际税收利益分配，从管道项目的收入所得中获得合理的税收份额；三是所制定的税收体制不应对管道公司等跨国纳税人的跨境经济活动产生区域选择以及企业组织形式等问题上的影响，避免税收实践中出现允许双重征税或避税和逃税的做法；四是管道公司所承担的税收与其所得的负担能力相适应，从而促进纳税自觉和税收制度的有效实施。

2. 油气管道过境税率较低甚至免征过境关税。过境税最早产生、流行于欧洲各国，其目的是国家增加财政收入，还可以将税负转移给货物输出国或输入国，影响其在国际市场上的竞争能力。随着国际贸易的发展，特别是交通条件的改善，自 19 世纪后半叶起，各国相继取消了过境税。这是因为如果过境税率过高，将导致过境商品价格大幅上升，势必损害输出国和输入国的经济利益，从而减少过境商品数量，甚至导致对过境国的贸易报复。因此，从低征收过境税不仅与人方便，而且也为自己创造了良好的贸易条件。基于上述原因，1921 年国际联盟在西班牙巴塞罗那召开了关于自由过境的国际会议，会议决定参加国不得对过境货物征收任何捐税。尤其是，1947 年签订的 GATT 以协议的形式取消了各成员方过境关

---

① 参见刘永伟：《国际税法基本原则之探讨》，载《法制与社会发展》2002 年第 1 期，第 80～85 页。文中认为相较于国际税法基本原则的一元说（即税收公平原则）、二元说（即国家税收管辖权独立原则和公平原则）、三元说（即国家税收管辖权独立原则、国际税收分配的平等互利原则和税收无差别待遇原则）和四元说（即国家税收管辖权独立原则、避免国际重复征税原则、消除对外国人税收歧视原则和防止国际逃税和避税原则）等主张，该划分方式较好地区分了基本原则和具体原则的界限，全面体现了国际税法作为一个独立的法律部门所应贯穿的制度和原则。

税，其第 5 条规定了自由过境原则，各成员方除了对过境货物收取部分服务管理费外，过境关税应免征。因此，目前已很少有国家征收过境税，而代之以过境费、准许费、签证费、统计费、印花税等。

3. 油气管道过境费的收取由过境国的议价能力决定。过境国之所以能够收取过境费，是因为其所辖的过境管道对油气项目的价值而言具有贡献，过境国有权基于该价值而分享一定的份额。一般来说，过境国对项目收益所做的贡献可通过考虑项目可行的替代性办法的潜在成本来进行评价。[①] 因为油气管道具有天然的自然垄断属性，具有较强程度的排他性，管道项目一旦建成则在一定期限将具有唯一性或不可替代性，这似乎鼓励过境国政府可单方面地确保更大份额的利益。然而事实上，过境费的标准要受到管道的竞争力水平和用户的承受价格的限制，亦要保证油气产品在终端消费市场具有一定的竞争力，还要受到相关国家之间的政治经济关系的影响。因此，不同的油气管道比较其过境费水平是没有意义的，过境费的确定标准取决于过境国的议价能力。

（三）油气管道过境的税收风险

由于跨境管道的税收待遇长期缺乏一致性，即使有关政府已签署 IGA 管道协议或运营公司已与有关政府签订 HGA 协议，在管道协议与税收协定或国内立法发生冲突时，外国政府可能会完全忽视合同及其内容，跨境管道运营商可能面临大量的税收风险。这些风险因素包括：

1. 税收调控风险。当国家税务机关质疑有关各方存在转移定价（transfer-pricing），提供的文件或相关税收政策违背独立交易原则（the arm's length price）时，则可能在一个或多个国家进行重大的税收调整。

2. 双重征税风险。当一国不同意另一国的税收调整并且不想

---

① 参见石凯、祝宝利、张珊：《对油气管道过境费确定标准的思考》，载《国际石油经济》2012 年第 1 期，第 132 页。

作出相应调整时，通常会涉及双重征税风险。

3. 税收处罚风险。在有关公司运营管道的所有国家，都可能存在严重的税收处罚风险。虽然税收处罚方式各不相同，这些处罚可能长达数年。因此，所涉及的风险和后果可能相当大。

4. 涉税诉讼风险。管道运营公司可能面临与一个或多个税务机关的税务争议和诉讼，不仅耗时冗长，成本高昂，甚至有可能在此类争议持续多年后公司仍需全额缴纳税款以及相应的滞纳金风险。

由于税收风险的现实性和不确定性，其可能会以非常消极的方式影响管道运营公司的利润。为应对该类风险，管道公司应首先承认并接受有关公司所面临重大税务风险，然后考虑可以采取的补救措施以减轻这些风险。如建立适当的税务风险管理系统，以便在合理的范围内识别、分析、优先排序和减轻任何有可能存在的税务风险；对已签订的管道协议中的税收条款和文本进行检查，尽量排除此类协议或合同中有关税收或税收冲突条款的不确定性；考察是否存在适当的转移定价政策和文件，这些政策和文件是否足以保证其在各国之间所做的收入分配，而免于陷入因转移定价而导致的税收调控风险；此外，还应考虑相关的管道协议、税收协定和国内法发生税收规定的冲突时哪个规定将被优先适用，以及是否存在其他尚不了解的重大税收风险等。而对于跨境管道的相关国家而言，应尽量保证税收政策和文件的确定性和稳定性，包括制定此类管道协议或合同的税收条款的详细文本，明确国内税收立法的适用范围和优先级别，对可能导致税收调控和税收处罚的转移定价等行为进行界定，以及避免双重征税，明晰税收争议和涉税诉讼的司法程序等。

二、油气管道过境的费的问题

管输费体系是建立第三方准入（Third Party Access）制度的关键技术要素之一。[①] 允许第三方准入、并合理构建管输费体系，有

---

① 参见郭海涛、赵忠德、周淑慧等：《天然气储运设施第三方准入机制及其关键技术要素》，载《国际石油经济》2016年第6期，第12页。

利于形成市场竞争有序、公平开放的油气管道格局。

（一）允许第三方准入是构建管输费体系的先决条件

与油气产业链上下游逐步放开形成多元化竞争格局的市场化改革不同，处于产业链中游的管道储运设施及活动因其自然垄断属性而受到经营准入和安全监管方面的限制。在油气管道输配的经营管理活动中引入第三方准入制度，旨在以法律手段强制管道运营商以平等和非歧视的方式，向"第三方"提供管道运输服务。

1. 跨境油气管道行业的自然垄断属性。古典经济学家约翰·斯图亚特·密尔（John Stuart Mill）最早提出了自然垄断（natural monopolies）的概念，在他之后人们对自然垄断的认识逐渐完善。现代自然垄断理论认为，自然垄断行业必须具有成本函数的弱增加性。萨缪尔森（Paul A. Samuelson）和诺斯豪斯（William D. Nordhaus）指出："当存在着如此强有力的规模经济或范围经济以至只有一个厂商能生存时，就会产生自然垄断。"① 丹尼尔·史普博（Daniel F. Spulbe）认为："自然垄断通常是指这样一种生产技术特征：面对一定规模的市场需求，与两家或更多的企业相比，某单一企业能够以更低的成本供应市场。自然垄断起因于规模经济或多样产品生产经济。"② 现代的自然垄断理论弥补了传统理论的不足，成本的弱增加性开始关注整体上成本的变化，而不再仅仅关注某一个产品的生产。即使某个厂商不具备规模经济效应，其平均成本是上升的，只要该厂商的生产成本低于多个企业分别生产的成本之和，由一个厂商垄断市场所带来的社会成本就是最小的，这个产业就是自然垄断产业。③

---

① 参见［美］保罗·A. 萨缪尔森、威廉·D. 诺斯豪斯著，高鸿业译：《经济学》，中国发展出版社 1992 年版，第 55 页。

② 参见戚聿东：《自然垄断管制的理论与实践》，载《当代财经》2001年第 12 期，第 49~53 页。

③ 参见于良春：《论自然垄断与自然垄断产业的政府规制》，载《中国工业经济》2004 年第 2 期，第 27 页。

对于油气管网企业来说，其成本的弱增加性十分明显。由于天然气运输与储存属于中游环节，该环节具有资本投入规模性、网络路由非复制性、运输方式弱替代性、市场准入必备性等特点，对管道公司来说前期的管线铺设成本比后期的边际成本高很多。因此，如果管网输送的天然气越来越多，前期成本将可以在更多主体上进行分摊，总体上看其平均成本是不断下降的。因此，中游储运环节具有很强的自然垄断特性。

2. 第三方准入制度内涵。传统理论通常认为，一个产业只要具有自然垄断的特性，就需要政府通过规制手段进行治理。① 不同于油气产业链上下游日渐走向多元化竞争和市场开放格局，各国政府普遍将油气管道运输作为自然垄断行业进行管理，即允许某一管道路由或区域由某一特定公司专营，通过引入"第三方准入"制度实现对管道运输行业的经营准入的管理。所谓"第三方"是从资产的所有权和经营权上进行的划分，"第一方"一般指资产投资方，"第二方"一般指资产运营管理方，与第一方和第二方无关的其他经营者属于"第三方"。在"第三方准入"制度下的油气市场参与者中，管道运营商不再参与油气销售，只参与能源运输，运销分离。销售商通过与管道运营商签订输送协议，利用管道设施从生产商向用户输送天然气，管道运营商通过提供管输服务收取费用。跨境油气管道的"第三方准入"制度的核心是允许在该领域内运作的、经济上相互独立的事业体，有权利进入和使用由其他公司拥有的各种供应网络设施或未使用的可用容量，从而达到形成自由竞争市场的目的。② 简言之，所谓"第三方准入"就是指第三方

① 参见于良春：《论自然垄断与自然垄断产业的政府规制》，载《中国工业经济》2004 年第 2 期，第 28 页。

② 参见 Thomas W. Walde, Andreas J. Gunst, International Energy Trade and Access to Energy Networks, Submitted for the Energy Charter Seminar "Liberalizing Trade and Investment in the Eurasian Power Sector", October 3, 2002, available at https：//energycharter. org/fileadmin/DocumentsMedia/Events/20021003-EPS_Seminar_Waelde_Gunst. pdf, last visited Dec 30, 2020。

（包括生产商、消费者、运输商或贸易商）利用管道公司的运输能力和相关服务，付费输送自己油气资源的权利。

3. 对第三方准入的监管。第三方准入总是受到传输业务中的管道运营商的抵制，因为他们在供应方面的垄断或主导地位得益于他们对传输的控制，而第三方准入意味着确保在自然垄断的行业背景下提供公平的市场准入机会。因此，对"获取准入"的管理已成为能源监管机构的主要职能。如果没有这样的监管，第三方准入在很大程度上是无效的。目前，对第三方准入的监管模式因监管职能的不同，可分为独立监管模式和协商监管模式。①

（1）独立监管模式（Regulated Third Party Access）。该模式下通过设立独立的监管机构履行对第三方准入的监管职能。典型代表为美国联邦能源监管委员会（FERC）和英国天然气/电力监管机构（现并入英国天然气电力市场办公室，OFGEM）。② 监管机构根据公布的价格和使用管网的其他条件来决定管网准入的条件和规则，在预算管理和权力范围上都享有较大的独立性。

（2）协商监管模式（Negotiated Third Party Access）。该模式下由管道公司和用户之间通过协商而自愿达成有关管网准入的商业协议，但是管道公司应事前向社会公开使用管网的主要商业条件，如合同条款、相关规则、技术要求等。如果第三方的合理接入请求被拒绝，则由专门的竞争管理机构和法院进行事后控制。

典型代表是欧盟及其相关国家。欧盟在协调能源效用的监管方面具有相当大的自由裁量权，其在发布第一个天然气指令（98/30/EC）时规定对于具有自然垄断性质的运输网络成员国可以选择

---

① 参见 Thomas W. Walde, Andreas J. Gunst, International Energy Trade and Access to Energy Networks, Submitted for the Energy Charter Seminar "Liberalizing Trade and Investment in the Eurasian Power Sector", October 3, 2002, available at https：//energycharter. org/fileadmin/DocumentsMedia/Events/20021003-EPS_Seminar_Waelde_Gunst. pdf, last visited on Dec, 30, 2020。

② 参见 Green Paper on utility regulation' Business Law Review 1998, Vol 19, No 5, pp. 125-126。

协商的第三方准入或监管的第三方准入,① 并形成了多种监管机制。例如,德国就拒绝建立独立的能源监管机构(尽管其独立的电信监管机构表现突出),实践证明在某些情况下该模式是经济可行的。② 通过公开接入费和相关规则能够增加市场透明度,特别是对收费明显高于平均水平的管道运营商而言能够对其施加监管压力。

在第三方准入制度下,管输费定价体系既要充分反映管道运营商的运营成本,体现管输服务的市场价值,还要充分适应市场的多元化与竞争性,实现"价值性"和"灵活性"的有效结合。

(二) 跨境油气管道的管输费体系构成

跨境油气管道的管输费决定管道项目的收入,其准确定价是确保管道项目合理回收投资和稳定获得利润的前提。管输费体系是指各种油气管输费的构成及其相互关系。通常,一个完整的管输费体系包含测算方法、计费方式和费率结构三个部分。

1. 测算方法。管输费的测算主要有两种方法:成本加成法和净回值法。成本加成法是通过确定管输企业的成本费用总额,再加上合理利润来确定管输费;净回值法是根据"市场价值定价原理",预测市场可以接受的产品价格,再减去产品注入管道之前的价格来测算管输价格。

对于跨国管道建设项目来说,管道项目公司都要实现一定的投资回报水平,所以管输费主要的形成机制是以成本加成法为主,净回值法只是判断管线竞争力水平和项目是否可行的方法,很难用来确定管线的管输费水平。

2. 计费方式。目前国内外普遍适用的管输费计费方式主要有

---

① Article 14 of Directive 98/30/EC of the European Parliament and of the Council, available at http://www.rae.gr/old/europe/sub2/Directive_30_1998_en.pdf, June 22, 1998, last visited on Dec 30, 2020.

② 参见 C. Growitsch, T. Wein, Negotiated Third Party Access—an Industrial Organisation Perspective, European journal of law and economics, Vol. 20, 2005, p.165。

以下五种。

（1）邮票式管输费（Postage stamp tariffs），也称"包干"式管输费。是指在一定区域内管道的输气费率相同，不考虑注入点和提取点的不同。类似于"邮票"的功能，常见于输气距离不长的地区管线网络和支线管线。

（2）运距式管输费（Capacity-weighted distance tariffs），也称递远递增式管输费。该方式下管输费随管输距离的延伸而递增，常见于直线单流向的长距离输气管道。其优点是简单透明，可以反映单向介质流的管道成本。

（3）区域式管输费（Regional tariffs）。根据供气和输气距离划分区域，不同地理区域采用不同管输价格，而同一区域内采用相同管输价格。它常用于区域内有许多进气点或出气点的管网或与主干线相连的支线管道。从某种意义上讲，区域式管输费计费方式是区域间采用距离式管输费和同一区域内采用邮票式管输费的结合。

（4）点对点式管输费（Point to point tariffs）。它是根据不同输送路径确定不同价格的一种计费方法，相应的管输费主要应用于网络中每对接收点和交付点的情况，所规定的输送起点和终点不能更改。利用这种方法，只要根据天然气注入点和提气点的位置，就可以确定管输费，适用于管输距离占输送成本权重较高的管线。

（5）入口/出口式管输费（Entry-exit tariffs）。它是对天然气网络各注入点或者提取点设定单独价格的一种计费方法。该计价方式不再考虑流经路线，而是根据进气点和下载点预定的进出气能力来衡量，不同的入口和出口可能面临不同的管输费用，管输费为入口和出口费用之和，管输费用的差异性是入口和出口能力的市场需求价值性上的体现，① 主要应用于已经形成网络的大型天然气管道输气系统。

上述五种管输费计费方式具有不同的特点和适用范围，且相互

---

① 参见 A. Brandão，I. Soares，P. Sarmento，et al. Regulating International Gas Transport：Welfare Effects of Postage Stamp and Entry-exit Systems，Energy，Vol. 69，2014，p. 86。

联系、互为补充。例如，邮票式管输费就是入口/出口式管输费的特殊形式。① 对于跨境油气管道而言，其一般具有运输距离长、注入点和提气点数量比较少等特点，所以采用运距式管输费计费方式更为适合。而对于需要为过境国运输介质的跨国管线，在某些情况下点对点式管输费则比较合适。

3. 费率结构。管输费一般以管输服务总成本为基础制定。管输服务成本包括固定成本和变动成本。固定成本不随管输量变化而变化，主要包括操作与维护支出中的固定部分、折旧与摊销支出、所得税支出、投资收益、与上述各构成项目相联系的营业税金及附加。其中，折旧与摊销支出、投资收益以及与之相联系的所得税支出占了绝大部分，很明显它们与管道公司的运输能力直接相关。变动成本会随管输变化而变化，主要包括操作与维护支出中的变动部分以及与之相联系的营业税金及附加。变动成本与管输设施的使用有关，与站场的操作与维护活动存在密切联系。

根据固定成本和变动成本在管输费率中的不同配置及其配置比例，可将管输费的费率结构分为"一部制"管输费和"二部制"管输费。

（1）"一部制"管输费。"一部制"管输费是指按用户发生的实际输气量一次性收回管输公司的全部服务成本，包括固定成本和变动成本及合理的投资收益，即根据用户消费或输送的气量收取管输费。

（2）"二部制"管输费。"二部制"管输费是将管输费分成"管输容量预定费"（简称"容量费"）和"管输使用费"（简称"使用费"）两部分。固定成本不随输量变化而变化的，一般通过"容量费"回收；变动成本由于随输量的变化而变化，一般通过"使用费"回收。但也存在一些折中的办法，服务总成本按一定的比例分别在"容量费"和"使用费"中分摊，或将固定成本中的某些项目，如权益资本收益和所得税计入变动成本，再分别计算容

---

① 参见刘毅军、李艳丽：《欧盟天然气产业链结构改革后管输管理新模式》，载《油气储运》2015 年第 1 期，第 7 页。

量费和使用费，即一部分固定成本通过容量费回收，其余固定成本通过使用费回收，这称为"修正两部制"。

表 4-1　　　　跨境管道管输费体系的一般模式对比

计费方式	费率结构	费率形式	适用范围
邮票式	一部制	输气费	支线管网、区域管网
运距式	一部制	输气费	长距离输气管道
	二部制	容量费	
		使用费	
区域式	一部制	输气费	区域管网
点对点	一部制	输气费	大型油气管道网络系统
	二部制	容量费	
		使用费	
入口/出口式	一部制	输气费	大型油气管道网络系统
	二部制	容量费	
		使用费	

由表4-1可见，世界各国天然气管输费体系的各种费率模式虽然自成一体，如运距式管输费可设计成"一部制"或"二部制"费率结构并采用不同的形式；但又互有联系或补充。相较于"一部制"管输费的直接明了，"两部制"管输费在投资者及时收回投资并获得合理的收益，提高输气设施的利用效率等方面很有优势。具体采用哪一种费率模式下的费率结构和费率形式，应视管道的作用、布局和联网情况而定。

三、油气管道过境的税、费管理中存在的缺漏

合理确定管道过境管输费定价公式是跨境管道项目的重要问题。既要避免出现前高后低的不合理情况，也要兼顾项目投资者尽快回收投资以及过境国的利益等合理要求。因此，不同管道的过境

管输费变化较大。然而，目前在管输费的管理上有以下突出问题。

（一）不同管线的过境管输费水平差异较大且不宜相互比较

如前所述，油气管道的过境费水平通常根据管道的竞争力水平和用户的承受价格而确定，管输费的定价水平则主要根据管道项目的收益率来确定，一般由管道项目公司根据国际管道项目平均受益和投资回报率水平共同决定，还要参照管道具体的距离因素、管线使用率和使用年限等参数。因此，各管道之间的收益率水平存在较大差异。例如，苏丹管道项目按照油价水平，对管输费设定了天花板价格和地板价格；中哈原油管道项目采用了净资产利润指标来确定管输费的水平。不同方法计算出来的管输费水平并不一致。这就使得过境管输费本身个体差异性明显，且相互间不宜进行简单比较。对于管道项目的投资者和运营商以及希望介入管道网络的第三方而言，应根据管道项目的实际情况对过境管输费予以考虑。

（二）过境管输费的变化存在不透明性并导致腐败现象发生

对于跨国管线来说，即使在项目前期研究阶段按照管线过境国的定价方式和收益率要求等计算了各年的管输费，在项目建成投产运营之后，各国政府也有可能根据管线的实际运营情况等因素调整管输费水平，甚至作出较大调整；由于大多数国家对国内管线与跨国管线的管输费调整方法并不相同，后者存在更大的不透明性。作为具有公用事业性质的能源行业，在与政治家的相互关系中，其不可避免成为腐败发生率最高的行业之一。[1] 而政策调整的不透明性，无疑加剧了政治和能源产业的相互渗透，从而增加了整个政治体系的腐败可能性。

---

① 参见 D. Porch, The French Secret Services: A History of French Intelligence from the Drefus Affair to the Gulf War, Macmillan, 2003, p. 10。作者认为在所有欧洲国家，国有或虽然私人拥有但由卡特尔组织的公用事业和工会及公共部门之间的关系具有高度腐败性。这种关系不是基于容易腐败的国家文化，而是国家对垄断保护与财政需求之间的密切联系以及政治家对行政控制权力的贪婪。

（三）有关第三方准入制度的事前监管机制并未建立

尽管能源的跨境流动不断增多，但目前几乎没有出现有关第三方准入的国际监管机构的先例。由于跨境管道的公平准入制度往往需要详细的监管和监督程序，而建立有效运作的跨境能源贸易监管和争端解决机构是困难和烦琐的。①另一种方法是将此任务交由专门的国家监管机构负责。在大多数情况下，管道互连设施仅位于一个国家的领土内，此时一般根据管辖权原则划分监管权力；当互联设施跨越国界时，则会因有多个国家要求行使领土管辖权而产生管辖权的冲突。这通常导致各有管辖权的国家通过协议以协议的形式赋予其中一个国家唯一的监管权力。当因第三方准入而发生争议时，相关国家往往通过建立争议解决委员会进行协商，并最终诉诸仲裁等司法解决方式。在这方面，ECT 和 GATT 下的争端解决机制也具有间接的监管效力。尽管到目前为止这种监管相当薄弱，通过对话、公开指责、正式仲裁、设定示范协议条款和国家审查等争议解决方式对第三方准入和跨境运输施加影响。在这些方式中，除了示范协议属事前监管外，其他方式都属于事后监管。

第二节　ECT 过境制度下的过境税、费问题及各国法律实践

一、ECT 过境制度中有关过境税、费制度的规定

（一）有关过境税的规定

1. 示范协议中有关过境税的规定。

---

① 参见 Thomas W. Walde, Andreas J. Gunst, International Energy Trade and Access to Energy Networks, Submitted for the Energy Charter Seminar "Liberalizing Trade and Investment in the Eurasian Power Sector", October 3, 2002, available at https：//energycharter. org/fileadmin/DocumentsMedia/Events/20021003-EPS_Seminar_Waelde_Gunst. pdf, last visited on Dec 30, 2020。

（1）过境税的定义。根据示范协议，"税"一词系指"所有现有和未来的由国家或任何中央或地方的国家机关或分支机构所实施的征税、关税、征收、付款、费用、罚款、评估和税收（包括增值税或销售税）"。① 可见，示范协议是从广义上理解和界定"税"的概念的。

（2）过境税的国民待遇原则。示范协议规定了税收的国民待遇原则。"对于项目活动的任何部分，项目投资者的税收待遇不低于在一般情况下根据其关于收入和资本的一般税收立法适用于其国民的待遇。"②

（3）过境税的具体规定。IGA 示范协议还规定，对于全部或任何项目进口，出口，提供货物、工程或服务的活动，不应有不可退的增值税或销售税。③ 对于税收豁免，IGA 示范协议规定豁免项目投资者（以及利益持有人，托运人或提供货物、工程、技术或服务的人员）现金转移预扣税；④ 豁免对管道系统价值或通过管道运输任何石油或天然气所征的税收；⑤ 以及豁免项目投资者对与项目活动有关的付款或视作付款的税收。⑥ 除了以上豁免规定外，该条款的最后一项还规定了一般性豁免义务，包含对任何项目投资者，托运人或提供货物、工程、技术或服务的人员的税收或相关义务的一般性豁免。⑦

---

① IGA 和 HGA 示范协议第 1 条。
② HGA 示范协议第 26（1）条和 IGA 示范协议第 13 条第（1）款。在所参照的国内法范围上，HGA 和 IGA 示范协议的规定有所不同，其中 HGA 示范协议仅规定"一般税收立法"，而 IGA 示范协议则规定"关于收入和资本的一般税收立法"。
③ 参见 IGA 示范协议第 13（2）条。
④ 参见 IGA 示范协议第 13（6）条。
⑤ 参见 IGA 示范协议第 13（8）条。
⑥ 参见 IGA 示范协议第 13（9）条。
⑦ 参见 IGA 示范协议第 13（10）条。

相比之下，HGA 示范协议则先规定了一般豁免条款，指出"项目参与者或其雇员不承担由于任何部分的具体项目活动，或者通过管道系统运输的石油/天然气或任何相关资产或活动的任何税收，无论是在生效日期之前还是之后"。①

2. 过境议定书中有关过境税的规定。过境议定书中没有涉及管道过境的税收问题，但对过境费用问题进行了原则性规定，要求"缔约方对能源运输征收的任何费用必须符合 GATT1994 第 5 条的规定"。②

（二）有关过境费的规定

IGA 和 HGA 示范协议中均未包含有关过境费的任何规定，过境议定书仅规定为提供过境服务而收取的过境费。它要求每一缔约方应采取一切必要措施，确保过境费客观、合理和透明，不因原产地、目的地或所有权不同而受到歧视。③ 此外，过境费不应受到市场扭曲的影响，并应以运营和投资成本为基础，包括合理的收益率。④

二、从能源过境的法律实践看 ECT 过境相关制度的指导和示范意义

（一）有关过境税的跨境管道实践

在既有的管道项目协议中，仅有四个管道项目的 IGA 协议没有涉及税收问题，分别是巴库-苏普萨管道项目、卡塔尔-阿联酋管道项目和爱尔兰海第一和第二互联管道项目（Irish Sea

---

① HGA 示范协议第 26（3）条。
② 过境议定书（草案）第 11 条。
③ 参见过境议定书（草案）第 11（1）条。
④ 参见过境议定书（草案）第 11（2）、（3）条。

Interconnector 1、2）。①

1. 过境税的定义。既有管道项目协议对"税"一词的定义所涉范围非常广泛。巴库-第比利斯-杰伊汉管道项目 IGA 和南高加索管道项目的 IGA 将"税"定义为"所有现有的或未来的，应由国家或国家主管机关征收或向其支付的课税、关税、征收、捐赠（如社会基金和强制医疗保险费）、费用、评估或其他类似费用等各项税收"。② 巴库-第比利斯-杰伊汉管道项目下土耳其 HGA 还包括"相关利息、处罚和罚款"。③ 显而易见，示范协定采用了巴库-第比利斯-杰伊汉管道项目和南高加索管道项目下对"税"的定义。随后的管道项目协议似乎很大程度上沿用了示范协议的定义。跨巴尔干管道项目 IGA 规定，"税"包含"所有现有和未来的税收、费用、评估、收费和捐款"。④ 纳布科管道项目 IGA 还增加了"课税、征收和付款"。⑤ 跨亚德里亚海管道项目 IGA 还包括"进出口关税和罚金"，该项目下希腊 HGA 的税的范围还包括"由欧盟根

---

　　① 爱尔兰海互联管道由两条海底天然气连接管道构成。第一管道于1993 年完工，自苏格兰的莫法特（Moffat）至爱尔兰的洛施尼（Loughshinny），受《关于大不列颠及北爱尔兰联合王国与爱尔兰共和国之间通过管道输送天然气的协定》（ISI 1 IGA）的约束，该协议于 1993 年 4 月 30日签署，早于联合王国和爱尔兰共和国成为 ECT 的缔约方，也早于示范协议第一版的出版时间；第二管道是与第一管道平行运行的海底天然气连接管道，受《通过大不列颠及北爱尔兰联合王国和爱尔兰之间的第二条管道输送天然气并与马恩岛相连接的协定》（ISI 2 IGA），该协议于 2004 年 9 月 24日签署，英国和爱尔兰已成为 ECT 的缔约方，但早于示范协议第一版的出版时间。

　　② 巴库-第比利斯-杰伊汉管道项目 HGA 第 1 条，阿塞拜疆 HGA、土耳其 HGA 和格鲁吉亚 HGA 附录 1；南高加索管道项目下格鲁吉亚-阿塞拜疆IGA 第 I 条，阿塞拜疆 HGA 附录 1，格鲁吉亚 HGA 附录 1。

　　③ 巴库-第比利斯-杰伊汉管道项目土耳其 HGA 附录 1。

　　④ 跨巴尔干管道项目 IGA 第 1.1 段。

　　⑤ 纳布科管道项目 IGA 第 2（28）条。

据欧盟条例实施的关税"。① 跨安纳托利亚管道项目 IGA 还区分了"关税、海关税、进口关税和出口关税",增加了"增值税和预扣税",将项目的纳税实体义务归于企业税,即公司承担税务预扣义务。②

上述涉及税收问题的协议要么根本不规定税的定义,要么针对税的定义非常宽泛,在这两者之间似乎没有一种中间方案。对重要条款予以确定并由此澄清各自规定的含义固然有用。然而,值得商榷的是,广义的税收定义(包括医疗保险的缴费或利息)是否应遵守以下具体规定仍有疑问。

2. 过境税的具体规定。管道项目协议,尤其是 HGAs 中的税收条款可能篇幅很长并且在涉及不同税种和不同活动时规定得非常详细,由于既有管道项目协议在税的监管级别上区别较大,此处着力阐明对税的基本处理方式,而不涉及税收条款的各个细节。

巴库-第比利斯-杰伊汉管道项目和南高加索管道项目的协议中可以找到最广泛的税收规定,也是最接近示范协议的税收规定。这些协议免除了项目投资者因项目活动、管道设施或系统产生的或与之相关的任何税收,③ 相应地 HGAs 甚至使这些条款"始终"优先于各国内法上的冲突条款。④

---

① 跨亚得里亚海管道项目 IGA 附录;跨亚得里亚海管道项目下阿尔巴尼亚 HGA 和希腊 HGA 第 1.1 段。

② 跨安纳托利亚管道项目 HGA 第 2 条。

③ 参见巴库-第比利斯-杰伊汉管道项目 IGA 和南高加索管道项目格鲁吉亚-阿塞拜疆 IGA 第 V(1)条;巴库-第比利斯-杰伊汉管道项目阿塞拜疆 HGA 第 8(1)(i)条,土耳其 HGA 第 9(1)(i)条;BTC IGA 和 SCP 格鲁吉亚-阿塞拜疆 IGA;南高加索管道项目下阿塞拜疆 HGA 第 8(1)(i)条,格鲁吉亚 HGA 第 8(1)(i)条。

④ 参见巴库-第比利斯-杰伊汉管道项目下阿塞拜疆 HGA 第 8(1)(iii)条,格鲁吉亚 HGA 第 8(1)(iii)条,土耳其 HGA 第 9(1)(iii)条;南高加索管道项目下阿塞拜疆 HGA 第 8(1)(iii)条,格鲁吉亚 HGA 第 8(1)(iii)条。

只有少数协议采用了示范协定的一般处理方式，规定对项目参与方的税收待遇不应低于适用于其国民或国内企业家的税收待遇，如纳布科管道项目 IGA、① 跨亚德里亚海管道项目 HGAs② 和跨巴尔干管道项目 IGA。③

更常见的条款是赋予运营公司最优惠的关税和税收制度。例如，南溪管道项目的所有 IGA 都有这样的规定。④ 其中两项协议还规定税收应遵循不歧视、公平和透明原则。⑤ 纳布科管道项目 IGA 也规定，各国"不应施加任何额外的管道项目特定税收或歧视性税收"。⑥

多数管道协议规定适用自协议签署或缔结之日起有效的各国家税收法律，⑦ 南溪管道项目下的一项协议还规定在国家税收立法改

---

① 参见纳布科管道项目 IGA 第 11（1）条，相应的纳布科管道项目 HGAs 均将税收问题提交给单独协议进行规定：包括纳布科管道项目下罗马尼亚 HGA 第 21 条，匈牙利 HGA 第 21 条，保加利亚 HGA 第 21 条，奥地利 HGA 第 22 条和土耳其 HGA 第 22 条。

② 参见跨亚德里亚海管道项目下阿尔巴尼亚 HGA 第 24 段，希腊 HGA 第 12 段。

③ 参见跨巴尔干管道项目 IGA 第 7（1）段。

④ 参见南溪管道项目下俄罗斯和奥地利 IGA 第 7、8 条，俄罗斯和保加利亚 IGA 第 14 条，俄罗斯和克罗地亚 IGA 第 10 条，俄罗斯和希腊 IGA 第 10 条，俄罗斯和匈牙利 IGA 第 11 条，俄罗斯和塞尔维亚 IGA 第 12 条，俄罗斯和马其顿 IGA 第 8 条，俄罗斯和斯洛文尼亚 IGA 第 11 条。

⑤ 参见南溪管道项目下俄罗斯和奥地利 IGA 第 8 条，俄罗斯和斯洛文尼亚 IGA 第 12 条。

⑥ 纳布科管道项目 IGA 第 7 条。

⑦ 参见跨安纳托利亚管道项目 HGA 第 23（1）（a）条；南溪管道项目俄罗斯和保加利亚 IGA 第 15（2）条，俄罗斯和克罗地亚 IGA 第 11（2）条，俄罗斯和希腊 IGA 第 11（2）条，俄罗斯和马其顿 IGA 第 9（2）条，俄罗斯和塞尔维亚 IGA 第 13（2）条，俄罗斯和斯洛文尼亚 IGA 第 12（1）和（3）条；土库曼斯坦-阿富汗-巴基斯坦-印度天然气管道项目框架协议第 31、32 段。

变而损害运营公司或项目投资者的情况下应向其提供赔偿。① 乍得-喀麦隆管道项目 IGA 还规定了，旨在避免对参与管道施工、运营、使用和维护活动的所有个人的双重征税条款。②

跨撒哈拉管道项目 IGA 规定，由各国在将来达成有关协调税法和海关法的一致适用的协议。③ 虽然 IGA 没有明确规定不歧视条款，但这种协调一致很可能产生不歧视的效果。该协议还要求项目公司在每个国家设立分支机构并编制财务报表，④ 项目公司的成本和受益应由各国共享。

在西非天然气管道项目 IGA 中可以找到一种非常不同的方法。该协议建立了一个完整的财政制度，根据距离和产能比例精确计算相关国家之间的税额。⑤ 项目的 HGA 采纳了这一商定的财政制度，并对项目公司的有关细节做了进一步规定。⑥

由于基尔库克-杰伊汉管道项目没有设立项目公司，其唯一的税收条款适用于其在杰伊汉码头设立的伊拉克办事处，且应免除该办事处的所有税收、费用和任何其他财务负担。⑦

正如"示范协定"所建议的，大多数项目协议都未规定对能源本身的税收。巴库-第比利斯-杰伊汉管道项目 IGA、南高加索管道项目下格鲁吉亚-阿塞拜疆 IGA 和跨巴尔干管道项目 IGA，都规定国家不应对通过管道输送石油的价值征收任何税费。⑧

---

① 参见南溪管道项目俄罗斯和斯洛文尼亚 IGA 第 12 (3) 条。

② 参见乍得-喀麦隆管道项目 IGA 第 18 条。

③ 参见跨撒哈拉管道项目 IGA 第 5.1, 5.2 和 8.1 (h) 条。

④ 参见跨撒哈拉管道项目 IGA 第 5.3.1, 5.3.2 条。

⑤ 参见西非天然气管道项目 IGA 第 V 条。

⑥ 参见西非天然气管道项目 HGA 第 29 段。

⑦ 参见基尔库克-杰伊汉管道项目 IGA 第 16 条，基尔库克-杰伊汉管道项目修正案第 7 条。

⑧ 参见巴库-第比利斯-杰伊汉管道项目 IGA 第 V (1) 条；南高加索管道项目下格鲁吉亚-阿塞拜疆 IGA 第 5 条；跨巴尔干管道项目 IGA 第 7 (4) 段。

表 4-2　　　　　既有管道项目协议中有关过境税的方法

税收方法	税收豁免	不歧视	给予最优惠的税收制度	创建具体的税收制度	协调一致
管道项目名称	1. 巴库-第比利斯-杰伊汉管道项目协议 2. 南高加索管道项目协议	1. 纳布科管道项目IGA 2. 跨亚德里亚海管道项目HGAs 3. 跨巴尔干管道项目IGA	1. 南溪管道项目IGAs 2. 纳布科管道项目IGA	西非天然气管道项目协议	跨撒哈拉天然气管道项目IGA

（二）有关过境费的跨境管道实践

过境费通常由 HGAs 管理，但也有一些 IGA 中会对管输费进行规定。对于过境费的管理有两种主要的方法，一是由管道经营者和用户通过谈判协商确定；二是由国家对过境费进行监管。

有一些管道项目的协议并未涉及过境费问题，例如巴库-苏普萨管道项目 IGA，巴库-第比利斯-杰伊汉管道项目协议，乍得-喀麦隆管道项目 IGA，南高加索管道协议，爱尔兰海互联管道 IGA1 和 IGA2，卡塔尔-阿联酋管道项目 IGA，基尔库克-杰伊汉管道项目 IGA 和修正案以及亚德里亚海管道协议。

大多数管道协议遵循由管道经营者和用户通过谈判协商确定的方法，将过境费的管理作为管道运营实体的专有权限。南溪管道项目的 IGAs 都规定由管道公司确定过境费。① 跨安纳托利亚管道项

---

① 参见南溪管道项目下俄罗斯和奥地利 IGA 第 5（1）条，俄罗斯和保加利亚 IGA 第 8 条，俄罗斯和克罗地亚 IGA 第 6（2）条，俄罗斯和希腊 IGA 第 6（2）条，俄罗斯和匈牙利 IGA 第 7 条，俄罗斯和马其顿 IGA 第 5（2）条以及俄罗斯和塞尔维亚 IGA 第 8（2）条。

目 IGA 对过境费的管理设想了更具透明性和系统化的程序，规定在土耳其共和国能源和自然资源部已收到通知的条件下，管道项目实体可以协商、同意并收取过境费。①

除上述管道协议外，还有一些管道协议遵循第二种方法，由国家对过境费进行监管。跨巴尔干管道项目 IGA 规定参照其相应的双边协定（HGAs），由 HGA 建立关于通过其领土过境运输石油的过境费制度；它们将建立关于通过其领土过境石油的关税；② 根据跨撒哈拉管道项目 IGA，各国应在考虑投资摊销、运营成本和合理盈利的基础上确定过境运输天然气的最优激励过境费。③

纳布科管道项目 IGA 提供了过境费的确定方法，④ 并额外规定了调节逆向流量的具体过境费。⑤ 根据相应的 HGAs 规定的过境费的确定方法，由纳布科国际公司自行确定一个稳定的过境费承诺，以便吸引融资和托运人。⑥

其他管道协议，也有关于过境费的规定。根据土库曼斯坦-阿富汗-巴基斯坦-印度天然气管道项目框架协议，应基于国际公认的基于服务成本的过境服务费率方法来确定天然气购买者向财团支付的过境费；⑦ 西非天然气管道项目 IGA 授权其项目管理机构（管道管理局）以国家的名义代表缔约国与公司协商并同意修改已批准的过境费确定方法，⑧ 但是 IGA 在其规定中没有提及任何其他参

---

① 参见跨安纳托利亚管道项目 IGA 第 7（4）条。

② 参见跨巴尔干管道项目 IGA 第 15.1（h）段。

③ 参见跨撒哈拉管道项目 IGA 第 3.10 条。

④ 参见纳布科管道项目 IGA 第 3（3）条和附录 4。

⑤ 参见纳布科管道项目 IGA 第 3（4）条。

⑥ 参见纳布科管道项目下土耳其 HGA 第 6（1）（b）条和附录 2，奥地利 HGA 第 8（1）（b）条和附录 4，保加利亚 HGA 第 7 条（1）（b）和附录 4，匈牙利 HGA 第 8（1）（b）条和附录 4，罗马尼亚 HGA 第 7 条（1）（b）和附录 4。

⑦ 参见上库曼斯坦-阿富汗-巴基斯坦-印度天然气管道项目框架协议第 24 段。

⑧ 参见西非天然气管道项目 IGA 第 IV（2）（2）（a）（xxvi）条。

考。因此，过境费的确定方法需受 HGA 的具体规定的约束。①

　　南溪管道项目下只有俄罗斯和斯洛文尼亚的 IGA 认可由国家管理过境费率的方法，但在具体规定上仍尝试遵循由管道公司进行管理。根据 IGA 的规定，斯洛文尼亚必须尽力建立有关天然气管道容量的过境费率豁免规则，② 在此豁免的限制下，由管道公司根据斯洛文尼亚共和国的法律设定天然气管道的过境使用费率。③

表 4-3　　　　　既有管道项目协议中有关过境费的规定

规定	未提及过境费	交由管道公司决定过境费	由国家管理过境费	提供过境费的方法
管道项目名称	1. 巴库-苏普萨管道项目 IGA 2. 巴库-第比利斯-杰伊汉管道项目协议 3. 乍得-喀麦隆管道项目 IGA 4. 南高加索管道协议 5. 爱尔兰海互联管道 IGA1 和 IGA2 6. 卡塔尔-阿联酋管道项目 IGA 7. 基尔库克-杰伊汉管道项目 IGA 和修正案 8. 亚德里亚海管道项目协议	1. 南溪管道项目下俄罗斯和奥地利 IGA，俄罗斯和保加利亚 IGA，俄罗斯和克罗地亚 IGA，俄罗斯和希腊、匈牙利 IGA，俄罗斯和马其顿 IGA，俄罗斯和塞尔维亚 IGA 2. 跨安纳托利亚管道项目 IGA	1. 跨巴尔干管道项目 IGA 2. 跨撒哈拉管道项目 IGA 3. 纳布科管道项目 IGA	1. 土库曼斯坦-阿富汗-巴基斯坦-印度天然气管道项目 IGA 2. 西非天然气管道项目协议 3. 纳布科管道项目 IGA

---

① 参见西非天然气管道项目 HGA 第 15 段和附表 7。
② 参见南溪管道项目俄罗斯和斯洛文尼亚 IGA 第 7（1）条。
③ 参见南溪管道项目俄罗斯和斯洛文尼亚 IGA 第 7（2）条。

第三节　对跨境管道税、费问题相关
法律制度和实践的评析

一、应考虑修订 IGA、HGA 示范协议的相关税、费条款

在管道项目的国家实践中，大多数其他现有协定的税收规定与"示范协定"的做法都表现出了不同。示范协议似乎仍在很大程度上依赖于巴库-第比利斯-杰伊汉管道和南高加索管道的协议，提出了一个对项目投资者非常有利也非常简易的税收框架，在管输费方面也没有进行规定。在未来示范协议的修订中，应借鉴各国的法律实践，从以下两个方面对过境管道的税、费问题进行规范。

（一）将不歧视、公平和透明的税收原则纳入示范协议或过境议定书

示范协议的现有规定较为强调对管道项目投资者的税收权利保护，并表现在对税收权的广义界定和税收豁免制度上，由于没有对过境费的具体征收标准和措施进行规定，这似乎不利于保障过境国的税收权利。作为管输活动的参与主体，过境国和管道投资者和运营商应在公平透明的原则下，行使过境权利并履行过境义务。因此，应当考虑东道国从投资项目中获得经济利益的可能性，特别是当东道国仅仅作为过境国而不自己接收能源的情况下，应对过境国的利益有所保护。通过纳入过境费的不歧视原则，确保公平和透明原则，对"示范协定"的相关条款有所更新，明确东道国对过境管道项目的税收权利，以便为东道国提供更优惠的税收框架。

（二）将第三方准入制度和管输费制度纳入示范协议和过境议定书

第三方准入制度的核心是国家有责任在必要时干预经济以保持或使其具有竞争力。一方面通过国家干预以确保新竞争者有更公平和自由的机会，另一方面包括征收适当的税费，以反映管道建设和运营的成本以及投资的风险。示范协议和过境议定书的现有规定并未提及管输费问题，过境议定书草案虽然涉及第三方准入的规定，但因俄罗斯和欧盟在该问题上的争议而几近夭折。完善对第三方准入制度的规定，提供可供参考的第三方准入监管方式和管输费定价方法，都将提高示范协议的实用性，最终形成既兼顾过境国利益和管线运营商利益以及用户承受能力的管输费体系。

二、跨境油气管道过境税、费制度的发展趋势

作为一种独特而复杂的资产，跨境管道创造了非常复杂的税务问题。既有实践表明，跨境管道的税、费制度正受到市场自由化和竞争性的深刻影响。这要求提供公平的准入制度、提高税费政策透明度并尽量减少税收不确定性。

（一）跨境管道税收风险升高催生更为通用的国际税收方法

由于国际税收协定几乎没有针对石油工业的具体指导方针，国家税收立法和管道经营合同之间存在复杂的相互作用，且跨境管道的税务处理问题长期缺乏一致性，加之世界各国政府对转移定价行为实施严厉政策带来税收环境变化，导致跨境管道的税收问题非常复杂，税收纠纷持续存在。[1] 从国际法律规制层面来看，对 OECD 范本及其评注进行修改有可能为跨境管道各种的税务问题提供解决

---

[1]　参见 Knut Olsen, Special Issue on International Taxation in the Energy Sector, Oil, Gas & Energy Law Journal, Vol. 13, 2015, p. 53。

方案,① 减少税收不确定性，避免双重征税并建立更为通用的跨境管道税收分配方法。

（二）能源贸易自由化趋势推动公平准入制度在各个国家的发展

随着能源运输基础设施的完善，管道系统的设施能力和可用容量出现富余，排他性需要开始让位于非歧视性的第三方准入制度。管道运营商可按照服务种类、质量要求、时间跨度、路径约束等条件提供适应市场需要的各类准入服务并承诺公平对待准入用户，符合条件的用户有申请准入的权利。市场准入制度是能源贸易流动的必要条件，通过践行自由化来实现市场竞争。诚然，能源贸易自由化对各个国家的影响并不相同，发达国家具有更成熟的能源互联和运输基础设施，并在规则意识与能力上远高于发展中国家而更具优势。但对于发展中国家而言，无论在国家还是区域范围内，能源自由化在获取更便宜的能源、利用比较优势等方面仍具有很大的吸引力，不宜用简单的零和思想对能源贸易自由化和公平准入制度加以排斥。

（三）跨境油气管道的税费机制和体制环境趋于透明化

由于政治阻挠、能源和贸易关系政治化以及缺乏足够信誉的法律和体制框架，发展中国家的能源跨境贸易仍有非常大的发展潜力。随着跨境管道法律实践的发展，"政府支付的费用""东道国有权获得公平份额"和"资源收入合理分配"等现象和规则都表明有关跨境管道的税务透明度在不断提高。② 毫无疑问，发达国家及其经营主体将受益于更加透明、更可预测并监管机制更加完善的

① 参见 P. Roberts, Knut Olsen, Characterization and Taxation of Cross-Border Pipelines, Journal of World Energy Law & Business, Vol. 5, 2012, pp. 372-373。

② 参见 E. Dietsche, Tax Transparency in the Energy Sector, Transplantation Proceedings, Vol. 37, 2015, pp. 2417-2418。

国内外能源税收制度，就像美国的投资者一直是欧盟能源自由化的受益者一样。但对于发展中国家而言，能源行业形势不佳、生产能力不足、生产效率低、贿赂和腐败以及盗窃等问题使得能源投资具有高度政治风险。因此，改善能源准入和投资制度，创造一个公平透明的法律和体制环境，能够促进对跨境能源基础设施的投资，也是发展中国家主要利益的体现。

本 章 小 结

跨境油气管道的税、费问题和管道项目的投资环境直接相关。不同于"过境税"的少征和免征趋势，"过境费"和"管输费"是保障管道过境过利益和管道公司收益的主要手段。然而，跨境管道的税费法律机制长期缺乏一致性。这反过来导致管道开发商和投资者面临未来税收的不确定性以及双重征税和普遍存在的税收争议等风险。作为规范油气管道过境的重要制度，现有的 ECT 及 IGA、HGA 示范协议对过境税、费的规定较为原则和宽泛，仅涉及过境税的广义上的界定，过境税的国民待遇原则和过境税豁免的规定，且未包含对过境费的规定。从能源过境的管道项目实践来看，在过境管输费的具体制度上已超越示范协议和过境议定书的制度的规制范围和程度。在示范协议和过境议定书未来有可能的修订中，应纳入不歧视、公平和透明的税收原则，引入第三方准入制度和管输费制度，使管道运营商公平、无歧视地提供适应市场需要的管道运输服务并享有收益权利；顺应并引导过境税费制度的发展趋势，重视并合理评估 OECD 范本和 UN 范本对跨境管道的参考性和适用性，在 ECT 制度的基础上创建跨境管道税、费制度的法律框架。

第五章　油气管道过境的
争端解决机制

能源过境制度是 ECT 整个法律体系中最具创新性和开拓性的制度，它巧妙地将非强制性的调解程序与有约束力的争端解决机制结合起来，为过境争议的解决提供了兼具快捷性和预防性的解决手段。然而，该争端解决机制在实践中的效果却不十分理想，2009年的俄乌过境争端是最有可能援引该争端解决机制的案件，但最终由俄罗斯宣布终止对 ECT 的临时适用而告终。这场争端反映了欧盟和俄罗斯对 ECT 下过境争端解决机制的不同态度以及双方在能源治理模式上的深层分歧，并将影响该争端解决机制的未来发展。

第一节　ECT 过境争端解决机制的内容

在 ECT 制度下，有关能源过境争端解决程序的规定涉及两个条款，即第 7 条第（7）款、第 27 条，以及《有关过境争端的调解行为规则》（Rules Concerning the Conduct of Conciliation of Transit Dispute）（以下简称《调解规则》）。

一、ECT 第 7 条第（7）款对过境争端解决程序的规定

ECT 第 7 条第（7）款规定的是过境争端解决的程序，该款包括（a）到（f）六项。该争端解决程序仅适用于因中断或减少现有的能源原料和产品的流通渠道，即违反了"不妨碍原则"所引起的过境争端；对于第 7 条所涉及的因违反过境自由和过境非歧视原则而引起的其他过境争端则不适用，对于后者，应当由 ECT 第

26 条或 27 条的有关程序来解决。

根据 ECT 第 7 条第（7）款的规定，过境争端解决程序的基本过程如下：

首先，涉及争端的缔约方应向秘书长提交一个概述争端事件的报告。秘书长应将所有解决争端的安排通报所有缔约方，并在收到报告的 30 天内，在咨询争端方和其他相关的缔约方后指定一名调解人。该调解人应在争端涉及的事件方面有经验，并且他不能是争端方或其他相关缔约方的侨民、公民或永久居民（该款（a）（b）项）；此外，如果秘书长认为有关的过境争端是或已经成为（a）到（d）项中规定的争端解决程序的主题，但争端并未能解决的情况下，秘书长也可以选择不任命调解人（该款（e）项）。

其次，被指定的调解人应寻求一个各争端方同意的解决办法、协议或有关达到解决争端办法的程序。如果各争端方在调解人所指定的 90 天内不能达成这样的协议，调解人应推荐一个解决争端的办法或实现这种解决办法的程序，并作出从一个指定的日期到争端解决之前的过渡性关税和对于过境运输应遵守的其他期限和条件的临时性决定（该款（c）项）。

再次，上述临时性决定的实施期间最长为 12 个月，在该期间，各缔约方同意和保证遵守该临时性决定所确定的关税、期限和条件；如果在此期间，各争端方能达成争端解决的决定，则该临时性决定的效力终止。即调解人所作出的临时性决定的实施期间要么不超过 12 个月，要么直到争端解决为止，以两者中时间较短者为限（该款（d）项）。

最后，在各争端方达成协议后，或者未能达成协议，由调解人作出临时性决定后，调解人应当通知各当事方和秘书长，由秘书长将有关情况通报给各缔约国。

此外，ECT 第 7 条（7）款还对调解人的补偿标准作出了原则性规定，即由宪章大会通过相关标准（该款（f）项）。

通过上述条款的规定，ECT 初步建立起了一套专门针对过境争端解决的调解机制。同时，各缔约国进一步声明，ECT 第 7 条并不意图影响或降低各缔约方在国际法律下的权利和义务，包括国际法

157

惯例、现存的双方或多方协议，以及有关海底电缆和管道的规则。2000 年 6 月，能源宪章会议对 ECT 第 7 条（7）款的法律性质达成谅解，确认"ECT 第 7 条（7）款规定了调解机制，在有权主管的司法机构或仲裁庭做出最后判决后，该机制不构成进一步的上诉机制"。①

二、《调解规则》对过境争端调解程序的细化和完善

（一）《调解规则》的制定背景和过程

在 ECT 的谈判期间（1991—1994 年），迅速解决过境争端被认为是足够重要的。这种认识体现为在 ECT 中量身制定一项过境争端的紧急解决机制，同时确保不间断的能源跨界流动。在 ECT 生效后，1998 年 12 月 3 日能源宪章大会根据 ECT 第 7 条（7）款（f）项的规定通过了《调解规则》，该调解规则共包含 18 个条款和 2 个附件，主要处理过境争端调解的程序问题，对提交过境争端调解的当事方具有约束力。

在 2000 年初期的"过境议定书"谈判期间，一些代表团和利益攸关方认为 ECT 第 7（6）和第 7（7）条的规定有些含糊不清和不确定，这阻碍了调解机制的适用，特别是"用尽（to be exhausted）所有以前商定的有关争议解决的措施"和"过境所产生的任何事项"等规定和措辞。因此，2010 年能源宪章会议决定进一步开展工作，使"调解规则"更加有效。经过几年的讨论，《调解规则》得到修订，并于 2015 年 10 月 21 日经能源宪章大会通过，共有 19 个条款和 3 个附件。

（二）《调解规则》的主要内容

修订后的《调解规则》共有 19 个条款，分别为（1）告知争议；（2）任命调解人；（3）调解人辞职，死亡或丧失工作能力；

---

① Statement made by the Conference Chairman on June 29, 2000, CCDEC2000（3）TTG, 29 June 2000.

（4）取消调解人资格；（5）对调解人权限的反对；（6）调解程序规则；（7）调解程序的代表人和协助人；（8）见证人和专家；（9）行政协助；（10）各当事方与调解人的合作；（11）争端解决的提案；（12）各当事方的协议；（13）调解人的建议或决定；（14）调解程序的终止；（15）语言；（16）费用；（17）保密条款；（18）调解人在其他程序中的作用；（19）证据在其他程序中的可接受性。此外，还有三个附件：（1）声明；（2）拟披露信息的说明清单；（3）调解人名册的任命格式。

上述条款以 ECT 第 7 条（7）款的规定为蓝本，对过境争端调解机制所涉及的程序性事项作出了细化和完善。这也是《调解规则》得以制定和修订的目的。作为一项专门为过境争端解决而制定的机制，其兼具调解机制的自愿性和受调解人作出的临时性决定的约束性的双重性质。该调解机制旨在有效实现确保国际能源过境安全的目标，同时免于陷入全面回答各当事方之间有关争议合同和业务安排的细节的困境。

（三）调解程序的性质

1. 调解程序的提起具有无条件、非任意性质。任何缔约方均无义务将过境争端提交至 ECT 第 7 条（7）款所述的调解程序。该程序的启动取决于一个缔约方自愿向秘书长提交有关争端发生的通知，调解机制触发后，争端的其他缔约方有义务进行调解，不得反对调解程序的进行和发展（除非根据《调解规则》第 5 条提出"对调解人权限的反对"）。秘书长接到提交的争议后，有义务任命调解人。由于争议提交的无条件，非任意性质，一旦调解程序启动，争端的缔约方则不应干预，如果双方在 ECT 第 7（7）（c）条或调解规则第 3（5）、4（5）条规定的期限内没有达成协议，则调解人有权决定临时关税以及其他争议转运条款和条件。

2. 调解程序不构成进一步的上诉机制。《调解规则》第 14（1）（c）条明确规定，如果调解人认为有适当的证据表明现在的案件已经得到了主管法庭提出的最终具有约束力的裁决，则调解程序将终止。因此，过境调解机制的目的是引导争议各方迅速、灵活、快捷地摆脱由过境争端而带来的僵局，而非干预或质疑当事方以前商定的有关争议解决措施达成的最终解决方案。因此，调解机制不构成进一步的上诉机制。换言之，只要争议缔约方通过诉讼或仲裁等其他争议解决机制达成了争议解决的一致，那么 ECT 第 7 (7) 条的调解机制就不应再适用。

3. 调解程序适用于 ECT 第 7 (6) 条涉及的减少或中断能源供应的争端，且应符合 ECT 第 24 (3) 条规定的例外情形。根据 ECT 第 7 (6) 条，过境争端调解机制仅适用于因中断或减少能源供应而引起的争端，对于其他类型的过境争端，如由过境自由或非歧视原则等引起的争端并不适用。在调解程序结束之前，缔约方不能中断或减少与争端有关的既定过境，也不能要求或允许其管辖范围内或其控制下的实体中断或减少这种过境，即能源过境中的"不妨碍原则"。在过境争端调解程序中，不中断或减少过境有两种例外，一是在合同或其他协议中有相关规定；二是根据调解人的决定是允许的。此外，ECT 第 24 条第 (3) 条规定，缔约方为保护其基本安全利益（包括在战争时期，军事冲突或在国际关系中的其他紧急情况下）所采取的任何措施，维持公共秩序或涉及执行不扩散核武器的国家政策或履行其国际核不扩散义务所必需的任何措施，但这些例外情况不应构成对过境的变相限制。

（四）《调解规则》评注对过境争端调解程序几个重要问题的解释

基于《调解规则》的程序性和极简性特点，其并未对过境争端解决的有关定义或问题作出详细说明，而是规定"本规则中使用的术语"和 ECT 中的术语具有相同的含义，因而一些术语和问题在 ECT 和《调解规则》中都没有规定。为了便于理解和统一适用《调解规则》，能源宪章秘书处根据"宪章"会议的要求编写了《调解规则》评注。该评注对有关条款的解释虽然并不具有约束力，相关争议当事方和调解人也不需要给出不适用该评注的理由，但秘书处作为能源宪章组织的常设机构，其下设的法律顾问工作小组（The Legal Advisory Task Force）对过境争端解决程序有关问题的解释仍然具有参照意义，能够为能源过境争议各方的活动提供便利和指南。在该评注中，除了对《调解规则》的各个条款作出解释，还对过境及争端的基本定义、涉及的争议当事方和用尽救济这几个重要问题作出了注解。

1. 关于过境的基本定义。《调解规则》中对过境的定义延续了ECT第7（10）（a）的界定，即"从一个国家起运，目的地为另一个国家的能源原料和产品的运输；该运输通过某个缔约国的区域，或抵或从其港口进行装卸。只要起运国家或目的国家为缔约方"。

其中"区域"的定义载于ECT第1（10）条①；"能源材料和产品"的定义载于ECT第1（4）条，它涵盖了根据世界海关组织（WCO）统一制度和欧盟联合命名法的附件EMI或EMII所列的所有项目；"运输"的定义在ECT的谈判期间并未进行具体讨论。②

2. 关于争端的基本定义。尽管对"争端"进行具体定义是不可能的，③ 但国际法院所受理的法律案件还是从不同方面对"争端"的定义进行了描述。在"对保加利亚、匈牙利和罗马尼亚的和平条约的解释"案④中，法院认为"是否存在一项国际争端是一个可以客观判断的问题"，并且指出，在该案中，"双方对条约义务的履行或未履行存在明显的观点对立"，因此"就产生了国际争端"。只有声称（与另一方存在争端）不足以证明存在争端，而

---

① 在ECT的谈判过程中，挪威曾提出反对在ECT第7（10）条中使用"区域"一词，并倾向于使用"领土"一词，意在将领土限制在土地、内水和领海，不包括大陆架和专属经济区。但是该提案未被接受，根据ECT第1（10）（b）条，ECT下的能源过境适用于大陆架，这符合各谈判者将大陆架上的能源材料运输纳入ECT的目的。

② 自1993年6月ECT第7（10）（a）条第一版以来，美国和日本曾要求将"运输"一词替换为"在陆地上移动"，并明确排除海运运输。然而，"运输"这一术语从来没有从ECT第7（10）条的措辞中删除。

③ 参见［英］马尔科姆·N. 肖著，白桂梅等译：《国际法》，北京大学出版社2011年版，第843页。

④ 参见ICJ Reports，1950，pp. 65，74；17 ILR，pp. 331，336。

仅仅是拒绝争议的存在也不能证明它的不存在,①"条约"缔约国的沉默不被认为是争端不存在的证据。② 与之相反,缔约国的沉默和不作出反应,是对"条约"所援引的义务不能达成一致的迹象。

根据 ECT 第 7 (7) 条,调解程序适用于第 (6) 款所述的争议,即适用于"中断或减少能源材料和产品运输所产生的任何问题的争议"。ECT 没有对可提交至调解程序的争议类型进行更详细的定义。但缔约国之间的这种分歧必须具有一定的实际意义,而不是纯理论上的。虽然不需要实际损害,但争议不仅仅是简单的不满。在紧急情况(或紧急情况的威胁)尚未演变成真正的争端的情况下,缔约方可以参考预警机制,在早期阶段解决争议。只有当威胁或紧急情况升级为充分争议时,缔约方才会将争端提交给 ECT 第 7 (7) 条所述的调解机制。

在调解的早期阶段对争议事项和范围进行界定是极其重要的,可避免调解程序启动后再就调解人的具体任务进行讨论。《调解规则》第 6 条 (2) 条规定,调解人应尽早咨询提交争议的双方以确定他们对争议事项的看法,并确保在诉讼开始时适当地确定双方的意见。为避免当事方重复提起争端调解程序,或者由于调解人被取消调解资格而导致程序中断,ECT 第 7 (7) (e) 条规定秘书长有权根据自己的判断决定是否任命调解人以开启调解程序。

3. 关于争端缔约方和其他有关缔约方的定义和要求。

(1) 争端缔约方。ECT 第 1 (2) 条将"缔约方"定义为"统一接受本宪章约束并对其生效的一个国家或区域性经济一体化组织"。为进一步澄清临时适用 ECT 的签署国是否可以援引调解机制,2015 年修订的《调解规则》第 1 (5) 条规定"临时适用整个 ECT 的签署国可以援引调解机制"。因此,"缔约方"应包括 ECT

---

① 参见 South-West Africa cases, ICJ Reports, 1962, pp. 319, 328; 3 7 ILR, pp. 3, 10。

② 国际法院于 1988 年 4 月 28 日的咨询意见,关于 1947 年 6 月 26 日《联合国总部协定》第 21 条仲裁义务的适用。参见 ICJ Reports, 1988, para. 38。

的签署国和临时适用 ECT 的缔约方。

《调解规则》要求在过境争端调解程序启动之初就应明确争端的当事方，即"争议缔约方"。使用"缔约方"（Parties）或"争端缔约方"（Parties to the Dispute）来表示所有涉及的"争端缔约方"（《调解规则》第 1 (1) 条），并对其权利和义务进行了规定。

争端缔约方的权利主要包括：启动调解程序（ECT 第 7 (7) (a) 条、《调解规则》第 1 条）；质疑或反对调解人的资格或能力范围（《调解规则》第 4 (3) 条、第 5 (2) 条）；提出争端解决方案（《调解规则》第 11 (1) 条）、达成有关争议处理的协议（《调解规则》第 12 (3) 条）；同意向公众通报有关争议调解的程序、建议和决定（《调解规则》第 13 (3) 条）；收到调解程序有关通知，如调解的时间、地点、调解人的建议或临时决定等（《调解规则》第 6、13 (1) 条）。

争端缔约方的义务主要包括：信息披露、遵守期限（《调解规则》第 10 条）；支付费用，包括存入预付款、根据调解人决定或所达成协议支付诉讼的最终费用（《调解规则》第 16 条）。

（2）其他有关缔约方。过境争端的其他有关缔约方是指涉及特定运输（但不涉及具体争议），作为能源产品和产品的原产国、过境国或目的地国，有可能受到争议事项影响的缔约国，包括国家和区域经济一体化组织。例如，如果南部气体走廊（包括 SCP，TANAP 和 TAP）发生过境争议，特定的争议只涉及两个缔约方（"争议的缔约方"），而其余的缔约方（包括走廊涉及的从阿塞拜疆到欧盟的各过境国）可能受到争议事项的影响，在解决争端方面有相关的利益（"其他有关缔约方"）。

《调解规则》允许缔约方提出自己为"有关缔约方"（第 1 (3) 条），秘书长可据此编制"其他有关缔约方"的最终清单（第 2 (5) 条），并将其列入调解人的任用条件，以便调解人在附件 A 中作出声明。

根据 ECT 和《调解规则》，其他有关缔约方也享有并承担与调解程序有关的一些权利和义务，包括秘书长在调解人之前，必须咨询有关缔约方的意见（ECT 第 7 (7) (b) 条、《调解规则》第 1

（3），3（4）和4（4）条）；发现调解人有不符合独立、公正的调解行为时有权通知秘书长（《调解规则》第4（1）条）；应调解人的要求披露信息的义务（《调解规则》第6（3）条、第17（2）条）；可作为证人、专家参与人参与调解程序（《调解规则》第7条、第8（2）条）等。此外，值得注意的是，ECT第7（7）（d）条提及遵守和确保遵守调解人的临时决定的义务时的主体是"缔约方"，而非"争端缔约方"。因此，ECT的所有缔约方都承诺遵守并确保遵守调解人的决定，即便其不是争端缔约方。

除了争端缔约方和其他有关缔约方外，过境争端还有可能影响或涉及非ECT缔约方的国家，这些国家对缔约方所涉争端的支持或看法对于友好解决争端可能很重要。法律咨询委员会曾提案允许邀请非缔约方参加已经开始的调解程序，但是提案没有得到代表们的足够支持。① 尽管如此，所涉过境争端的这些非缔约方，仍然可以作为证人（或甚至作为争端缔约方代表权的一部分），出现在和解进程中。

4. 用尽救济。ECT和《调解规则》并未专门对"用尽救济"一词进行定义，但要求争议各方在"先前的争端解决办法没有取得成效之后"，可诉诸ECT第7（7）条的过境争端调解程序。因此，尽管过境争端调解程序并不构成一项上诉机制，但要将有关争议诉诸调解程序却要求争议各方需先"用尽（exhausted）救济"。

（1）对"用尽救济"的理解。涉及"用尽"的争议解决机制应同时满足以下三个条件：

一是先前议定。依据ECT第16条"与其他条约的关系"来类推，各缔约方"以前或今后签署的某个国际条约"和ECT下的条约义务不能相互取代。因此，先前议定的协议应予遵守，包括先前协议中的争端解决条款，"先前"不仅指ECT对特定缔约方生效之前，也包括调解程序开始之前所商定的协议。

二是与过境的具体争议有关。"与过境的具体争议有关"表

---

① 参见CCDEC 2000（03）。

明并非所有以前议定的合同或争议解决方法都必须用尽。只有那些与专门针对过境争议的合同和争端解决条款才是应当用尽的。例如，如果过境争议和能源的品质或数量有关，而先前议定的争端解决机制针对的是过境关税问题，则该机制就不是"相关的"。此外，ECT 第 28 条 "不适用于第 27 条的某些争端"明确排除了缔约方之间因第 5 条 "与贸易相关的投资措施"和第 29 条 "有关贸易事务的临时条款"的解释和应用的争端的使用。ECT 第 7 条未被明确排除。因此，当具体的过境争端涉及 ECT 第 7 条所载的义务时，即中断或减少能源材料和产品的过境流量时，ECT 第 27 条将被视为 "缔约方以前商定的其他解决方案"。与 ECT 第 7 条没有直接关联的其他过境争端（价格，数量，质量等）不属于 ECT 第 27 条的管辖范围，在这种情况下，ECT 第 27 条不被视为 "缔约方以前商定的其他解决方案"。法律咨询委员会对此予以了确认。[①]

三是缔约方之间或 ECT 第 7（6）条提及的实体与另一 "争议缔约方"的实体之间订立。ECT 第 7（7）条的措措辞仅提及争议缔约方当事方 "之前议定的合同或其他争议解决补救办法"。因此，"合同或其他争议解决方案"的签订主体应是各缔约方，即国家或区域一体化组织。对于缔约方和公司之间商定的争议解决办法（如东道国政府协定），除非该协定的形式和实质内容由两个或两个以上缔约方之间的政府间协议（IGA）明确界定，否则不应视为要求被 "用尽"的救济方式，即不考虑缔约方与公司之间商定的争议解决办法。同样地，如果公司是受 "缔约争端方的控制或管辖"的实体，那么该实体与另一争端缔约方所控制的实体之间商定的争议解决办法才应被 "用尽"。

（2）在 "用尽救济"之前将过境争端提交调解的协议。法律咨询委员会认为，"用尽救济"的规定仅适用于缔约方根据 ECT 第 7（7）条向另一缔约方提起调解的情况，当缔约方之间能够达成按照 ECT 第 7（7）条进行争端调解的协议时，不需要 "用尽救

---

① 参见 Document LAC 1/14 of August 29，2014。

济"。事实上，如果"争议缔约方"明确同意，ECT 第 7（7）条的争端调解程序有可能优先于 ECT 第 27 条"缔约方之间的争端解决"或"关于过境的政府间协议"中确定的争端解决条款来适用。正如 ECT 第 27（2）条所规定的，"除非另有书面约定，否则缔约方可将争议提交仲裁"。因此，缔约方可以同意在仲裁之前进行调解，或同意以调解代替仲裁。《调解规则》第 1（2）条亦允许"争议缔约方"缔结一项书面协议，在履行"用尽救济"手段之前，将争端提交至 ECT 第 7（7）条所列的调解程序。

三、ECT 第 27 条"缔约方之间的争议解决"条款

（一）ECT 第 27 条"缔约方之间的争议解决"条款的内容

ECT 第 27 条规定的是缔约方之间的争议解决。该条第 1 款规定，缔约方应该努力通过外交方式解决有关应用或解释本条约过程中出现的争端；第 2 款规定，如果通过外交渠道未能使争端在一个合理的时间内予以解决，任何一个争端方可以将其争端提交依据本条特设的仲裁机构；该条第 3 款对特设仲裁庭的设立进行了详细规定，尤其是对双方指定仲裁员的时间作了严格限制，规定了仲裁相关的其他程序性事项，例如仲裁机构的办公地点应设于海牙，使用常设仲裁法院的场地和设施，要求裁决的副本应该提交秘书处等。对于所适用的仲裁规则，该条第 3 款（f）项规定，如果双方未能达成一致，则应适用联合国国际贸易法委员会（UNCITRAL）的仲裁规则。

（二）ECT 下第 27 条和第 7 条第（7）款的关系

ECT 第 27 条用于解决国家之间有关应用或解释 ECT 过程中出现的争端，过境争端并没有排除在第 27 条的适用范围之外，而且第 27 条的仲裁程序与第 7（7）条的调解程序中的主体是一致的，解决的都是国家之间的争端，但它们到底是平行的关系还是有先后顺序，由于条约并未明确规定，还存在较大疑议。

第二节 "俄乌天然气争端"与 ECT 过境争端解决机制的成败

一、"俄乌天然气争端"基本过程

俄乌天然气争端成因复杂,并从根本上受制于两国能源经济的相互依存。乌克兰是俄罗斯天然气最大的单一进口国,也是俄罗斯向欧洲出口天然气的主要走廊。作为世界第一天然气出口国,俄罗斯每年出口天然气近 2000 亿立方米,其中 300 亿立方米输送至乌克兰,1300 亿立方米输送至欧洲,而输送至欧洲的天然气 80% 经由乌克兰输送,其余的通过白俄罗斯运输。俄乌之间的能源输送与过境合作关系始于苏联时期,乌克兰的工业发展和城市基础设施建设均围绕天然气能源开展。自 20 世纪 70 年代乌克兰的自有油田进入衰退期、至 1991 年苏联解体时,乌克兰已严重依赖西伯利亚西部地区的天然气供给,而俄罗斯则几乎完全依赖乌克兰向欧洲输送天然气;1991—1997 年苏联解体后的经济衰退加剧了这种相互依赖。对俄罗斯而言,对欧洲的天然气销售是困难时期的重要且可靠的收入来源;而对乌克兰而言,以补贴价格优惠购买俄罗斯的天然气对缓解国内能源匮乏和经济衰退具有重要意义。总之,俄乌之间的这种睦邻友好关系维持到了 2004 年乌克兰大选之前。

俄乌天然气贸易争端发轫于 2004 年底乌克兰的"橙色革命"及随后新任总统尤先科的亲美系欧外交政策,其后俄乌在克里米亚海军基地等问题上龃龉不断,矛盾日深。这使得俄罗斯不愿再为"疏俄倒西"的乌克兰的经济埋单,并决定于 2005 年年末要求将供乌的天然气价格从每千立方米 50 美元提高至 230 美元。而乌方要求分阶段提高天然气价格,并按照市场价格计算俄天然气过境费。因双方谈判未果,2006 年 1 月 1 日俄罗斯天然气工业股份公司(Gazprom)切断了对乌克兰的天然气供应,"断气风波"由此而起,直到 1 月 4 日双方谈判达成协议后方才恢复通气。根据协议,俄对乌天然气售价由每千立方米 50 美元提高至 95 美元,而俄

167

天然气经乌境内出口欧盟的过境费则由原来每千立方米/百公里
1.09 美元提至 1.6 美元。但此后俄乌双方在天然气价格和债务偿
还问题上常常争执不断。

　　2008 年下半年至 2009 年年初，俄乌第二次大规模的天然气贸
易争端再起。双方就债务偿还、供气价格、过境费等问题的谈判未
能达成一致，双方未能签署 2009 年的供气合同。俄罗斯天然气工
业股份公司从 2009 年 1 月 1 日起切断对乌供气，但承诺仍将遵照
同欧盟国家的供气合同向欧盟国家足量供气。其后，俄乌之间的债
务纠纷不但未能解决，反而因为乌克兰以技术原因为由截取俄输欧
天然气导致争端升级。1 月 7 日，俄作出停止一切经乌境内的对欧
天然气输送决定。此次断气恰遇欧洲经历罕见冰雪严寒天气，对欧
洲多国生产和民众生活造成严重影响。至此欧盟立场出现重大转
变，不得不正面参与俄乌的天然气之争。在欧盟的强硬督促和斡旋
下，俄乌双方于 1 月 8 日重启谈判，19 日签署了 2009 年至 2019 年
天然气购销合同，于 20 日恢复从乌克兰通过的对欧供气。至此，
这次持续近三周的"断气"纷争告一段落。

　　其后，俄乌双方的天然气贸易争端有所缓和。2010 年 4 月，
俄乌签署了哈尔科夫协议，俄同意在原合同价格基础上降价约
30%向乌出售天然气。作为回报，乌同意把俄黑海舰队在乌境内驻
扎期限延长 25 年至 2042 年。然而，2013 年，随着乌克兰希望加
入欧盟的外交政策的进一步实施，俄乌能源贸易摩擦亦随之升级。
至 2014 年 4 月，俄对乌低价折扣气成为历史。俄要求亲西方的乌
克兰过渡政府偿还尚欠的气款，并且将对乌供气价格重新升至 485
美元的"政治性气价"。在克里米亚入俄、乌克兰东南部仍有零星
武装冲突的背景下，俄罗斯与乌克兰的关系逐渐降至冰点，加之乌
克兰政府向欧盟靠拢的战略，俄乌双方贸易额大幅下降，天然气领
域争端仍时有发生。

二、俄乌天然气争端频发的原因

　　俄乌能源领域的相互依存和密切关系，铺就了双方天然气争端
的背景。然而，现实是俄乌在天然气价格和过境费问题上的争执已

持续多年。其中不仅有经济利益的分歧，还有背后的政治利益矛盾以及深层次的受制于美国、欧洲等西方国家的地缘政治力量的对比和博弈。

（一）经济利益分歧是导致俄乌天然气争端频发的直接原因

回顾俄乌天然气争端的历程，围绕天然气价格、债务偿还和过境费等问题的争执是诱发双方争端的直接原因。尤其是 2014 年，双方在斯德哥尔摩国际仲裁法庭开始就天然气价格和债务偿还条件进行谈判，并同时提起诉讼。双方的争议具体表现为以下三点：

1. 双方在债务、滞纳金和罚金的计算方法上存在差异。例如，2009 年第二次俄乌天然气争端发生时，双方的供气谈判因价格和债务问题受阻。乌方认为，俄对乌天然气售价应为每千立方米 201 美元；俄方则声称，供应乌方的天然气成本约为每千立方米 380 美元，主要是俄方出于人道主义因素，考虑到乌在金融危机下处境艰难，而向乌提出 250 美元的报价。此外，俄要求乌支付 24 亿美元的天然气欠款，而乌声称与俄没有债务问题。

2. 双方对价格协议的性质的争议。例如，乌不接受回到 2009 年的价格公式，这意味着天然气价格从每千立方米 268.50 美元上涨到 485 美元。① 乌声称其迫于外界形势和压力而签署 2009 年协议，现在市场条件已发生重大变化，希望修改 2009 年所签订的天然气供应合同；而俄则希望对该协议的价格公式予以长期确认，并且只同意对出口税费酌定予以减少。

3. 双方对通过乌的天然气运输条件的争议。俄方希望乌提供天然气和储存设施以确保天然气运输顺利，并坚持 2009 年的过境合同条款；而乌方希望把天然气储存作为一项单独的服务，希望与

---

① 根据俄乌双方于 2009 年 1 月 18 日凌晨所达成的协议，在保持 2008 年过境费率（每千立方米/百公里 1.7 美元）不变的条件下，2009 年俄方将在欧洲价格基础上给乌方供气价 20% 的折扣。同时约定，自 2010 年 1 月 1 日起，俄乌天然气价格及过境费将完全按照欧洲价格公式生成。至 2013 年 4 月 3 日，俄两次提价，将对乌的供气价格从原来的优惠价格每千立方米 268.5 美元提升至 485 美元。

俄方就天然气过境协议重新谈判，并将其与欧盟法律保持一致。

（二）政治关系摇摆是俄乌天然气争端摩擦不断的重要原因

俄乌两国在历史上的深厚渊源和政治上的紧密联系，是俄长期以低价向乌供应天然气的主要原因。然而，自俄乌独立以来，两国就边界划分、克里米亚半岛归属、俄黑海舰队在乌塞瓦斯托波尔港租金和租期以及在乌的俄罗斯族人地位等问题上龃龉不断。

回顾俄乌政治关系进程，不难发现，每次较大的天然气争端背后都以政治矛盾激化为诱因。2004 年底乌克兰爆发"橙色革命"，亲西方的乌新任总统尤先科上台，俄乌关系日渐冷淡，2006 年的"断气"风波由此而起。2008 年 4 月和 12 月，乌两次谋求加入北约"成员国行动计划"，以及俄格冲突期间乌对格的大力支持，使得俄乌关系雪上加霜，并由此导致 2009 年那场波及范围广泛的天然气冲突。2010 年 2 月亚努科维奇当选乌总统，乌修改前任亲西方政策，俄乌关系迅速回暖。这种政治关系的融洽直观地表现为俄乌天然气领域的和谐与合作：一方面俄在乌欠款问题上的态度有所缓和；另一方面双方就天然气价格等问题开展会谈并达成初步协议，俄以折扣价向乌供气。这种一度较为和谐的关系持续到了 2013 年。然而，由于乌政府向欧盟靠拢的战略并未改变，特别是随着乌克兰希望加入欧盟的外交政策的进一步实施，以及在克里米亚入俄等问题上的冲突，俄乌政治矛盾加深，双方能源贸易摩擦不断升级，能源贸易额大幅下降，天然气领域争端仍时有发生。

由此可见，仅有经济利益的分歧不足以导致俄乌之间冲突频发，俄乌两国政治关系的疏离和矛盾是诱发双方天然气争端的重要原因。

（三）地缘政治博弈是俄乌天然气争端久拖不决深层原因

乌克兰地处欧亚大陆"心脏地带"，独特的地理位置使其周旋梭巡于俄罗斯与西方两大地缘政治力量之间，其政治立场无论东倒还是西倾都会将欧洲分割成两大势力范围。① 在俄乌天然气争端的背后，真正的较量是俄与美国、欧盟等西方国家之间的地缘政治博弈。

美国为维护自身的霸权地位，对俄实施"遏制政策"。通过推动独联体国家的"颜色革命"和支持"古阿姆"集团等方式争夺俄传统势力范围。因此，美既是乌"橙色革命"的幕后总导演，还是乌、格等国加入北约的全力推动者。这都是美实施"遏俄战略"的政治手段。而欧盟，尤其是新入盟的东欧国家和波罗的海国家，也竭力拉拢乌克兰，意图建立欧俄之间的安全屏障，挤压俄战略空间。对俄而言，能源出口不仅是其经济复兴和大国崛起的重要支柱，还是其推行地缘战略的主要政治工具。② 俄越来越重视并善于借助能源这个非对称武器分化瓦解欧盟及北约国家的对俄政策，减缓本国面临的地缘安全威胁。对乌而言，对搭乘欧盟的快车以发展本国经济的期待和对俄能源供应的依赖，使其在对外政策上表现出摇摆不定。而近年来俄乌关系上的离心力愈发明显。这亦是多方政治力量角逐的结果。

总之，随着俄与西方国家之间地缘政治环境的起伏与较量，加之乌政治生态的变迁和外交政策的转向，天然气一次又一次成为撬动地缘政治的杠杆，相关争端亦随之风云迭起、一波三折。因此，地缘政治博弈是俄乌天然气争端久拖不决深层原因。

三、俄乌天然气争端对区域能源安全和各相关国家能源战略的影响

俄乌天然气争端，尤其是 2009 年的天然气危机是能源安全领域的一个里程碑事件，对各相关国家的能源政策和国家关系产生了

---

① 参见 M. Kapitonenko, Between NATO & Russia: Ukraine's Foreign Policy Crossroads Revisited, Caucasian Review of International Affairs, Vol. 4, 2009, p. 435。

② 参见郎一环、王礼茂：《俄罗斯能源地缘政治战略及中俄能源合作前景》，载《资源科学》2007 年第 5 期，第 202 页。

深远影响。

　　天然气争端频发使俄乌关系更加复杂，使两国的经济、政治利益都受到了损害，俄、乌、欧三方关系变得更加微妙，彼此之间的信任与融合更加难以实现。一方面，乌损失了大量运输到欧洲的天然气收入及欧洲的天然气市场，俄也因中断对欧供气而遭受巨额经济损失，能否成为一个被信赖的能源供应国的国家声誉受损。但是俄利用能源资源作为维护其国家利益和促进其影响力的手段，在欧亚天然气市场的垄断地位进一步凸显。另一方面，2009年天然气危机过后，欧盟国家纷纷审视自身的能源战略，将确保能源安全和努力减少对能源进口的依赖作为能源政策的核心。[1] 欧盟开始寻求能源供应管道的多元化，再次积极推进纳布科管道项目。欧盟内部也因能源安全和对俄政策的分歧而意见不一。

　　俄乌能源争端过后，俄美对乌的地缘政治争夺和围绕中亚—里海的能源博弈更趋激烈，美欧关系因对俄战略的差异而经受考验。虽然当前俄乌关系处于苏联解体以来最严重恶化的时期，但无论从国家安全战略、大国心理，还是从历史记忆和民族感情上分析，一个彻底倒向西方的乌克兰是俄无法接受的。克里米亚入俄和乌克兰危机都说明，围绕乌的地缘政治争夺将随着美、欧执意支持乌背俄西靠而日趋激烈。美欧之间也因对俄战略层次的矛盾而产生分歧，欧盟在东欧部署反导系统和北约东扩等触动俄根本利益的关键问题上比美国更加谨慎。这与美长期推行的遏俄战略形成鲜明对比，美欧关系将因此经受严峻考验。

四、俄欧的能源关系及其对 ECT 争端解决机制的态度

　　如前所述，俄乌天然气争端是折射俄欧能源冲突的棱镜，是俄与西方国家地缘政治博弈的反映。而在俄乌争端的发生和处理的过程中，各方均未援引 ECT 下的争端解决机制来谋求争议的解决。

―――――――――

　　[1] 参见 L. Tichý, Controversial Issues in the EU-Russia Energy Relations, Panorama of Global Security Environment, 2012, pp. 191-192。

从这方面来看，ECT 下的过境争议解决机制是有缺陷的。[①] 因此，追溯俄欧能源关系并解析俄欧双方对 ECT 争端解决机制的态度，是分析 ECT 下过境争端解决机制的不足并把握 ECT 未来改革和发展趋势的前提。

（一）俄欧能源关系的复杂性导致双方能源关系治理机制的分歧

1. 俄欧能源关系中的不对称性和相互依存性。在世界政治中，相互依存取决于国家之间或国家内部的行动者之间的相互影响这一特征。作为一种分析工具，罗伯特·基欧汉（Robert O. Keohane）和约瑟夫·奈（Joseph S. Nye Jr）指出"在交易存在互惠（尽管不一定对称）的成本效应的情况下，存在相互依存关系"[②]；强调"由于相互依存的关系会限制国家自治，因此这种依存总会涉及成本，但是无法预先明确相互依存的关系是否能超越将付出的成本，因为这取决于参与者的价值观及关系的性质"。[③] 根据上述"相互依存"理论，欧盟与俄罗斯在能源关系中的相互依存显而易见。作为主要的能源进口国和出口国，俄欧双方在能源关系上的互补是双方相互需要并进行合作的基础，欧盟对能源安全观念的认同与俄罗斯将能源经济转化为能源政治的诉求相契合，由此产生双方在能源关系中的成本效应和相互依存关系。这也决定了双方在处理能源

---

① 参见 S. Pirani, J. Stern, K. Yafimava, The Russo-Ukrainian Gas Dispute of January 2009：A Comprehensive Assessment, Oxford Institute for Energy Studies, 2009, p. 50. available at https：//ora. ox. ac. uk/objects/uuid：3e2ad362-0bec-478a-89c1-3974c79363b5/download_file? file_format = pdf&safe_filename = NG27-TheRussoUkrainianGasDisputeofJanuary2009AComprehensiveAssessment-Jonathan SternSimonPiraniKatjaYafimava-2009. pdf&type_ of _ work = Working + paper, last visited on Dec 30, 2020。

② Keohane O. R & Nye J.S. Power and Interdependence,（2001）, Longman, p. 7.

③ O. R. Keohane, J. S. Nye, Power and Interdependence, Longman, 2001, p. 8.

关系的过程中开展能源合作是能源关系的主流。

另一方面,能源利益和成本的不均衡导致俄欧双方在能源关系中的相互依存关系是不对称的,即相对于俄对欧能源市场的依赖,欧对俄天然气供应的依赖性更强。产生这种差异和不均衡的原因有四:一是欧盟对能源尤其是天然气资源的需求不断增加,俄罗斯是其最主要的能源供应国;① 二是替代能源资源的生产相对昂贵;三是中东等地区的能源出口国大都处于政治敌对和局势不稳的环境下,寻求能源供应商的多样化并非易事;四是欧盟各成员国内部在加强能源供应安全方面的分歧越来越大,各成员国普遍将能源供应安全视为国家安全议程的重要方面,而不愿意在欧盟层面对此加以考虑。因此,欧盟在俄欧能源关系中的依赖性和不对称性给欧盟带来了巨大的成本,使其在俄罗斯能源政策出现不利变化的情况下难以调整欧盟的政策,增加了俄欧能源合作过程中的风险和不确定性。

2. 俄欧能源合作治理模式的分歧。受能源治理价值冲突的影响,俄欧在能源治理模式上分别表现出"现实政治"(realpolitik)和"制度主义"(institutionalism)的深刻痕迹,不同的观念形态导致俄欧双方对能源治理的态度和方式迥异。建构主义的国际关系理论提出了结构和施动者互构的观点,在这方面,德斯勒(Dessler)提出分析国家在处理与其他国家的关系中使用权力的不同模式,即"位置模式"(positional model)和"转型模式"(transformation model)。② 在对争端解决机制的作用进行应用和评价时,"位置模式"反映了现实政治的方法,国家通过与另一个国家的直接安排

① 根据 BP 统计数据,21 世纪初,欧盟的原油对外依赖度高达 70%,石油需求年增长率约 0.5%;其中 1/3 的原油进口和 1/2 的天然气进口来自俄罗斯。俄对欧天然出口约占俄天然气出口总量的 70%。参见 BP Statistical Review of World Energy, June 2015, p. 19, available at https://www.bp.com/en/global/corporate/media/reports-and-publications.html, last visited on Dec 30, 2020。

② 参见 Dessler, What is at Stake in the Agent-structure Debate? International Organization, Vol. 43, 1989, pp. 441-446。

解决争端;"转型模式"则概述了一种制度主义的方法,国际行为者倾向于使用国际争端解决规范来解决冲突。

作为一个国际组织及其成员国的组合,欧盟是最主要的制度主义者,欧盟体系本身被定义为一种法律制度主义方法,在处理内部和外部关系的过程中历来重视法律秩序的建立和作用,国家需要为政治行为找到法律正当性(legal legitimacy),国家安全不是国际关系的唯一优先事项。因此,欧盟强烈支持 ECT,要求制定和通过"第三方准入""分拆合并监管当局"等相关欧盟能源法规将与俄相关的能源事项纳入法律规制的框架之下。与此相对比,俄罗斯倾向于以权力对比为基础的双边方式处理国家间争议,并避免多边参与。这种方法将国际法律规则作为维护其利益的工具,安全因素是应用国际法规则与否的重要考量,如果国家因安全原因不适合借助国际法,那么国际法规则就会被忽视。

上述能源治理模式的差异,直接反映了俄欧双方在能源关系领域的价值冲突。在这种冲突背景下,日渐形成欧洲市场的自由化与俄罗斯能源资源的垄断化。

3. 俄欧有关跨境能源合作法律制度的变迁。有学者将俄欧能源合作划分为政府间(intergovernmental,涉及高级官员)合作、跨政府(transgovernmental,涉及低级官员)合作和跨国(transnational,涉及企业、非政府组织和学术社群等组织)合作这三个层面。①

具体来说,俄欧之间逐步建立的能源合作法律制度包括三项机制。一是 1997 年的欧盟与俄罗斯的"伙伴关系与合作协定"(The Partnership and Cooperation Agreement,以下简称 PCA)②,2000 年 10 月成立的俄欧能源对话(Energy Dialogue,以下简称 ED)以及

---

① 参见 T. Romanova, Russian energy in the EU Market: Bolstered Institutionsand their effects, Energy Policy, Vol. 74, 2014, p. 44。

② 1994 年 6 月,俄欧领导人在希腊科孚岛签署为期 10 年的 PCA,但该协定的正式批准则因车臣战争的爆发而推迟至 1995 年 3 月,自 1997 年 12 月 1 日起该协定正式生效。

1998 年开始生效的 ECT。PCA 是俄欧关系的基石，也是欧盟确立与其合作伙伴关系的特有方式，规定了双方发展相互关系的领域和范围，对双方合作的制度机制和双方合作关系的未来前景进行了规划。① 该协定对"能源"的规定非常简洁，仅提及了"能源宪章"及其条约（即 ECT）。虽然 PCA 本身没有安排政治对话机制，② 且把双方协商一致的难题留待以后解决，但是该协定确定了双方开展经贸和科技合作的基本原则，是其他规范俄欧能源关系的法律文件的基础。

随着欧盟在欧洲大陆和国际事务中的力量增长，能源领域的相互利益促使俄欧双方建立伙伴关系并在合作协定框架内建立能源对话机制。2000 年 10 月，俄欧签署《能源战略伙伴关系协议》，并由此提出"建立经常性能源对话，以推动能源领域伙伴关系的建立并确定基本模式"。③ 2002 年 5 月，俄欧首脑峰会签署了《能源合作声明》，强调俄罗斯"拥有进入欧洲能源市场的特殊权利"。俄欧能源对话正式启动，能源议题成为首脑峰会的重要内容。随着 ED 机制的成立和发展，双方就共同关心的能源运输、生产、投资等重大问题展开对话与合作，取得了一定的效果，但双方在管道运输、天然气供应和市场准入等重要问题上仍然存在较大分歧。

相较于原则性的 PCA 和偏于政治性的 ED，ECT 则是由欧盟倡导的以多边条约的形式构建能源合作法律机制。通过《能源宪章条约》《能源宪章贸易条款修正案》和《能源效率与环保问题议定书》（Energy Efficiency and Related Environmental Aspects，以下简称

---

① 参见 Christopher Hillion, Russian Federation (including Kaliningrad), In Steven Blockmans, Adam Lazowski eds., The European Union and Its Neighbors, T. M. C. ASSER Press, 2006. p. 463。

② 参见 Lynch Dow, The New Eastern Dimension of the Enlarged EU, Partners and Neighbors: A CFSP for a Wide Europe, Chaillot Papers, 2003, p. 42-44。

③ 毕洪业：《俄罗斯与欧盟能源对话：成果、问题及前景》，载《国际石油经济》2007 年第 5 期，第 44 页。

PEEREA）等一揽子法律文件，对与能源安全与合作相关的能源投资、能源过境、能源市场自由准入、与能源投资有关的资本自由流动等问题都进行了规定。虽然《过境议定书》一直未能签署，且因俄乌天然气争端爆发导致俄罗斯宣布停止 ECT 对其的临时适用，这都使 ECT 在未来的发展面临诸多不确定性，但是作为一项多边法律机制，ECT 仍是目前唯一全面涵盖俄欧能源关系各方面问题的法律机制。

综上可见，2000 年被认为是欧俄能源关系发展的关键时间点。由此开始，俄欧之间的跨政府和跨国层面的能源合作与规制机制开始增多。这一方面抑制了俄欧能源关系的政治化倾向，促进了俄欧之间在能源事务方面的协调控制；另一方面现有能源法律机制也在俄乌天然气危机面前显露出其缺陷和不足，引发能源关系各方对既有能源合作法律机制的变革的思考。

（二）俄罗斯对 ECT 下过境争端解决机制的态度及其原因分析

在 ECT 的谈判和签署过程中，俄罗斯始终顾虑重重。俄罗斯于 1994 年签署了 ECT，1996 年 6 月启动 ECT 的批准程序，但始终未正式批准 ECT。自 2009 年俄乌天然气危机爆发后，俄提出撤回 ECT 对其的临时适用。上述顾虑和消极态度在《过境议定书》的谈判中表现得更为明显。

客观来讲，俄罗斯对 ECT 是感兴趣的。俄希望借助 ECT 获取西欧在能源开采、运输和加工方面的技术，提高能源利用效率，解决俄能源富集地区的生态问题。但另一方面，俄罗斯又对 ECT 和《过境议定书》表现出极大的戒备和隐忧，认为 ECT 是由欧盟主导的能源策略工具。俄罗斯未批准 ECT 的根本原因在于，其与欧盟对过境自由的立场不相容，亦即双方在能源治理观念和模式上存在差异。具体来说，除却政治因素和谈判技术因素之外，俄针对 ECT 和《过境议定书》所涉及的 5 项条款内容有不同看法。

一是过境关税和境内运输税费的相关性（ECT 第 7（3）条），

即"给予运输途中的能源材料和产品与原产于本国或目的地是本国的材料和产品的同等待遇"问题。俄罗斯认为这将迫使俄罗斯为来自中亚的廉价天然气开放管道网络，削弱俄罗斯天然气工业股份公司在欧洲市场的地位。

二是适用过境争端调解程序解决过境纠纷，重新计算临时过境关税作为最终关税的机制问题（ECT第7（6）、（7）条）。俄罗斯认为过境争端调解机制下调解人由能源宪章秘书长指定且权力过大，① 担心一旦俄方牵涉过境争端而由美国或欧盟作为调解人则对己十分不利。

三是能否以运输能力拍卖作为确定过境关税的依据（过境议定书第10条），以及由于拍卖产生的高于成本关税的任何剩余收入的处理。尽管几乎所有的ECT成员国都原则上同意过境关税应基于成本来确定，包括运营和投资成本以及合理的回报率，但是欧盟坚持认为可将拍卖运输能力作为过境关税的分配机制之一。俄罗斯则担心由此导致过境关税过高，不利于其保持对欧洲天然气出口运输的垄断地位。

四是解决"合同不匹配"的机制问题（过境议定书第8条），这个问题出现在长期出口供应合同在能源供应期限和数量上与管道所有者或运营商向托运人提供的过境协议的期限和数量不相匹配的情况下。俄罗斯为保障长期供应合同下的利益而要求享有"优先使用权"，主张那些通过第三国过境的长期供应合同和即将到期的短期协议应享有由管道所有者优先处理的权利，以便解决供应商因长期供应合同和短期过境运输合同错位所面临的困难。

五是《过境议定书》在欧盟内部的适用性问题（过境议定书第20条）。俄罗斯反对欧盟将自身作为一个单独的缔约国，强烈坚持《过境议定书》的条款应扩展至欧盟各成员国内部跨越两个

① 参见A. V. Belyi, U. G. Klaus, Russia's Gas Exports and Transit Dispute Resolution under the ECT: Missed Opportunities for Gazprom or False Hopes in Europe? Journal of Energy & Natural Resources Law, Vol. 25, 2007, p. 218。

国家边境的能源运输。俄认为《过境议定书》第 20 条的 REIO（区域经济组织一体化）条款是不公平的。① 这将为欧盟是否有效履行过境议定书下的义务提供借口，迫使俄罗斯服从欧盟的现有以及未来有可能修订的立法，② 导致俄罗斯受制于欧盟内部市场机制调控的风险。

在上述五个与过境条款相关的争议问题中，前面两项来自 ECT，后面三项来自过境议定书。事实上，俄欧双方经过长期谈判和协商，除了 REIO 条款之外，其他四项争议已经在能源宪章进程的多边层面非正式地达成一致。③

（三）欧盟对 ECT 争端解决机制的态度及原因分析

欧盟的"制度主义"传统使其重视从规范性维度进行能源治理，并具体表现为促进与全球贸易和气候制度有关的国际制度和机

---

① 参见 T. Skurbaty, Understanding the EU-Russia Energy Relations Conflictual Issues of the ED and the ECT, 2007. p39. available at https：//lup. lub. lu. se/student-papers/search/publication/1321210, last visited on Dec 30, 2020。

② 参见 A. Konoplyanik, Thorny Issues Impede Progress Toward Final Transit Protocol, Oil & Gas Journal, Vol. 101, 2003, p. 40。

③ 截至 2005 年 11 月，俄欧之间就 ECT 和过境议定书中所涉及的争议事项取得了较大进展。例如，对于"运输能力拍卖"问题，双方同意"允许在过境关税中存在额外收益"，只要该额外收益是临时性的并且用于提高运输能力；对于"优先使用权"问题，双方达成一致，在创造或允许创造需要的额外运输能力以及禁止滥用支配地位的一般义务基础之上，允许存在"优先使用权"，并建议将"优先使用权"作为成员国的可用选择。然而，过境议定书在欧盟内部的适用性问题仍是谈判最难克服的障碍。由于过境议定书下的谈判久拖不决，至 2011 年 11 月，能源宪章会议废除了过境议定书的谈判任务，至 2016 年 12 月，能源宪章会议启动"能源自愿过境的多边框架协议"议题的研讨，希望围绕这一议题重启能源过境问题谈判。参见 Gokce Mete, Recent Developments in the Energy Charter Process, Conference Paper · November 2015, available at https：//www. researchgate. net/publication/294874111_Recent_Developments_in_the_Energy_Charter_Process, Last visited on Dec 30, 2020。

构。① ECT 正是由欧盟倡导的这些多边机构之一。因此，自 20 世纪 90 年代发起 "能源宪章" 开始，欧盟对 ECT 和有关《过境议定书》的谈判是态度积极的，希望通过创造一个合法的国际舞台来增强欧盟的整体利益。然而，ECT 的发展和围绕《过境议定书》的谈判却说明欧盟与其他国家，尤其是俄罗斯之间在能源利益和能源治理上的巨大差异。其中，《过境议定书》（草案）第 20 条有关 REIO 条款的争议，是俄欧围绕《过境议定书》谈判的核心条款，也是导致该谈判多次搁置并失败的关键。

REIO 条款争议的核心是过境议定书在欧盟各成员国间有关过境争议的内部适用性。因为每个欧盟成员国都已经以独立的 ECT 缔约方和作为欧盟成员国的双重身份签署/批准了 ECT，因此就产生了 ECT 的适用范围是将欧盟作为一个整体还是对各成员国也分别适用的问题。欧盟坚持认为，因为欧盟一直在建立共同的内部能源市场，因此能源 "过境" 的概念应仅限跨越作为一个整体的欧盟的情形，而不是跨越其个别会员国，即只有能源资源在整个欧盟范围内的移动才被视为 "过境"，如从俄罗斯输送到法国的天然气应该结束于欧盟的外围（目前该区域边界是波兰的东部边界）时方构成过境。② REIO 条款的实施将对俄欧能源关系和过境争议处理产生显著差别：一是随着欧盟的成员国范围不断扩大，俄罗斯对外出口天然气的输送点将被深深放置在欧盟领土内；二是欧盟将参与制定扩大欧亚能源市场的通用游戏规则，却有可能不在自己扩大的领土范围内实施这些规则。

---

① 参见 C. Bretherton，J. Vogler，The European Union as a Global Actor, Routledge, 2005. p. 15。

② 俄罗斯代表团通常以下列例子作为回应：如果列入 REIO 条款，通过欧盟领土过境的唯一情况将是俄罗斯向瑞士供应天然气（目前占俄罗斯天然气出口总量的 0.4%），而那些即将在欧盟内部结束的供应将不会被视为过境，即使通过一个或多个归入 REIO 的欧盟国家。参见 A. Konoplyanik, Thorny Issues Impede Progress Toward Final Transit Protocol，Oil & Gas Journal, Vol. 101, 2003，p. 62。

表面看来，REIO 条款反映的是俄欧之间对《过境议定书》相关规则的法律范围的争议，其背后的原因则是双方对 ECT 及《过境议定书》的期待存在差异，以及双方在政治观点和过境治理理念上的本质不同。对于欧盟来说，其希望通过 ECT 的过境条款将竞争要素纳入国际气体链，其关注点在于市场自由化和竞争化，并以此摆脱对俄罗斯的能源依赖，维护欧盟整体利益；对于俄罗斯来说，ECT 的过境规则的意义在于确保通过乌克兰长期不间断地输送天然气，其关注点在于运输链的稳定性，并以此维持自己在能源事务方面的影响力。在以竞争模式为主导的治理理念下，欧盟在"优先使用权"和"REIO 条款"等问题上难以与俄罗斯达成一致，而 REIO 条款更是最终成为阻碍《过境议定书》谈判通过的障碍。

第三节　ECT 过境争端解决机制的改革和未来发展

一、ECT 过境议定书谈判失败后俄欧能源过境治理的发展和走向

俄欧能源关系自 2000 年开始变得冲突不断，不同的能源治理观念和做法使双方的能源法律关系陷入僵局。在过去的十年中，尤其是 ECT 框架下《过境议定书》的谈判失败后，俄欧能源关系明显遇冷，以 ED 为代表的双边议程缩小为临时磋商，投资争端和长期合同条款纷纷增加，俄欧开始各自推进管道项目多样化的发展，并在法律制度层面强化其不同的能源治理诉求。

（一）俄欧为谋求各自的能源战略利益而进行管道项目博弈

为实现能源进口多元化的战略目标，降低对俄罗斯天然气的依赖，欧盟不断寻求能源供应渠道的多样化。"纳布科天然气管道计划"（The Nabucco gas pipeline project）和"纳布科西线"（Nabucco

West）方案①便是在欧盟的支持下②，主要涉及部分东欧国家的能源管道输送项目。该项目于 20 世纪之交开始酝酿，但因气源和资金问题一度进展缓慢，2009 年因俄乌天然气争端而发生"断气风波"后欧盟加快了项目启动的步伐。然而，由于始终缺乏坚实的资源基础和基础设施，并受制于地缘政治因素影响，围绕着里海—中亚地区的能源政治形势风云变幻，纳布科项目在经历了一波三折的发展后最终于 2013 年宣告失败。

　　为了对抗欧盟的"纳布科计划"，争夺里海-中亚地区的天然气，俄罗斯利用其强大的能源优势进行跨国天然气管道布局，在 2007 年推出"南溪"（South Stream）管道项目③以确保俄罗斯对欧盟天然气市场的垄断地位。"南溪"与"纳布科计划"在气源和路线辐射区域方面的重叠使两者形成了直接的竞争态势，且两条管线都绕过了俄罗斯向欧洲输送天然气的最大中转国乌克兰。"南

_____

　　① 在"纳布科计划"面临夭折之际，由相关五国的石油公司组成的"纳布科跨国财团"于 2012 年 5 月推出了"纳布科西线"方案。起点是土耳其-保加利亚边境，终点仍是奥地利的鲍姆加滕，管道长度为 1300 公里，其中在保加利亚境内 412 公里，罗马尼亚境内 469 公里，匈牙利境内 384 公里，奥地利境内 47 公里。参见李冉：《里海-中亚天然气管道外交博弈研究》，外交学院博士学位论文，2013，第 82 页。

　　② 纳布科管道项目的设想是在已有的巴库-第比利斯-埃尔祖鲁姆（Baku-Tbilisi-Erzurum Pipeline）管道的基础上，经过阿塞拜疆、格鲁吉亚、土耳其把里海-中亚国家的天然气输往东中欧的保加利亚、匈牙利、罗马尼亚和奥地利，全长约 3300 公里。2009 年 7 月，奥、土、保、罗、匈五国签订了政府间协定，为"纳布科计划"的实施提供政治和法律框架的保障。项目原计划于 2011 年开工，2014 年竣工，计划输量为 310 亿立方米/年，约为欧盟天然气进口量的 5%。参见李冉：《里海-中亚天然气管道外交博弈研究》，外交学院博士学位论文，2013，第 1 页。

　　③ 2007 年 6 月，俄罗斯天然气工业公司与意大利埃尼油气公司共同发起"南溪"管道项目，旨在把俄罗斯的天然气输送到欧洲。"南溪"管道以俄罗斯黑海岸边的别列克压气站为起点，穿越黑海海底到达保加利亚，之后分为西南和西北两条支线，其中西南方向通往意大利，西北方向通往奥地利。参见李冉：《里海-中亚天然气管道外交博弈研究》，外交学院博士学位论文，2013，第 82 页。

溪"管道被视为是对"纳布科计划"的釜底抽薪之举，在很大程度上对"纳布科计划"进行了成功的反制。然而，受欧盟管道禁令以及俄欧关系遭遇挫折等一系列内外因素的影响，俄罗斯于2014年表示放弃"南溪"项目，转而通过扩建"蓝溪"（Blue Stream）管道①经土耳其向欧洲输气。"南溪"管道的"崩盘"可以说是"纳布科"管道博弈的余震，② 两条管道缠斗多年却均未能笑到最后，归根结底都是受制于地缘政治因素的影响。

（二）俄欧在法律制度层面强化其不同的能源治理诉求

尽管ECT下《过境议定书》的谈判宣告失败，但ECT的进程并未终止。相反，在ECT的进程中，俄欧双方都试图提出制度层面的主张以协调双方的能源关系、维护各自的能源利益。

1. 俄罗斯在ECT进程中的立场和制度主张。尽管俄罗斯始终对ECT和《过境议定书》几番顾虑、态度消极，且于2009年8月单方面终止了对ECT和PEEREA的临时适用，但是俄罗斯明确表示，它不再适用ECT，但没有正式退出。③ 这使俄罗斯处于条约适

---

① "蓝溪"天然气管道项目又称"俄罗斯-土耳其输气管道"，由俄罗斯和意大利两国公司联合发起修建，输气管道从俄罗斯高加索北部的伊扎比热内经黑海海底至土耳其首都安卡拉，项目于2002年12月底建成送气，2010年后维持在年输气量160亿立方米。2015年，俄罗斯准备扩大"蓝溪"项目，在与希腊交界的土耳其境内新建天然气输气枢纽，向土耳其南欧用户供应天然气，进一步打开地中海市场并扩大到与欧盟的天然气合作。参见程春华：《俄罗斯为何"弃南投蓝"》，载《世界知识》2015年第1期，第38~39页。

② 参见程春华：《俄罗斯为何暂停"南溪"管道?》，载《中国石油报》2014年12月9日第2版。

③ 根据ECT第45（3）（a）条和第47条的规定，俄罗斯于2009年8月20日正式通知能源宪章保存机构，声明其不打算成为ECT和PEEREA（Protocol Energy Efficiency Related Environmental Aspects）的缔约方，在声明作出的60日后，即2009年10月19日起俄罗斯终止了对ECT和PEEREA的临时适用。参见 the ECT, URL, available at http://www.encharter.org/index. php? id=28. last visited on Dec 30, 2020。

用的灰色地带。① 一方面，俄罗斯作为 ECT 缔约方的地位似乎并未发生改变，俄能源部代表继续参加 ECT 附属机构的所有会议，并继续支 ECT 会费。俄唯一缺席 ECT 的标志是该机构副秘书长的职位"暂时空缺"，因该职位一直专供俄罗斯使用。另一方面，ECT 的个别长效条款是否仍对俄罗斯适用，是不清楚的。②

　　事实证明，俄罗斯已无意重返 ECT 及其内部的政府间合作，但通过不正式退出 ECT 的方式，俄罗斯保留了这条进行能源跨国和跨政府合作的沟通渠道，不断将俄罗斯的能源关切纳入能源宪章进程。早在 2009 年俄乌天然气危机刚刚发生之后，俄时任总理普京和俄天然气工业公司管理层就开始讨论创建一个新的过境框架来取代 ECT。③ 2009 年 4 月，俄时任总统梅德韦杰夫向 ECT 提出一项题为"能源合作新法律框架的概念方法"的 ECT 的"替代方案"，④ 并随后体现在俄提出的《能源安全公约草案》⑤ 中。该草案对能源投资、过境和贸易制度较为关注，纳入了自然资源主权、确保非歧视性市场准入以及获得技术与信息等原则和做法。相较于

---

　　① 参见 A. V. Belyi, S. Nappert, V. Pogoretskyy, Modernising the Energy Charter Process? The Energy Charter Conference Road Map and the Russian Draft Convention on Energy Security, Ssrn Electronic Journal, Vol. 29, 2011, p. 387。

　　② 例如 ECT 第 47 (3) 条投资章节的保护措施在缔约国退出 20 年后仍然存在。参见 the ECT, URL. http://www.encharter.org/index.php? id = 28，最后访问日期：2020 年 12 月 30 日。

　　③ 俄时任总理普京在 2009 年 1 月出席达沃斯世界经济论坛上的讲话提出："ECT 未能成为规范新问题的有效手段"，并"建议制定一个新的能源安全国际法律框架。一是采用普遍认可的确定过境关税的市场原则，二是发展多样化的能源运输路线"。http://premier.gov.ru/eng/visits/world/95/1921.html. 最后访问日期：2020 年 12 月 30 日。

　　④ 参见 A. V. Belyi, S. Nappert, A New Energy Charter: Myth or Reality? Oil, Gas, Energy Law Intelligence, Vol. 2, 2009, p. 2。

　　⑤ 《能源安全公约草案》（Draft Convention on Energy Security）于 2010 年 9 月由俄罗斯当局发布，至今已多次提交。http://www.unece.org/energy/se/pp/wpgas/21wpg_2011/19Jan2010/Stikhind.pdf. 最后访问日期：2020 年 12 月 30 日。

ECT对"过境自由"的提倡，该草案更注重"能源安全"目标，强调除了关注能源消费国外，还应关注能源生产国和能源过境国；且毫不意外，草案不允许REIO例外。① 然而，由于草案并未提供新的能源过境解决机制，且有些规定与现有多边制度不匹配，② 因此该草案并未如俄罗斯所愿成为ECT的替代。

2. 欧盟在ECT进程中的走向和制度主张。欧盟对ECT的态度涉及欧盟内部跨境能源治理的发展。欧盟内部的过境制度于1991年出现，天然气过境指令（91/296／EEC）制定了非歧视性的进入欧盟能源网络的准则，成为1994年ECT第7条谈判和起草的基础，在网络准入以及许可新的能力建设方面的不歧视都主要借鉴于欧盟的过境指令。其后，从1996年的欧盟第一电力指令（Directive 96/9/EC）和1998年的天然气指令（Directive 98/30/EC），逐步升级到2003年的欧盟第二电力和天然气指令（Directive 2003/55/EC），再到2009年的竞争性跨境市场措施指令（Directive 2009/73/EC），欧盟内部各能源市场的自由化程度变得越来越高，建立一个有竞争力的天然气市场是完成内部能源市场的重要组成部分。ECT和欧盟能源现行法之间的差距从欧盟准备第二电力和天然气指令开始，随着欧盟向第三能源指令的过渡继续增大。由于ECT

① 《能源安全公约草案》第V.4条规定："如果'公约'缔约方不仅是REIO，而且也是其成员国，则'公约'的过境和相应过境条款的定义适用于REIO以及这些国家。"

② 例如，草案第I.1条对"过境"和"领土"进行界定时，要求缔约方根据海洋法的规定来调整所承担的义务，在涉及海底管道的建设和运营时，使条约下的过境制度似乎扩展到"专属经济区"和"大陆架"。这有可能意味着通过海底管道（特别是专属经济区）的过境将最终和通过陆上管道的过境同等对待，受到更广泛的主权限制。而ECT第7（8）则规定："本条不得损害缔约方根据国际法，包括习惯国际法，现有双边或多边协议，包括有关海底电缆和管道的规则的权利和义务。"参见 A. V. Belyi, S. Nappert, V. Pogoretskyy, Modernising the Energy Charter Process? The Energy Charter Conference Road Map and the Russian Draft Convention on Energy Security, Ssrn Electronic Journal, Vol. 29, 2011, p. 393。

法律体系下的"自由化程度"已经远低于欧盟内部的现行法，ECT甚至被看做保护非欧盟国家和欧盟公司免受欧盟内部能源空间"过度自由化"的工具，而 ECT 原本作为欧盟对外输出规则范例的工具价值却在不断降低。①

上述观察表明，欧盟已逐渐走向以自我为中心、以竞争为导向的能源管理方式，ECT 反映了欧盟内部天然气市场指令之前的初步过渡治理。欧盟在《过境议定书》谈判和能源宪章进程中意志坚定地要求保留 REIO 立场，以期在对俄能源关系中发挥竞争优势。然而，在俄罗斯态度坚决地转向强势能源外交政策的影响下，ECT及《过境议定书》的发展进程并不顺利。随着 ECT 和欧盟能源现行法之间出现实质性差距，欧盟将 ECT 作为国际层面能源关系治理的法律机制的意愿也在动摇和降低。② 欧盟认为有必要找到一个新的工具来履行竞争驱动市场这一职责。目前，最具综合性的监管承诺是欧盟与东南欧《能源共同体条约》(EU-SEE Energy Community Treaty)，③ 其对欧盟的重要性日益增加。

---

① 参见 A. Konoplyanik, A Common Russia-EU Energy Space: The New EU-Russia Partnership Agreement, Acquis Communautaire and the Energy Charter, Journal of Energy & Natural Resources Law, Vol. 27, 2009, p. 284。

② 参见 A. Konoplyanik, A Common Russia-EU Energy Space: The New EU-Russia Partnership Agreement, Acquis Communautaire and the Energy Charter, Journal of Energy & Natural Resources Law, Vol. 27, 2009, p. 286。欧盟分析人员也曾提出过类似的问题。如早在 2004 年前欧盟驻俄罗斯大使迈克尔·埃默森（Michael Emerson）在就对俄罗斯关系的全面采访中就指出，"对一个最重要的部门而言，ECT 在经济上并不是最优的制度"。available at http://www.euractiv.com/en, last visited on Dec 30, 2020.

③ 2005 年 10 月，欧盟与阿尔巴尼亚、克罗地亚、波斯尼亚和黑塞哥维那（波黑）、黑山共和国、马其顿王国、塞尔维亚以及联合国共同维系的科索沃地区共 7 个成员方签署了《能源共同体条约》，以促进这些成员能源市场的自由化和开放，并将欧盟统一能源市场扩大至这些邻国。2010 年 5 月，摩尔多瓦成为其中的第 8 位成员。条约旨在协助位于东南欧地区的非欧盟成员国贯彻实行欧盟能源立法，并为能源领域的安全投资铺设道路。

二、对 ECT 下过境争端解决制度的评价

作为目前唯一专门涉及能源过境问题的国际法律规范，ECT 的过境制度是一项针对过境活动进行多边治理的尝试，该制度的发展经历了从主动创新到备受争议的过程。其现有的过境条款（第 7 条）要求缔约方根据 WTO/GATT 所载的过境自由原则，在非歧视的基础上促进过境，与 ECT 第 7 条密切相关的《过境议定书》（草案）在 ECT 生效 1 年后被提上日程，主要目的是提供更详细的规则以保证 ECT 下关于过境的原则和有关规定的执行。然而，ECT 的过境条款在能源过境争议实践中的效果不佳，相关的《过境议定书》（草案）在经历了长期谈判后在 2011 年被暂停。这反映了俄欧能源关系之间的深层矛盾，也引发对 ECT 过境争端解决机制的缺陷的思考。

（一）ECT 过境争端解决条款本身的模糊性导致其实践操作效果不佳

自 ECT 生效以来，ECT 第 7（7）条的过境争端解决机制条款并未在缔约国的过境争议实践中得到有效运用。2009 年俄乌天然气冲突集中爆发，曾一度引发关于俄罗斯使用 ECT 过境争端解决机制解决其与乌克兰的争端的可能性的争论。然而，第 7（7）条规定的争议解决机制仅适用于因过境而产生的冲突，而不适用于因供应价格等产生的争议。对 ECT 的过境争端调解机制的适用范围的逻辑分析，使俄罗斯拒绝接受该条款的约束有了合理解释。但事实上，争端的处理和解决将涉及有关各方权利或利益的具体分歧。[①] 对 ECT 和《过境议定书》（草案）谈判而言，一般意义上的天然气过境的理解和具体制度之间的结构性冲突，阻碍了 ECT 下

---

① 参见 J. G. Collier, V. Lowe, The Settlement of Disputes in International Law: Institutions and Procedures, Oxford University Press, 2000, p. 1。

过境争议解决机制的适用。①

此外，过境争议调解程序和必须遵守调解人所作出的最长 12 个月的临时裁决的规定。虽然为争端各方提供了一个打破政治僵局的机会和窗口，但是调解程序规则和调解人性质的模糊性也是导致该程序在实践中难于适用的原因。在过境争端调解程序下，调解人是以司法方式行事的非审判中立人，其性质和作用与裁决人有明显区别，裁决的本质是建立在坚持法律规范基础上的，而调解则主要是基于政治利益最大化的准司法程序，这种非判决形式的争议解决方式的成功在很大程度上取决于争议当事各方的坦诚态度特别是调解人所掌握的信息。当事各方认识到，向调解人的敏感信息披露极有可能会在随后的临时裁决中对己不利，出现"法律的阴影"扼杀争端方的坦诚的结果。② 特别是，ECT 第 7（7）条与 ECT 第 27 条"缔约方之间的争议解决"条款之间的关系仍不清楚，临时裁决的 12 个月期限过后，如果当事方没有达成协议的情况下，争议后续的处理程序并不明确。关于这些规定的模糊性阻碍了对过境争端调解程序的选择和适用。

（二）缺乏《过境议定书》支撑的 ECT 过境争端解决制度仍停留在较原则化的水平

俄罗斯和欧盟对《过境议定书》（草案）中 REIO 条款的主张截然相反，是导致《过境议定书》谈判失败的直接原因。同时，谈判的失败也导致《过境议定书》（草案）中很多原本已达成一致的内容，如过境可用能力的界定、第三方准入规则、过境税费规则、意外中断措施以及国际能源交换协议等规定都随之废弃。现有的 ECT 过境争端解决制度只能由 ECT 第 7（7）条以及《关于过境争端的调解行为规则》这一软法性质的规则组成。尽管《调解规

---

① 参见 A. V. Belyi, The EU's Missed Role in International Transit Governance, Journal of European Integration, Vol. 34, 2012, p. 267。

② 参见 B. Clark, Transit and the Energy Charter Treaty: Rhetoric and Reality, Web Journal of Current Legal Issues, Vol. 5, 1998, p. 8。

则》对争端解决程序的时间表以及调解人的选取、权利和义务等规则都作出了规定，但是在缺乏具体过境权利和义务规则支撑的情况下，《调解规则》恐难以发挥实效，ECT 下的过境条款和争端解决程序都还停留在较为原则和宽泛的水平。

（三）现有的 ECT 过境争端解决机制难以弥补俄欧能源利益上的差异

作为一项具有法律约束力的国际制度，ECT 从成立到签署以来经历着不断发展。与在能源贸易、能源投资方面取得显著进展形成鲜明对比的是，能源过境制度的发展进程一再受阻。在俄欧无法就 ECT 和《过境议定书》（草案）的相关争议条款达成一致的表象下，俄欧之间在能源关系和能源利益上的差异是背后更深层的原因。

随着俄罗斯能源外交政策的转变，其在 ECT 谈判中的态度也愈加强硬。不满于欧盟单方面所制定的规则，俄罗斯希望能参与制定对能源供应国更为有利的规则，而欧盟在推进自由化和竞争驱动市场的道路上一去不返。这场源自对能源实力和能源安全的不同诉求之间的冲突，衍生出"国家政治"和"制度主义"两种治理观念的差距，也才有了俄欧双方对 REIO 条款、优先购买权、第三方准入等条款的诸多争议。必须看到，现有的 ECT 过境制度是特定历史条件下的产物，它已无法填补俄欧双方能源治理观念和能源利益方面差异的沟壑。反过来，这些差异又进一步阻碍了双方达成新的一致。两者可谓互为因果，并客观表现为 ECT 下过境制度的遇冷和受挫。

三、能源宪章进程与 ECT 过境制度的改革

2015 年新的《国际能源宪章》至今已被全球 75 多个国家采纳，为各国和各地区在共同原则基础上讨论和协调能源政策提供了一个政府间论坛。和 1994 年的 ECT 是一项法律协议所不同的是，《国际能源宪章》是一项政治宣言，其目标是支持"加强、扩大和

推广"的宪章政策,最终目标是扩大"能源宪章条约和程序"的地理范围;为了促进宪章及其全球范围内合作框架的原则,参与《欧洲能源宪章》非签署国的结构对话;将《欧洲能源宪章》现代化,使其成为能源宪章程序的基本政治声明;支持能源宪章会议中现行的观察员程序,力求紧密的政治合作和观察员国早日加入《能源宪章条约》。① 由此可见,能源宪章的现代化进程要义体现在结构转型和制度升级两方面。② 结构转型表现在推行去欧洲化的国际化和全球化战略,吸引更多国家参与到能源宪章体系中,实现由区域性国际能源组织向全球性能源组织转变;制度升级则试图重塑能源宪章体系的制度优势,凝聚以能源贸易、投资和运输为核心的制度构建。《国际能源宪章》在吸引全球各国和各地区的关注方面取得了巨大成功,显示出各方长期遵守国际标准的政治承诺的意愿。③

《国际能源宪章》关注并提及能源过境运输制度,但作为一项政治宣言所涉及的程度较浅,描述较为原则。相关内容体现在第一章"目标"第 2 条"能源领域的合作必须包括"规定"以高标准要求协调和在必要时调整能源产品及其运输和能源设施的安全准则和安全指导";第二章"执行"第 3 条"能源贸易自由化"提出"签署国承认经过各国领土运输能源产品对能源产品贸易自由化是

---

① 参见国际能源宪章经同意并于 2015 年 5 月 20 日在海牙发布的"关于国际能源宪章的部长级会议受采纳的文本",http://www.energycharter.org/fileadmin/DocumentsMedia/Legal/IEC_CH.pdf,最后访问日期:2020 年 12 月 30 日。

② 参见单文华、王鹏、王晗:《"一带一路"建设背景下中国加入〈能源宪章条约〉的成本收益分析》,载《国际法研究》2016 年第 1 期,第 41~42 页;程春华:《能源宪章转型与全球能源治理:历程、原因及影响》,载《社会科学》2015 年第 11 期,第 55 页。

③ 参见 E. Bonafé, A. Piebalgs, The New International Energy Charter: Sustainable Energy Transition, Investment Dispute Resolution and Market Regulation, 2017, available at: http://cadmus.eui.eu/handle/1814/50207, last visited on Dec 30, 2020。

至关重要的，运输应在经济可行、适应环境和商业要求的条件下进行"。①

为落实《国际能源宪章》目标，推进能源宪章现代化进程，2015 年宪章秘书处围绕"能源资源过境的多边框架协议"（Multilateral Framework Agreement on Transit of Energy Resources）这一议题开始着手能源过境制度的构建。2017 年 5 月，土库曼斯坦政府和国际能源宪章组织在土库曼斯坦阿什哈巴德国际能源宪章论坛上就"制定能源过境多边框架协议"议题进行了讨论，各国政府和国际组织的代表强调了确保能源过境安全的复杂性，指出了针对包括天然气，石油和电力在内的能源过境和跨境运输问题建立明确和一致的多边合作原则的必要性。② 2018 年 3 月，全球能源互联会议在北京举行，讨论全球能源连通性问题。能源宪章秘书长鲁斯纳克博士（Dr Urban Rusnak）在会上发表题为"能源转型：迈向全球能源合作"的主题演讲，在肯定了 ECT 作为唯一的直接解决与能源过境有关的复杂政治、经济和法律问题的多边协议的贡献的同时，倡议共建全球架构以应对全球能源过境领域的新挑战。③此外，宪章秘书处和过境问题技术小组也在不断推动能源过境多边合作的相关工作。例如，过境问题技术小组于 2018 年 5 月召

① 参见国际能源宪章经同意并于 2015 年 5 月 20 日在海牙发布的"关于国际能源宪章的部长级会议受采纳的文本"，http：//www. energycharter. org/fileadmin/DocumentsMedia/Legal/IEC_CH. pdf，最后访问日期：2020 年 12 月 30 日。

② 参见 Ashgabat International Energy Charter Forum - Towards a Multilateral Framework Agreement on Transit of Energy Resources, Available at：https：//energycharter. org/what-we-do/events/ashgabat-international-energy-charter-forum/，last visited on Dec 30，2020。

③ 参见 The 2018 Global Energy Interconnection Conference begins in Beijing, available at：https：//energycharter. org/media/news/article/the-2018-global-energy-interconnection-conference-begins-in-beijing/? tx _ news _ pi1% 5Bcontroller% 5D = News&tx _ news _ pi1% 5Baction% 5D = detail&cHash = a4d37a230167c208390687dd4c90b5b1，last visited on Dec 30，2020。

开会议，讨论基础设施获取、过境关税和示范协定更新等主题，但能否就过境制度的多边文书和治理工作取得突破性发展还有待观察。

四、ECT 下过境制度及过境争端解决机制的未来发展

能源过境的跨国性特点决定了其是一项多边挑战，需要多边解决方案。ECT 下过境争端解决机制遇冷，尤其是 2009 年俄罗斯从 ECT 撤离以及过境议定书谈判失败都表明，当前能源合作的多边治理仍处于萌芽阶段。随着能源宪章的现代化进程给多边能源治理的发展带来机会，在全球化和区域化并行发展的今天，国际能源治理的组织化、条约化趋势日益明显。ECT 中的过境制度和过境争端解决机制，将在区域和全球层面的能源合作中获得进一步发展。

（一）以 ECT 过境制度为基础建立区域能源过境合作的法律框架

尽管正是由于俄欧之间的严重分歧阻碍了 ECT 的多边进程，但是在俄欧相互依赖却又不相对称的能源关系背景下，以俄欧两国为核心的区域能源合作迫切需要一个坚实的国际法律框架,[1] 而该法律框架有三种建立路径可供考虑。一是欧盟现行法的输出，即将欧盟的共同内部立法输出给欧盟以外的国家，尤其是俄罗斯；二是拟定新的双边或多边能源合作协议，俄罗斯提出的《能源安全公约草案》就是这一途径的尝试；三是使用 ECT 的制度本身作为这种法律框架的基础。与前两种截然相反的路径相比，以已经生效了十多年的 ECT 过境制度作为开展过境合作的多边法律基础可能是

---

① 参见 N. A. Georgiou, A. Rocco, Energy Governance in EU-Russia Energy Relations: Paving the Way Towards an Energy Union, University of Birmingham Working Paper, 2017, p. 1。

更实际的。① 尤其是自 2014 年欧盟正式提出建立能源联盟（Energy Union）② 的构想后，通过新的双边协议或修改原有法律框架，并解决 ECT 在未来的作用成为协调俄欧能源合作的最迫切的问题。③ 尽管俄罗斯对 ECT 的公平性及其某些有可能损害能源生产国利益的规定提出质疑，但双方最终还是需要商定一个争议较小的方法来解决棘手的问题。在致力于寻求多边治理的共同利益的背景下，如果双方的利益关切和公平问题能够得到有效解决，那么 ECT 的过境制度将最有可能成为调整俄欧能源关系和区域能源过境合作的法律框架的基础。

（二）以 ECT 的过境制度为基础向"能源资源过境的多边框架协议"过渡

ECT 的过境制度及其过境争端解决机制是一项开展多边治理的尝试，也是唯一明确宣布要形成全球能源治理结构的制度。④ 虽然这项制度在各成员国的能源过境实践中操作效果不佳，在俄乌过境争端的解决过程中也并未被援引，但是以辩证的思路来看，排除对地缘治理因素的考虑，这反而是暴露现有制度的不足并对制度本身

---

① 参见 A. Konoplyanik, A Common Russia-EU Energy Space: The New EU-Russia Partnership Agreement, Acquis Communautaire and the Energy Charter, Journal of Energy & Natural Resources Law, Vol. 27, 2009, p. 258。

② 早在 2010 年，前欧盟委员会主席 Jacques Delors 曾提出一项建立新的共同能源政策的主张，2014 年欧盟委员会现任主席 Jean Claude Juncker 将能源联盟列为其 2014 年总统竞选期间的首要任务之一。参见 Jean Claude Junker, A New Start for Europe: My Agenda for Jobs, Growth, Fairness and Democratic Change, 2014. available at http://ec. europa. eu/priorities/sites/beta-political/files/juncker-political- guidelines_ en. pdf, last visited on Dec 30, 2020。

③ 参见 N. A. Georgiou, A. Rocco, Energy Governance in EU-Russia Energy Relations: Paving the Way Towards an Energy Union, University of Birmingham Working Paper, 2017, p. 22。

④ 参见 A. Belyi, International Energy Governance: Weaknesses of Multilateralism, International Studies Perspectives, Vol. 15, 2014, p. 314。

进行修改和完善的机会，如进一步明确 ECT 第 7（7）条与第 27 条程序之间的关系、细化 ECT 第 7 条第 6 款调解方的解释与评判权利、完善 ECT 争端过境争端解决机制的相关机构建设等。随着《国际能源宪章》的签署以及能源宪章的现代化进程的推进，国际能源宪章组织对能源过境制度的重视不减反增。"能源资源过境的多边框架协议"这一议题是国际能源宪章组织 2018 年以来的重点工作之一，以该任务为核心构建能源过境制度是国际能源宪章组织重塑制度优势，推进全球能源治理的重要内容。而 ECT 的过境制度则与其一脉相承，相关的过境条款、过境争端解决制度以及过境议定书等，必然成为拟起草和签订的"能源资源过境的多边框架协议"的基础。

本 章 小 结

俄乌之间的天然气争端既缘于两国经济利益的分歧，又受两国政治关系的影响，还与美国、欧盟等西方国家的地缘政治博弈有关。争端的爆发和延续深刻影响了这些国家的能源关系，使得各国间围绕能源问题的博弈成为常态，尤其牵涉到俄罗斯和欧盟这两个对 ECT 过境制度产生主要影响力的国家，不同的能源战略利益诉求和治理观念导致双方对 ECT 下过境争端解决机制持不同态度。对于欧盟来说，主要担心的是供应安全问题。这可以通过分割下游市场进而促进竞争来提高安全水平。因此，欧盟寻求一种治理制度来确保市场竞争。相比之下，俄罗斯的主要问题是需求的安全性，体现在对长期进入市场和上游资源的控制。因此，俄罗斯公司更倾向于一种限制竞争并涵盖过境安全的治理结构。这是导致双方难以就天然气过境制度达成一致的深层原因。

正如其他任何多边治理结构一样，有效的争端解决机制是发挥治理能力的关键因素。然而，ECT 下的过境争端解决机制的实践效果不佳，以及 ECT 过境议定书谈判的失败充分说明俄欧双方在能源治理方面的体制模式差异，进而扩大了 ECT 现有制度框架下有关过境条款的冲突，严重阻碍了 ECT 下与过境制度相关的多边进程。面对石油价格高涨和处于全球天然气需求增长时期这一客观现实，必然带来加强能源过境合作的预期，引发对能源宪章的现代化进程以及 ECT 过境争端解决机制的改革和未来发展的思考和讨论。

第六章　中国与油气管道
过境法律制度

　　"一带一路"倡议提出至今已逾八年。作为一项中国版的全球化战略,① 能源国际合作始终是"一带一路"的重要合作内容。准确认识和评估"一带一路"沿线区域的能源空间和地缘范围,顺应国际能源治理的市场竞争化、环境外部化和合作多边化趋势,逐步建立健全区域能源管道运输合作机制,将沿线区域油气管道合作纳于国际法律规制之下方是题中之义。

第一节　"一带一路"背景下中国的
能源过境运输合作

一、"一带一路"背景下的中国能源安全观

(一)"一带一路"的背景、目标和途径

　　"一带一路"倡议旨在重建和复兴海上和陆路贸易路线,鼓励增长和合作。通过资源共享和区域基础设施一体化,中国和所有的内陆及海上沿线国家都将受益。《愿景与行动》对"一带一路"建设的宗旨原则、合作机制、主要内容、战略部署等作出了权威阐释,提出"一带一路"建设"致力于亚欧非大陆及附近海洋的互联互通,建立和加强沿线各国互联互通伙伴关系,构建全方位、多

---

　　① 参见王卫星:《全球视野下的"一带一路":风险与挑战》,载《人民论坛·学术前沿》2015 年第 9 期,第 6 页。

层次、复合型的互联互通网络，实现沿线各国多元、自主、平衡、可持续的发展"。① 这意味着作为世界上最大经济体和能源消费国之一的中国，为应对全球经济放缓所提出的一项全新的、与地缘经济密切相关的外交政策概念，并以发展友邻关系作为中国外交战略的侧重点。② 在"一带一路"倡议里，能源合作是重中之重。在这一领域，中国的对外能源合作方式将从传统的双边层面向区域战略计划下的多边层面转变。

1. "一带一路"的建设背景是实现新一轮对外开放。从地缘上看，"一带一路"涉及包括中国在内的 65 个沿线国家和地区，覆盖人口 44 亿，地域范围贯穿欧亚大陆，东连亚太经济圈，西接欧洲经济圈，横跨不同文明与文化区域，战略内涵覆盖政治、经济、外交、安全等诸多领域。"一带一路"是要以中国巨大的投资贸易潜能促进地区合作，促进优势产能合作，在解决中国面临的经济问题的同时，促进地区安全与政治稳定。因此，该倡议的初衷是中国为了解决生产过剩、劳动成本提高、西部发展滞后而进行的新一轮对外开放。对此，中国期望在基础设施建设、政策、金融、贸易和人文五大领域增强与"一带一路"沿线国家的联系。

2. "一带一路"的建设目标对接国内，延伸周边。尽管"一带一路"关注于双边突破和多边合作，但是"一带一路"与中国国内的经济发展密切相关。国内的相关省份和地区在"一带一路"所涉各条经济走廊建设中均有着重要的作用和能量，③ 作为全方位的经济政策，国内经济的稳健发展对于推进"一带一路"建设至关重要，借助优势富余产能的外部合作助力其他国家经济

---

① 《推动共建丝绸之路经济带和 21 世纪海上丝绸之路的愿景与行动》之"时代背景"。

② 参见 Chen DongXia, China Aims to Set the Regional Cooperation Agenda. East Asia Forum, 27 July 2015. Available at http：//www. eastasiaforum. org/2015/07/28/china-aims-to-set-the-regional- cooperation-agenda/, last visited on Dec 30, 2020。

③ 参见宋国友：《"一带一路"战略构想与中国经济外交新发展》，载《国际观察》2015 年第 4 期，第 3 页。

发展，以周边首要、由远及近的战略布局开展积极主动的经济外交。

3. "一带一路"的建设途径为项目主导、政策支持。西方学术界和政界普遍认为，"一带一路"是中国自上而下、中央集中指导下的亚欧投资战略，涉及官方政策和财政支持。在实际操作中，"一带一路"通过一系列小型计划和工程项目实现中国对亚欧地区合作的未来规划，推动中国经济、外交和安全政策的发展，① 即"一带一路"依靠具体工程项目的实施予以推进，如果没有具体项目，也就没有中央的政策和财政支持。中国企业首先要获得项目，才能申请贷款或特殊政策的支持。这就解释了"一带一路"项目缺乏集中性，以及中国企业积极竞标海外投资项目的原因。

总地来说，"一带一路"是中国提出的庞大而又具有包容性的倡议，具有丰富的内涵和广阔的外延，而且一直处于不断发展之中，其核心目标是减少中国与周边国家经济的消极增长，以自身的开放换取其他经贸伙伴在贸易和投资领域的对我开放。② 从结果意义考量，"一带一路"建设所倡导的良好规则导向和良性国家关系将巩固和促进长期的地区政治稳定，进而促使中国从双边战略向多边政策转变，亚欧地区的地缘政治格局也将因此被重新定义。

（二）"一带一路"倡议背景下的油气管道合作

"一带一路"建设以"政策沟通、设施联通、贸易畅通、资金

---

① 参见 Pepe Escobar, The Eurasian Big Bang: How China and Russia are carving out their own world order, August 25, 2015, available at http://energypost.eu/eurasian-big-bang-china-russia-carving-world-order/, last visited on Dec 30, 2020。

② 参见刘慧、叶尔肯·吾扎提等：《"一带一路"战略对中国国土开发空间格局的影响》，载《地理科学进展》2015 年第 5 期，第 545～553 页；何茂春、张冀兵、张雅芃等：《"一带一路"战略面临的障碍与对策》，载《新疆师范大学学报（哲学社会科学版）》2015 年第 3 期，第 41 页。

融通、民心相通"为主要内容,主要关注四个方面,即基础设施建设、产业整合、金融机构和区域管理。能源合作是"一带一路"建设的切入点和突破口,[1] 一般也涉及这四个方面,其中,油气管道合作是基础设施建设的优先推进项目。

1. 能源交通基础设施建设是"一带一路"建设的基石。《愿景与行动》提出将"基础设施互联互通作为一带一路建设的优先领域",强调应"加强能源基础设施互联互通合作,共同维护输油、输气管道等运输通道安全,推进跨境电力与输电通道建设,积极开展区域电网升级改造合作"。[2] "一带一路"将大力拓展陆上集装箱贸易,增加地区在生产、交通、港口、公路、光缆、机场、能源基建和价值链层面上的共同利益。这些均与能源合作有直接或者间接的关系。而业已开展的中亚能源合作为"一带一路"建设奠定了坚实基础,也为进一步开展合作开辟了道路。在利用和完善现有本地交通基础设施的基础上,提升和扩大"一带一路"通道的运载能力、运行速度、运行效率和运载内容,提升基础设施的互联、互通水平,这将通过庞大、复杂的公路、铁路运输线路和能源管道网络设施建设完成,[3] 并使得中国与其他亚欧国家建立起更为紧密的经济联系。[4]

2. 油气管道建设与合作是"一带一路"基础设施建设的前站。"一带一路"优先推进基础设施建设,包括与能源相关的基础设施

---

[1] 参见庞昌伟:《能源合作:"丝绸之路经济带"战略的突破口》,载《新疆师范大学学报(哲学社会科学版)》2014 年第 2 期,第 11~13 页;赵华胜:《"丝绸之路经济带"的关注点及切入点》,载《新疆师范大学学报(哲学社会科学版)》2014 年第 3 期,第 27~28 页。

[2] 《推动共建丝绸之路经济带和 21 世纪海上丝绸之路的愿景与行动》之"合作重点"。

[3] 参见 Pepe Escobar, The New China-Europe Connection: How China's New Silk Road Strategy will Change the Face of the World, 23 December 2014, available at http://energypost.eu/new-china-europe-connection-chinas-new-silk-road-strategy-will-change-face-world/, last visited on Dec 30, 2020。

[4] 参见 E. Downs, Mission Mostly Accomplished: China's Energy Trade and Investment Along the Silk Road Economic Belt, China Brief, Vol. 15, 2015, p. 2。

建设，不仅包括油气管道、炼油厂、输电走廊、太阳能板等能源设施的建设，还涉及公路、铁路、港口等交通网络的建设。其中，油气管道建设与合作将成为推进"一带一路"基础设施建设的前站。一是目前中国与俄罗斯、中亚的石油天然气管道运行良好，这为发展沿线地区能源加工业和扩展能源运输通道奠定了良好的基础；二是中国的油气资源进口量的 88% 依赖海运，① 能源供应风险仍很大，油气管道合作空间有待提升。通过"一带一路"能源基础设施的互联互通合作，加强与俄罗斯、中亚、西亚的联系，一方面提高我国能源安全水平，将能源进口从过度依赖海上通道逐步转向海陆并存的多元化供应系统；另一方面提升过境运输能力，促进西部地区沿线节点城市建设进出口能源储运加工基地，进而形成新的产业基地和经济增长点。

（三）"一带一路"倡议背景下中国能源安全观的转变

作为世界第二大石油消费国，中国未来几十年的石油需求仍将迅速增长。随着国际能源局势的急剧变化和中国经济的快速发展，中国的能源安全形势日趋严峻，中国需要通过能源进口来源多样、能源生产替代和节能技术来确保能源供应安全。"一带一路"倡议的提出，体现了中国能源安全观念的转变，即能源合作领域多元化和海陆通道统筹化。

1. 能源合作领域多元化。"一带一路"的能源合作强调"形成能源资源合作上下游一体化产业链"，按照"优势互补、互利共赢的原则，促进沿线国家在新能源、新材料和现代信息技术等新兴产业领域的深入合作"，并在"一带一路"的规划中树立将中国打造为亚太最大的能源中转国的目标。这意味着"一带一路"倡议下中国的能源安全不仅关注能源供应的稳定性，还着力搭建区域能源合作平台，加快实现能源进出口多元化。通过与能源合作国建立直接对等的能源贸易关系，开拓更为广泛的能源贸易渠道，同更多的

---

① 参见毛汉英：《中国与俄罗斯及中亚五国能源合作前景展望》，载《地理科学进展》2013 年第 10 期，第 1433～1443 页。

新兴能源生产国建立贸易合作关系，开启更多的新兴能源贸易方式，构建亚太区域一体化能源消费市场，创造一个更高效更融合的能源网络，打造亚太地区集传统能源、新能源以及能源高科技为一体的工业体系。

2. 能源通道海陆统筹化。"一带一路"包括海陆两条主线，其沿线区域国家的能源经济状况不尽相同。丝绸之路经济带沿线所经过的国家多为能源富集区，如俄罗斯、中亚五国、阿塞拜疆，以及巴基斯坦、伊朗、中东和西亚地区。这些国家和地区大多以能源出口产业为能源经济支撑，但易受地缘政治影响并导致能源价格波动较大。海上丝绸之路所经过国家的能源经济状况更为复杂，其中包括马来西亚、印度尼西亚和文莱在内的东南亚等国油气资源丰富但缺乏良好的配套工业体系；东亚地区的韩国和日本本身能源资源匮乏，因而有很高的对能源进口的需求且作为发达国家其拥有较为发达的能源技术。"一带一路"的海陆统筹发展要求结合沿线各国的能源经济特点采取与之契合的合作方式。针对能源资源富但缺乏开发技术的国家，应加快能源管网的建设和能源开发投资项目的合作；与能源技术先进且消费需求高的国家，应增加能源技术交流合作，引进传统能源炼化和新能源开发等高新技术，大力发展清洁能源，推进可持续发展。通过海陆统筹发展将能源生产国、过境国和消费国相互连接起来，加快能源经济的融合，促进区域能源经济一体化进程。

二、"一带一路"沿线区域跨国油气管道建设与合作现状

中国目前是全球最大的原油进口国、排名第二的液化天然气进口国。2017 年中国的油、气对外依存度分别达 67.4%、39.8%，[1]且需求量还将持续攀升。目前，中国石油进口的前五大来源国分别

---

[1] 参见中国石油经济技术研究院：《2017 年国内外油气行业发展报告》，http://news.cnpc.com.cn/system/2018/01/17/001675468.shtml，最后访问日期：2020 年 12 月 30 日。

是俄罗斯、沙特、安哥拉、伊朗和阿曼;① 中国的天然气进口主要来源于澳大利亚、卡塔尔,东南亚的马来西亚、印度尼西亚以及中亚的哈萨克斯坦等国。② 值得注意的是,受页岩气革命的影响,美国目前油气产能暴增,出口能力加速扩张。2017 年,中国从美国进口的原油占美国原油总出口量的 20%,从美国进口的液化天然气总量占美国天然气出口总量的 15%,分别位列该排行的第二和第三。③ 虽然目前中美双方的油气投资合作尚处初步阶段,但发展空间广阔。目前,中国四大跨国油气管道输送格局已基本形成,"一带一路"沿线主要国家的油气管网系统已初具规模。

（一）中国四大跨国油气管道输送格局已基本形成

目前,中国西北、东北和西南方向的陆上跨境油气管道和东部海上油气通道共同构成中国油气进口战略通道。

1. 西北方向:主要由中哈原油管道和中亚天然气 A、B、C、D 线组成。

（1）中哈（中国-哈萨克斯坦）原油管道。该管道一期和二期已分别于 2005 年和 2009 年建成投运,是我国第一条跨国原油进口

① 2017 年,中国从俄罗斯、沙特、安哥拉、伊朗和阿曼进口的石油（原油）数量分别为 5980 万吨、5218 万吨、5043 万吨、3115 万吨、3100 万吨。https://baijiahao.baidu.com/s? id = 1600155555345888636&wfr = spider&for = pc,最后访问日期:2020 年 12 月 30 日。

② 国家发改委数据显示,2017 年我国共计进口天然气 955.47 亿立方米,进口管道天然气 3043 万吨,主要来源于土库曼斯坦、乌兹别克斯坦等;进口液化天然气 3813 万吨,主要来源于澳大利亚、卡塔尔等。http://www.chyxx.com/industry/201804/626694.html,最后访问日期:2020 年 12 月 30 日。

③ 位列美国原油出口前五位的国家分别是加拿大（29%）、中国（20%）、英国（9%）、荷兰（8%）、韩国（5%）;位列美国液化天然气出口前五位的国家分别是墨西哥（20%）、韩国（18%）、中国（15%）、日本（8%）、约旦（5%）。参见周伊敏、王永中:《中美石油贸易投资的状况、潜力和对策》,http://www.sohu.com/a/233182649_729263,最后访问日期:2020 年 12 月 30 日。

管道，全长 2834 公里，西起里海阿特劳，途经阿克纠宾，东至中哈边界阿拉山口。目前的输油能力为 2000 万吨/年，近五年实际平均年输量为 1200 万吨，实现了由哈萨克斯坦西部到我国新疆的全线贯通。

（2）中亚（中国-中亚）天然气管道。该管道由 A、B、C、D 四条线路组成，其中 A、B、C 线已分别于 2009 年、2010 年和 2014 年建成投运，全长约 1 万公里，A、B、C 三条管道的线路走向完全一致，西起土库曼斯坦，途经乌兹别克斯坦和哈萨克斯坦，至中国新疆的霍尔果斯入境后与西气东输二线管道相连，是全球最长的天然气管道。目前的总输气能力是 550 亿立方米/年，2014 年的实际输气量为 300 亿立方米左右。中亚天然气管道 D 线走向与 A、B、C 线有所不同，以土库曼斯坦为起点，经乌兹别克斯坦、塔吉克斯坦、吉尔吉斯斯坦，最后到达中国新疆。D 线设计输气能力为 300 亿立方米，目前在建，2020 年 1 月 D 线工程 1 号隧道项目已顺利贯通。A、B、C、D 四条管道均实现满负荷输量后，中国从中亚地区接受的天然气将达到 850 亿立方米/年，约占我国当前国内天然气产量的 60％左右。

2. 东北方向：主要由中俄原油管道、中俄东线天然气管道和中俄西线天然管道组成。

（1）中俄原油管道。该管道一线和二线已分别于 2011 年和 2018 年正式建成投运。一线全程 1030 公里，起自俄罗斯远东管道斯科沃罗季诺分输站，止于我国大庆末站，设计年输油量 1500 万吨；二线起自我国漠河首站，止于大庆末站，与一线并行铺设，全长约 940 公里，二线设计年输油能力 1500 万吨，二线建成后每年从东北通道进口的俄罗斯原油可提升至 3000 万吨。

（2）中俄东线天然气管道。中俄东线天然气管道项目于 2015 年开工建设，经俄远东地区至中国黑龙江省黑河市入境，设计年输气量 380 亿立方米，2019 年 12 月，中俄东线天然气管道正式投产通气，是我国目前口径最大、压力最高的长距离天然气输送管道。

（3）中俄西线天然气管道。中俄西线天然气管道拟穿越阿尔泰从中国新疆入境，该项目的合作协议尚在商谈之中，若能最终达成协议并按期投产，未来十年内，中俄天然气贸易量将超过 700 亿立方米。

3. 西南方向：主要由中国-缅甸原油管道和天然气管道组成。

（1）中缅原油管道。该管道于 2015 年投产运行，全长 2402 公里，管道起点位于缅甸西海岸皎漂港东南方的微型小岛马德岛，从云南瑞丽 58 号界碑处进入中国，延伸到贵州安顺后北上在重庆长寿收尾，设计输送能力为 2200 万吨/年，相当于 2017 年中国原油进口总量 4.2 亿吨的 1/18 左右。该项目可使原油运输不经过马六甲海峡，从西南地区输送到中国。

（2）中缅天然气管道。该管道于 2013 年正式投运，和中缅原油管道一样均起于缅甸西海岸皎漂港，并肩延伸至云南瑞丽进入中国，至贵州安顺分道南下在广西南宁结束，年输气能力为 120 亿立方米，相当于 2017 年中国天然气进口总量的 15%。

4. 东部海上油气通道。中国海上能源通道主要是从非洲①、中东②、东南亚③通过海上运输将能源送至东部沿海一带。由于中国地处东亚，海上能源道道线路单一且航距漫长，目前中国石油进口量中 70% 以上来自中东和非洲等地，绝大部分石油仍需通过海上运输，在其他新航线未开辟的情况下，苏伊士运河-印度洋-马六甲海峡-南海是东部海上油气输送的必经之路。

综上，目前我国陆上西北、东北和西南三大方向的跨境油气管道全面建成投运且达到高峰输量后，通过陆上原油管道向中国的输油量可达到 7200 万~9200 万吨/年，占全国年消费量的 20% 左右；

---

① 非洲航线分为两条。一条是由北非地区出发，从地中海起航，经过苏伊士运河和红海，穿过曼德海峡，再过亚丁湾，入阿拉伯海，渡过印度洋，由马六甲海峡进入南中国海；另一条由西非地区出发，经过好望角，入印度洋，从马六甲海峡进入南中国海。参见张明明：《论中国海上油气通道安全》，载《当代世界》2015 年第 3 期，第 66 页。

② 中东航线从波斯湾出发，穿过霍尔木兹海峡，经阿拉伯海进入印度洋，再从马六甲海峡抵达中国南海地区，最终经台湾海峡到达中国。

③ 东南亚航线经马六甲海峡和台湾海峡到中国。

通过陆上天然气管道向中国的输气量可达 1650 亿立方米，占全国年消费量的 60% 左右。从以上数据可知，进口原油主要还是依靠海上通道，进口天然气的陆路运输通道已占优势，预计这种格局还将在未来保持较长一段时期。

（二）以俄罗斯为中心辐射欧亚的油气管道

作为重要的油气资源国，俄罗斯原油大多通过管道出口，大部分俄罗斯原油出口到欧洲国家，主要是德国、荷兰、白俄罗斯和波兰；一小部分俄罗斯原油出口到亚太地区，中国和日本在俄罗斯出口总额中所占份额持续增长。俄罗斯主要输油管道有德鲁兹巴石油管道（Druzhba）①，波罗的海管道系统（BTS）②，里海财团管道（Caspian Pipeline Consortium，CPC）。③ 俄罗斯出口天然气主要通过输气管道运往欧洲，其中大部分天然气运往德国、土耳其、意大利、白俄罗斯和乌克兰，剩余的天然气大部分通过液化天然气形式出口到亚洲。俄罗斯主要输气管道有国家天然气管道④，亚马尔-

---

① 又称"友谊"石油管道，总长 2500 英里，于 1964 年建成，是世界上最大的原油管道工程之一。输送起点位于俄罗斯萨马拉州，在白俄罗斯形成北部和南部支线。管线分为南北两线，年输油能力合计 1.2 亿吨，约占俄罗斯出口原油的 40%。

② 包括波罗的海 1 号和 2 号管道系统，总长 1350 英里，分别于 2001 年和 2012 年完工。该管道东起雅罗斯拉夫尔，西到波罗的海港口，2 号系统将"友谊"石油管道同俄波罗的海沿岸港口相连，使俄罗斯石油出口可以主要通过本国港口实现。年输油规模 6500 万吨，约占俄罗斯出口原油的 20%。

③ 该管道于 2001 年投产，全长 1511 千米，连接哈萨克斯坦的田吉兹油田和俄罗斯的新罗西斯克港，通过黑海出口原油。年输油能力 2000 万 ~ 3500 万吨。

④ 又称"兄弟"天然气管道，总长 4451 公里，是苏联时期建成的经乌克兰通往欧洲的主要天然气管道，该管道起于俄罗斯西部的纳德姆气田，经乌克兰至斯洛伐克后分为两条支线，一条输往捷克、德国、法国、瑞士等国家；另一条输往奥地利、意大利、匈牙利等多个欧洲国家。年输气能力为 240 亿立方米。约占俄罗斯出口天然气的 10%。

欧洲输气管道①，蓝溪管道②和北溪管道。③

（三）中亚-里海地区东西向油气运输管线呈现博弈状态

里海地区油气资源丰富。然而，因里海的法律性质未定④，中亚-里海地区处于管线博弈状态，管线能源运输以西向为主，里海地区国家天然气资源潜力超过石油资源，但大多没有自己的天然气出口，中亚地区 93% 左右的天然气出口方向和出口管道由俄罗斯控制。其中，西向石油出口管道有四条，即巴库-杰伊汉-第比利斯

---

① 亚马尔-欧洲天然气管道全长约 2000 公里，经输气管道，主要输气到德国和其他欧洲国家。管道于 1999 年投运，设计年输气能力 330 亿立方米，2010 年实际输送能力达到 657 亿立方米。该管道的建设优化了俄罗斯天然气的出口流向，提高了向欧洲供气的灵活性。

② 蓝溪天然气管道是穿越黑海海底连接俄罗斯和土耳其的输气管道，全长 1213 公里，于 2002 年投运，2010 年达到 160 亿立方米，供气时间为 25 年，满足土耳其国内 80% 的天然气需求。

③ 北溪海底输气管道是世界第一个跨海直接连接西欧大陆和俄罗斯的管道工程，双线敷设，单管道长 1224 公里，东起俄罗斯维堡，最终抵达德国。共分两条线路，第一条于 2011 年运营，年供气能力 275 亿立方米，第二条于 2012 年完工，管道系统年输气能力提高至 550 亿立方米，可满足欧洲 10% 的天然气需求。该管道使俄罗斯减少对乌克兰、波兰等输气过境国的依赖，主要为德国、丹麦、荷兰、比利时、法国和英国输送天然气。

④ 里海地处欧亚大陆结合处，水域面积近 40 万平方公里，岸线长度超过 7000 公里。苏联解体后，里海沿岸国由苏联和伊朗变成了俄罗斯、阿塞拜疆、哈萨克斯坦、土库曼斯坦和伊朗。在过去的二十年间，这五国围绕里海是"海"还是"湖"以及如何分享里海资源等问题产生严重分歧。其中，俄罗斯和伊朗主张里海是"湖"，意在通过共有和均分获得更大范围的管辖水域和更多的生物与非生物资源；阿塞拜疆和哈萨克斯坦认为里海是"海"并主张适用《联合国海洋法公约》，意图以此沿岸大陆架划界和海洋资源划分中谋得更多利益；土库曼斯坦的主张则多次发生摇摆和变化。2018 年 8 月 12 日，上述五国在哈萨克斯坦签署了《里海法律地位公约》（Convention on the Legal Status of the Caspian Sea），按照该公约，里海拥有"特殊的法律地位"，里海水面主要区域将由相关各国共同利用，海底和地下资源，则由相邻国家在国际法的基础上根据彼此间达成的协议来进行划分。该公约被视为新条件下各国之间合作的开端。

石油管道（BTC），巴库-苏普萨石油管道（Baku-Supsa），巴库-新罗西斯克石油管道（Baku-Novorossiysk）和里海财团管道。西向天然气管道包括中亚-中心管道（CAC）和南高加索天然气管道（SCP）。上述管线中，巴库-杰伊汉-第比利斯石油管道由美国主导，巴库-新罗西斯克石油管道和里海财团管道则由俄罗斯掌控，南高加索天然气管线和巴库-杰伊汉-第比利斯石油管道路线基本相同。此外，近年来向东修建的中哈原油管道和中亚天然气管道等，一定程度上改变了里海地区完全向西的油气运输方向，基本形成中亚-里海地区东西向油气运输走廊。

（四）中东油气管道受周边局势和地缘政治力量角逐的影响较大

中东地区是全球油气资源最丰富的地区，但大多经过霍尔木兹海峡运输。资源富集而通道有限使得该地区极易受到周边战乱局势和美俄等大国地缘战略角逐的影响。目前，中东地区主要的油运输管道有阿联酋境内的输油管线，沙特阿拉伯境内的东西向管线和沙特阿拉伯境内的输油管线。主要的天然气运输管道有伊朗天然气支线网络和阿拉伯天然气管道。

通过上述对"一带一路"沿线区域油气管道现状的梳理可以发现，管线分布与油气资源储量和生产密不可分，管道建设呈现由资源产地向消费地发散的趋势。推进跨境油气管网建设与合作，完善区域能源基础设施建设网络是形成一体化消费市场的前提，且对维护地区安全和经济发展意义重大。

三、"一带一路"之能源空间与地缘范围分析

"一带一路"所辐射的沿线区域范围广泛，涉及包括中国在内的65个沿线国家和地区。结合当前管道分布现状和沿线区域国家的油气资源禀赋，对"一带一路"下的油气管道发展格局和合作方向应分清主次，以点带面，谋篇布局。

（一）中国是"一带一路"能源通道的驱动点

中国是"一带一路"倡议的发起者，在"一带一路"下的"油路"布局与合作上要负担起驱动和引导的责任。

之所以说"驱动"，是源于中国稳定的经济发展预期，以及由此产生的巨大且有潜力的国内油气消费市场。2017 年，中国的油气进口量持续上升，包括原油、成品油、液化石油气和其他产品在内的石油净进口量达到 4.188 亿吨，比 2016 年上升 10.7%。2017 年中国原油进口量为 4.2 亿吨，超过美国成为全球最大的原油进口国。① 如果没有中国市场的巨大需求和支撑，"油路"未来的建设便会失去驱动力。因此，中国应在"一带一路"能源通道的建设和合作中承担驱动和引擎力量。

之所以说"引导"，是因为中国在"油路"建设上还应扮演"设计者"的角色，研究提出油气通道建设与合作的顶层设计方案。"一带一路"能源合作机制的实现倚赖于各国能源互补的客观需求，并迫使各国从合作的角度来考量和寻求能源安全问题的解决，以此实现能源合作互利的结果。② 要实现这种合作互利就要使合作各方产生相互间的制约关系：一是通过规则产生互信和制约；二是中断已存在的能源合作关系将给各方带来损害。③ 尤其是当前，南海作为中国油气供给体系中最为关键也最为薄弱的环节在"一路"建设中发挥着核心作用。南海海域既是中国和东盟相关国家的"战略敏感区"，也是美国的"战略利益和觊觎区"。因此，"一带一路"的能源通道建设要重视规则导向和顶层设计，走向"合作共赢"的"非零和博弈"能源合作关系。

----

① 参见田春荣：《2017 年中国石油进出口状况分析》，载《国际石油经济》2018 年第 3 期，第 10 页。

② 参见［美］詹姆斯·德·代元主编，秦治来译：《国际关系理论批判》，浙江人民出版社 2000 年版，第 68 页。

③ 参见［美］罗伯特·基欧汉著，苏长和、信强、何耀译：《霸权之后：世界政治经济中的合作与纷争》，上海人民出版社 2006 年版，第 4、79 页。

(二) 俄罗斯是"一带一路"能源通道的着力点

中俄双方在油气合作领域的巨大互补性和合作空间，注定了俄罗斯必将成为"一带一路"油气合作的"着力点"。在推动建设"一带一路"能源通道的过程中，俄罗斯有能力、也有愿望发挥至关重要的作用。

自 20 世纪 50 年代，俄罗斯油气管道输送行业高速发展，如今已建成世界上最发达的油气管网之一。截至 2016 年底，俄罗斯油气管道总里程超过 25×10^4 km，其中天然气管道 17.8×10^4 km，原油管道 5.4×10^4 km，成品油管道 1.7×10^4 km，分别占世界相应管道总里程的 14%、14%、7%。[1] 俄罗斯油气资源丰富，油气勘探程度低，是所有大国中唯一在主要的自然资源方面能够自给自足的国家。多年来，俄罗斯始终是世界主要的能源生产和出口大国，连续多年石油开采及出口居世界前两位。2017 年俄罗斯石油产量（含凝析气）同比下降 0.3%，总额为 5.46 亿吨，出口石油 2.57 亿吨，同比增长 1%，[2] 其中对中国出口约 0.59 亿吨，占其出口总量的 22%，占中国原油进口总量的 14.24%；[3] 2017 年俄罗斯天然气产量同比增长 8.7%，总额为 6040 亿立米，[4] 对独联体以外国家的出口增长 8.4%，达到 1944 亿立方米，其中四分之三出口到欧洲

---

① 参见梁萌、柯翔、陈欢等：《俄罗斯石油管道体系及出口现状》，载《油气储运》2017 年第 10 期。

② 参见中华人民共和国商务部网站，http：//www.mofcom.gov.cn/article/tongjiziliao/fuwzn/oymytj/201801/20180102697358.shtml，最后访问日期：2020 年 12 月 30 日。

③ 2017 年，中国原油进口前五大来源国是俄罗斯、沙特阿拉阿伯、安哥拉、伊拉克和伊朗，进口份额分别占比 14.24%、12.43%、11.11%、8.78% 和 7.42%，其中俄罗斯和沙特阿拉伯的增幅最快，分别为 24.98% 和 28.90%。http：//www.china-nengyuan.com/news/122979.html 最后访问日期：2020 年 12 月 30 日。

④ 参见中华人民共和国商务部网站，http：//www.mofcom.gov.cn/article/tongjiziliao/fuwzn/oymytj/201802/20180202709064.shtml，最后访问日期：2020 年 12 月 30 日。

国家，对中国出口液化天然气 5.94 亿立方米，占中国液化天然气进口总量的 1.12%。① 因此，从能源管道数量、油气资源储量及出口能力来看，俄罗斯有稳定地为中国大量提供石油、天然气和煤炭等化石能源的能力。

从经济结构和政治利益角度来看，俄罗斯经济结构相对单一，高度依赖石油工业，油气收入占经济总量的 60% 以上，为抵抗西方制裁和低油价竞争，在国际力量对比上与美国抗衡，俄罗斯有愿望加大与中国和中亚国家在能源领域的合作，进而成为"一带一路"能源通道建设的重要力量。2014 年以来，中国与俄罗斯过去 20 来年"不给力"的油气合作开始加速，中俄不仅签署了 3000 万吨/年的长期供应协议，多年来"屡谈不拢"的中俄东线天然气管道"意外"突破并迅速签署协议，中俄西线天然气管道建设项目的谈判也有了实质性进展，有"冰上丝绸之路"之称的亚马尔液化天然气项目于 2017 年底正式投产，未来中俄能源合作将进一步加强地缘优势和能源供需合作。由于俄罗斯和中亚国家在历史上的特殊关系，中亚地区是俄罗斯能源出口多元化战略中重要的一环。加强在中亚能源市场的存在不仅可以给俄罗斯带来巨大的经济利益，还在俄罗斯进一步实施能源外交战略中占据重要力量。因此，不论是地缘上，还是资源、市场上，乃至国家关系上，中、俄之间的油气合作潜能将成为"一带一路"能源通道建设提供很好的助力。

（三）中亚地区是"一带一路"能源通道的支撑点

中亚地区包含中亚五国（土库曼斯坦、吉尔吉斯斯坦、乌兹别克斯坦、塔吉克斯坦、哈萨克斯坦）和阿塞拜疆。中亚地区既有的油气管道合作基础和该地区的未来合作潜力，使得该地带成为"一带一路"能源通道的支撑点。

中亚地区油气资源丰富，未来油气合作潜力巨大。中亚油气资

---

① 参见中国新能源网，http://www.china-nengyuan.com/news/126673.html 最后访问日期：2020 年 12 月 30 日。

源储量仅次于中东和俄罗斯,居世界第三位。里海地区更是被称为"第二中东",其中石油资源储量主要集中于哈萨克斯坦,天然气资源储量主要集中于土库曼斯坦、哈萨克斯坦与乌兹别克斯坦。阿塞拜疆不仅油气资源丰富,更是里海地区连接东西方的最重要的能源战略通道国之一。塔吉克斯坦和吉尔吉斯斯坦虽然缺乏油气资源,但却是主要的油气管道过境国,在"一带一路"的能源通道建设上这六国可谓缺一不可。从当前"一带一路"油气合作已经取得的成果来看,中亚六国是能源通道建设上基础最好且最具实力的地区。中哈石油管道项目和中国-中亚天然气管道项目,已成为中国开展管道项目合作的成功范例。即将完工的中国-中亚天然气管道 D 线将使中亚地区与中国更加紧密地联系起来。环里海的油气资源通过累计 6000 余公里的境外油气管道,与中国巨大的油气消费市场相衔接,成为"一带一路"能源通道的有效载体。此外,中亚地区是欧亚大陆的核心组成部分,连接着全球的"第一大油库"中东地区。这一重要的地缘优势也使得这一地带成为"一带一路"能源通道建设的核心合作区。

未来中国与中亚地区国家的油气管道区域合作,还存在地缘政治、经济等诸多复杂因素相互交织的影响。如何通过管道合作保障供气国、管道过境国和消费国的不同利益,实现多元化管线合作,增加供气国、管道过境国收入,扩大就业,提振经济,共同抵御金融危机;如何通过依托油气管道这种特殊的介质,进一步加强各国之间的安全合作,打击恐怖势力,增进整个中亚地区的稳定与和平;以及如何应对复杂多变的国际环境和各大国在这一地带的政治角逐,推进区域合作稳步前进等问题,都有待在"一带一路"能源通道建设合作中寻求解决。

(四)南亚地区是"一带一路"能源通道的提升点

南亚地区包含印度、巴基斯坦、孟加拉国和阿富汗四个国家。过去中国与南亚国家的油气合作没有受到充分重视,是"一带一路"能源通道建设上的弱点,因此也是提升点。

印度是南亚地区的核心国家。自 2000 年以来,印度经济保持快速发展，这使得其和中国一样成为能源消费和进口大国，尽管拥有丰富的化石燃料资源，但是印度的能源消费越来越依赖进口。在管道设施方面，由于印度大多数原油都来自油轮进口和海上油田，其原油管道铺设较少；印度的跨境天然气管道项目数量也较少，至今仅和土库曼斯坦之间有一项进口天然气管道项目，以美国主导的土库曼斯坦-阿富汗-巴基斯坦-印度（TAPI）天然气管道项目虽然经历了长达十年的讨论并签署了框架协议，但是因地缘风险、技术挑战以及缺乏投资等问题并未能真正实施。对于印度来说寻求能源进口来源的多元化是其迫切需求，但是长期以来，中印政治关系并不平稳，印度一直将中国视为最大的潜在竞争对手，甚至是敌对国家。然而，一带一路的能源通道建设需要印度的参与，中国周边国家油气供应体系的安全顺畅对于中国的能源安全非常重要。

孟加拉国石油资源匮乏但天然气资源较丰富，孟加拉湾海域潜在的天然气储量不可小觑，但政治动荡和能源危机是该国目前的主要问题。目前该国正在大力推进天然气勘探开发和进口设施建设，未来天然气产能和合作机会将进一步扩大。阿富汗虽然缺油少气，且其国内局势动荡，但是作为连接欧亚大陆和中东的"战略要冲"，阿富汗是中亚-俄罗斯东南方向油气管道的必经之地，可将里海石油经阿富汗送至巴基斯坦、印度和东亚市场，是里海石油潜在的"中转站"，也是"一带一路"油气管道通道建设必须的节点国家。巴基斯坦作为中国的"全天候"伙伴，在油路建设上也会发挥应有作用。

除了上述四个南亚国家外，位于东南亚地区的缅甸在文化上受到南亚影响较大，是东南亚地区重要的天然气生产国。中缅原油管道项目为中国从中东和非洲进口石油开辟了一条陆上通道。然而，缅甸部分地区安全局势不稳，资源民粹主义抬头给能源合作带来了潜在的社会风险，因此也是"一带一路"能源通道建设的提升点。

（五）中东、北非地区是"一带一路"能源通道的突破点

中东地区位于地中海东岸的西亚部分；北非国家虽然坐落在非洲，但在历史、政治、经济和文化各方面都和西亚关联密切。严格

来讲，中东、北非地区处于"一带一路"地缘范围的外围地带，但中东地区的油气储量占全球油气总储量的 60% 以上，其仍是"一带一路"能源通道建设的重要保障。

由于地处亚、欧、非三大洲的结合部，中东、北非地区是地理位置和东西方文明交汇的"双十字路口"①，因而成为世界公认的地缘政治最复杂、国际局势最动荡的地区。也正因此，该地区是"一带一路"倡议推进过程中绕不开的枢纽站。我国在这一地区的能源合作具有一定的基础，尤其是与沙特阿拉伯等国一直保持着良好关系，油气合作相对较为稳定；而与伊拉克、伊朗、利比亚等国的能源合作却因这些国家政治局势的变化不同程度受到影响。近20 年来，中国企业在中东、非洲开展了大量的石油投资。作为全球的油气资源重心，未来中国企业在这两大区域的投资与合作强度不会亚于中亚、俄罗斯、南亚等中国周边地区。此外，作为我国海上丝绸之路战略的重要节点之一，东非地区近年来已成为中东非洲地区乃至世界油气资源储量增长的热点地区，与北非和西非地区相比，由于东非地区油气勘探不足，勘探强度较低，因而东非油气资源产量未来将具有较大增长空间。

第二节　中国的油气管道过境法律现状

跨境能源管道涉及出口国、过境国、进口国等多方的实质性合作。目前我国的油气管道过境制度包括国内法上的《石油天然气管道保护法》（以下简称《管道保护法》）和国际法上的政府间协议条约，如双边性质的管道项目合作协议和多边性质的国际条约。

一、油气管道过境的国内法律制度

在国内法上，与油气管道管理相关的法律规范包括两类，一类

---

① 参见李绍先：《中东大乱局及"一带一路"背景下中国的应对》，载《领导科学论坛》2016 年第 18 期，第 18 页。

是与管道建设管理相关的安全、环保、消防、文物等国家现行法律法规，另一类是与管道建设、站场与相关设施以及构筑物安全间距等相关的行业规范。从法律规范的效力等级和与管道过境活动联系的紧密程度来看，《石油天然气管道保护法》（以下简称《管道保护法》）和《中华人民共和国环境影响评价法》（以下简称《环境评价法》）是这方面最主要的国内法律制度。

（一）2010 年颁布的《石油天然气管道保护法》

2010 年施行的《管道保护法》是我国现今唯一一部对能源管道相关问题进行明确规范的法律。① 该法围绕油气管道的规划、建设、运行、安全保护等问题给予了明确规定，旨在保护石油、天然气管道，保障石油、天然气输送安全以及维护国家能源安全和公共安全。作为一部专门法，《管道保护法》构建了我国的油气管道保护体系，共 61 项条款，分为总则、管道规划与建设、管道运行中的保护、管道建设工程与其他建设工程相遇关系的处理、法律责任和附则六章，它主要包含以下内容：

一是明确了管道公司的责任和义务。管道企业是管道保护第一责任人，管道公司必须坚持国家行政部门的领导与督查，按照法律的规定行使职责，维护运营的顺利。它要求管道公司从管道铺设、竣工验收、到运营管理，再到定期巡检和维护各个环节着手，预防可能发生的管道安全事故。②

二是规定了相关政府机构管道运输管理方面的责任。该法采用了由国家能源局负责，其他行政机关配合的政府责任分配方式。国家能源局负责整个国家辖区内的与管道相关的研究、规划、铺设的确定以及线路位置等工作，并调整同其他项目的冲突；地方各级能

---

① 该法由中华人民共和国第十一届全国人民代表大会常务委员会第十五次会议于 2010 年 6 月 25 日通过，自 2010 年 10 月 1 日起施行。此前由国务院于 2001 年颁布的《石油天然气管道保护条例》自 2011 年 1 月 8 日起废止。

② 参见《管道保护法》第 7、12、16、22、23、24 条。

源管理部门的职责限于"领导，督促、检查、组织排除重大外部安全隐患"，并有权对危害管道运输安全的行为予以处罚；其他各级行政机关遵循能源局的指示，采取相应措施开展工作。①

三是确实维护并保障相关涉及主体的权益。它规定管道公司因铺设管道所占用的土地必须给予相关主体合理合法的经济补偿，造成他人损失的必须赔偿；同时对管道铺设和环境问题予以了关注，提出管道铺设必须要适应生态的平衡性，要求规划铺设之前必须采取环境影响评价机制，只有在符合的情况下实施管道的相关工作。②

四是规定了针对管道安全事故的预防措施和应急处理机制。该法规定了一系列可能危及管道安全的禁止性行为，引入了相关国家技术规范的强制性要求，以及一旦发生管道安全事故，管道企业和相关机构的应急预案启动和后续处理程序。③

《管道保护法》解决了我国油气管道保护工作无法可依的局面，其主要内容体现了切实关注并维护相关主体利益的立法原则，对影响和危害管道保护的行为规定得较为明确。

（二）2016年修订的《中华人民共和国环境影响评价法》

2016年修订的《环境评价法》④ 旨在实施可持续发展战略，通过对规划和建设项目实施后可能造成的环境影响进行分析、预测和评估，预防因规划和建设项目实施后对环境造成不良影响，促进

---

① 参见《管道保护法》第4、5、6、10、11条。
② 参见《管道保护法》第13、26、27条。
③ 参见《管道保护法》第28~43条。
④ 《环境评价法》由第九届全国人民代表大会常务委员会第三十次会议于2002年10月28日修订通过，自2003年9月1日起施行，2016年7月2日第十二届全国人民代表大会常务委员会第二十一次会议对该法重新修订。该法共37条，分为总则、规划的环境影响评价、建设项目的环境影响评价、法律责任和附则五章。

经济、社会和环境的协调发展。① 由于管道铺设与运营可能对环境造成重大影响，环境影响评价制度将从法律制度的角度来降低和防治能源管道建设和运营过程中有可能造成的环境损害。

根据《环境评价法》的规定，管道项目的规划和建设都要进行环境评估。对于管道项目规划的环境评估，由项目主管部门在该专项规划草案上报审批前，组织进行环境影响评价，并向审批该专项规划的环境保护行政主管部门提出环境影响报告书。未编写有关环境影响的篇章或者说明的规划草案，审批机关不予审批;② 对于管道项目建设的环境评估，由建设单位按照国务院的规定将建设项目的环境影响报告书、报告表报有审批权的环境保护行政主管部门审批，国家对环境影响登记表实行备案管理。建设项目的环评文件未依法经审批部门审查或者审查后未予批准的，建设单位不得开工建设。③

作为一种行之有效的环境管理制度，环境评价制度对于预防和治理因管道项目所导致的环境损害问题有着积极作用，但是从该制度的实施效果来看仍有很多短板，其中，建设单位违法成本低、守法成本高，评价制度中的公众参与不完善，缺乏有效替代方案以及审批信息公开不足等制度问题较为突出。如何协调管道建设和环境保护之间的关系、发挥环评制度的良效，有待在制度层面予以完善。

除了上述和油气管道过境联系最直接的两部法律之外，在国内法上，还有一些行政法规和部门规章与油气管道过境制度相关，如2017 年 9 月由国务院修订实施的《建设项目环境保护条例》。需要注意的是，2015 年 5 月国家安监总局明确废止了《石油天然气管道安全监督与管理暂行规定》，修改了《危险化学品输送管道安全管理规定》的使用范围，有关原油、成品油、天然气、煤层气、

---

① 参见《环境评价法》第 1、2 条。
② 参见《环境评价法》第 7 条。
③ 参见《环境评价法》第 22、25 条。

煤制气长输管道的安全保护将不再适用该规定。

二、油气管道过境的双边合作协议

（一）双边投资协定为油气管道合作奠定了积极的政治基调

截至 2016 年 12 月，我国与世界上的 104 个国家签署了双边投资条约（BITs），① 这些条约是在国际法范围内促进和保护外国直接投资（FDI）的主要法律文书，为我国开展跨境油气管道合作奠定了政治基础。自 1982 年我国与瑞典签署第一份双边投资协定以来，中国对外签署的双边投资协定在不同的时间阶段上表现出两种不同的政策取向。在 1978 年实施改革开放政策后不久的第一阶段，中国在双边投资条约实践方面相当保守，反映出其对国际法的怀疑和对国家主权问题的谨慎态度。在该阶段，中国双边投资协定的政策重点在于保护和促进内向投资而非外向投资，国民待遇条款很少纳入双边投资条约，且中国只允许就征收补偿金额的争议进行国际仲裁。随着 1998 年中国引入"走出去"的投资发展战略，中国对外直接投资政策和国际法自由化的发展轨迹平行，中国开始加强对外直接投资（OFDI）的发展势头。随着中国企业在拉美和非洲市场取得成功，新自由主义的经济和贸易措施得到了更多的政治支持。尤其是 2001 年中国加入世界贸易组织，政府推出"走出去战略"，鼓励中国企业在国际市场上竞争，也吸引了更多到中国的外国直接投资。在此背景下，此阶段新签订的双边投资条约纳入了国民待遇和完全国际仲裁等条款，中国的双边投资条约实践采取了对国内和海外直接投资更加均衡的方法。

中国与"一带一路"沿线区域主要国家都签订了双边投资协定，其中与中亚国家签订的双边投资协定大多可以追溯到 1992 年和 1993 年，只有乌兹别克双边投资协定在 2011 年更新，中国与沙

① 参见中华人民共和国商务部条约法律司关于"我国对外签订双边投资协定一览表"，http：//tfs. mofcom. gov. cn/article/Nocategory/201111/20111107819474. shtml，最后访问日期：2020 年 12 月 30 日。

特阿拉伯、埃及、以色列等中东地区国家签订的双边投资协定的时间也是在 1995 年左右。因此，除了乌兹别克斯坦以外，国家待遇标准没有出现在与这些国家的双边投资协定中，且仅限于投资者与国家有关补偿金额的争议才能提交国际仲裁。中国与俄罗斯于 2006 年签署了《中华人民共和国政府和俄罗斯联邦政府关于促进和相互保护投资协定》，① 中国与印度、缅甸等南亚国家签署的双边投资协定都在 2000 年以后，这些协定都规定了相互给予国民待遇和最惠国待遇以及争议处理的完全仲裁条款，在征收和投资与收益汇回等条款方面体现出更为公平、自由的激励投资取向，为双方开展油气管道合作奠定了积极的政治基调。

（二）谅解备忘录和政府间协议是油气管道合作的主流合作框架

中国和"一带一路"沿线区域国家在油气管道合作领域的主流合作框架是谅解备忘录（MOU）和政府间协议（IGAs），几乎所有的油气管道合作项目都是以此方式来搭建相应的法律框架。

1. 谅解备忘录。大多数谅解备忘录在不同层面双边签署，没有法律约束力，只是在互惠互利的基础上阐述能源行业合作与油气管道合作的总体意图。其中，有一些是在政府层面签订的，如中缅双方于 2009 年 6 月签署《中国石油天然气集团公司与缅甸联邦能源部关于开发、运营和管理中缅原油管道项目的谅解备忘录》；中俄双方于 2014 年签订的《关于通过中俄西线管道自俄罗斯联邦向中华人民共和国供应天然气领域合作的备忘录》。还有一些是在相关的企业层面签订的，如 2000 年的《中国石油天然气集团公司和俄罗斯联邦能源部管道运输公司、尤斯科石油公司关于准备中俄原油管道项目可行性研究协议的谅解备忘录》、2006 年的《中国石油天然气集团公司与俄罗斯天然气工业股份公司关于从俄罗斯向中国

---

① 参见《中华人民共和国政府和俄罗斯联邦政府关于促进和相互保护投资协定》，http://images.mofcom.gov.cn/tfs/201804/20180410163854155.pdf，最后访问日期：2020 年 12 月 30 日。

供应天然气的谅解备忘录》。虽然谅解备忘录一般并不创设具体的权利义务，但作为缔约双方表达合作诚意的一种手段，其往往是签订正式条约的前奏。

2. 政府间协议。政府间协议是由合作各方的政府签订，在签约国之间发生法律效力，是对缔约国的政府行为产生约束力的国家间的条约。协议本身由国际条约法调整，如果发生违约行为，则由违约方承担国际法上的法律责任。在跨境油气管道合作中，政府间协议是最重要的法律文件。根据协议内容和油气管道合作的直接关联性，可将政府间协议分为以下三类。

一是总括性政府间协议。此类协议通常为涵盖能源相关价值链所有部分的长期性双边协议，为合作方在能源领域开展全面、长期、稳定的合作奠定了法律基础，涉及合作的原则、领域和方式等方面的内容，如 2004 年 5 月中哈双方签订的《油气领域全面合作发展的框架协议》、2015 年 4 月中俄双方签订的《中俄石油领域合作政府间协议》。

二是专门性政府间协议。此类协议通常与具体的能源基础设施项目直接相关，也是一项具体的油气管道合作项目的核心法律文件，内容一般包括管道项目地理位置、执行单位、合作方式、设计输油/气能力、管输费和路权费等。例如，2003 年至 2006 年，中国、哈萨克斯坦、乌兹别克斯坦和土库曼斯坦签署了《关于建设和运营中亚天然气管道的合作协议》，2009 年中缅双方政府签订的《关于建设中缅原油和天然气管道的政府协议》。

三是专业性政府间协议。此类协议一般就油气管道项目中的某类专门事项作出规定，如海关监管、项目融资等，对油气管道项目的顺利实施起到辅助和协调作用。例如，中哈两国政府于 2006 年 12 月签订的《关于对通过中哈边境管道运输能源的海关监管协定》；2010 年 2 月，双方海关在边境领导人会议期间签署的《中华人民共和国乌鲁木齐海关与哈萨克斯坦共和国阿拉木图州海关对管输天然气进行联合监管的暂行规则》；2010 年 6 月 24 日哈萨克斯坦总统纳扎尔巴耶夫签署的《哈萨克斯坦与中国政府间对管道能源运输实施边境海关监管的协议》等。

（三）东道国协议和企业间协议是油气管道合作的具体法律文件

在政府间协议所确定的合作项目及事项的基础上，为进一步商定和实施协议项下的具体合作项目，一般会由管道项目公司和东道国政府部门签署落实东道国协议，或由双方的相关企业签署具有较强操作性和涉及项目具体内容的企业间协议。

1. 东道国协议。东道国协议由管道项目实施方和东道国政府的代表通过谈判而订立，从法律性质来看，其既非国内法上的契约，又非国际法主体之间的条约，而属于"准国际协议"。[①] 例如，2009 年中国石油天然气集团公司和缅甸联邦能源部签署的《中国石油天然气集团公司与缅甸联邦能源部关于开发、运营和管理中缅原油管道项目谅解备忘录》以及《中缅原油管道权利与义务协议》，主要内容包括：缅甸联邦政府将授予东南亚原油管道有限公司对中缅原油管道的特许经营权，并负责管道的建设及运营等；东南亚原油管道有限公司同时还享有税收减免、原油过境和进出口清关等相关权利；缅甸政府保证东南亚原油管道有限公司对管道的所有权和独家经营权，并保障管道安全。

2. 企业间协议。从法律性质来看，企业间协议属于具有国际性的商事合同。这与政府间双边协议的国际条约性质有着本质不同，其准据法不是国际法而是东道国的国内法。从合同主体来看，

---

① 关于特许协议的法律性质，法学界尚无统一认识。传统观点认为特许协议属私人契约范围，从属于东道国主权管辖，特许协议授予国虽应受所订特许协议约束，但只依国内法承担违约责任，而不须承担国际义务。目前国际法学界的一种新的观点，认为特许协议具有准国际法性质。因为特许协议中往往订有国际仲裁条款或援用国际法或一般法律原则做准据法。这一条款使特许协议国际化，使义务具备国际义务的性质。任何违反协议的国家行为都应承担国际责任。参见许庆坤、周爱省：《论 BOT 特许协议的法律性质与法律调整》，载《法学论坛》1999 年第 2 期，第 20~23 页；以及孟国碧：《BOT 特许协议的法律性质新论》，载《武汉大学学报（哲学社会科学版）》2006 年第 6 期，第 857~861 页。

企业间协议的签订主体通常是政府间协议中提到的国家指定的承包公司，在大多数情况下是国有油气公司，代表政府履行政府间协议的任务。从合同内容来看，企业间协议是对政府间合作协议的具体落实，具体规定了合同当事各方在风险承担、管理控制和利润分享等方面的权利和义务。企业间协议的典型代表有中国石油天然气集团公司（CNPC）与哈萨克斯坦国家石油公司（KMG）于 2004 年 5 月签订的《关于哈萨克斯坦共和国阿塔苏至中华人民共和国阿拉山口原油管道建设基本原则协议》，2006 年 3 月中国石油天然气集团公司分别与俄罗斯石油公司和俄罗斯管道运输公司签署的《中国石油天然气集团公司与俄罗斯石油公司关于在中国、俄罗斯成立合资企业深化石油合作的基本原则协议》和《中国石油天然气集团公司和俄罗斯管道运输公司会谈纪要》，2008 年 10 月中国石油天然气集团公司和俄罗斯管道运输公司签订的《关于斯科沃罗季诺至中俄边境原油管道建设与运营的原则协议》等油气管道合作文件。

三、油气管道过境的多边法律制度

鉴于 ECT 是目前唯一对能源过境制度作出专门规定的国际公约，中国作为国际能源宪章会议的观察员国于 2001 年与能源宪章建立合作关系，由于并未成为 ECT 的缔约方，因此目前中国并未真正参与或建立有关油气管道过境的多边法律机制。然而，随着中国参与全球能源治理的意识和程度不断提升，中国所加入或主导的与油气管道过境制度相关的其他国际性和区域性的多边法律制度正在不断增多，间接构成规范我国能源过境活动的国际法渊源。

（一）国际性的多边法律制度

目前中国所参与的、能够适用于过境能源管道运输的国际性多边法律制度有以下两类：

1. 一般性国际公约。中国加入了大多数与过境制度有关的一般性国际公约，如 1921 年的《巴塞罗那过境自由协定规约》、1947 年的《关税及贸易总协议》、1965 年的《内陆国过境贸易公约》和 1982 年的《联合国海洋法公约》等。随着 2001 年中国正式加入世界贸易组织，GATT 项下的过境自由原则和能源贸易规定也是能源过境活动应遵循的国际法规则。

2. 间接适用的国际协议。从宏观意义上讲，一些在世界范围内具有重要地位和影响力的国际公约和油气管道过境活动的法律规范有关。例如，《联合国宪章》（United Nations Charter）为中外各方达成油气管道合作协议和处理国际关系等提供了基本行为准则；《多边投资担保机构公约》（Convention Establishing the Multilateral Investment Guarantee Agency）为中外各方处理管道项目投资方面的问题，防范和解决油气管道合作中外国投资者的政治风险担保问题，提供了制度和程序机制；《解决国家与他国国民之间投资争端公约》（Convention on the Settlement of Investment Disputes Between States and Nationals of Other States）为中外各合作方通过仲裁及调解方式解决东道国政府与外国投资者间的能源投资争端，提供了一种非政治化的解决途径；1958 年的《承认及执行外国仲裁裁决公约》（the New York Convention on the Recognition and Enforcement of Foreign Arbitral Awards）使得中外能源合作中的仲裁承认和执行问题更加便捷有效。

此外，中国所加入的与能源合作、贸易、投资、国际运输以及多边环境治理相关的国际协议，也间接适用于我国所进行的油气管道跨境合作活动。

（二）区域性的多边法律制度

中国在区域层面的能源合作参与程度要强于全球层面，尤其是 2000 年以后，中国开始尝试更加主动、深入地拓展区域层面的能源合作机制。其中，上海合作组织（Shanghai Cooperation Organization，以下简称上合组织）和 20 国集团（以下简称 G20）下的能源合作与跨境管道合作，联系最为密切。

1. 上合组织框架内的油气管道合作。自 2001 年上合组织成立以来，能源合作逐渐成为各成员国之间加强互信与睦邻友好，开展合作并共谋发展的重要领域。2001 年的《上海合作组织成立宣言》

是各成员国在该组织框架内进行国际能源合作的最根本的法律依据，明确将鼓励能源合作作为组织宗旨之一。随着上合组织的不断发展，其框架下的能源合作经历了确定合作原则与战略、完善合作机制和以项目夯实合作的发展路径，并且非常重视能源管道方面的合作。例如，2004 年提出的《上合组织成员国多边经贸合作刚要》"措施计划"草案，共包含能源合作在内的 11 个领域的 127 个项目，其中能源领域合作 19 项，与能源通道建设直接相关的项目 4 项，分别为"研究扩大吉尔吉斯斯坦境内现有天然气管道运输能力的可能性""研究完善现有和建设新的天然气运输走廊问题""开发自土库曼斯斯坦和乌兹别克斯坦经吉尔吉斯斯坦到哈萨克斯坦直至中国新疆乌鲁木齐的天然气管道""研究并建设中、俄、韩天然气管道项目问题"。而中国-中亚天然气管道的建成使用说明上述合作取得了显著成效。

上合组织为成员国间的能源合作提供了宽广的平台。尤其是 2017 年 6 月印度和巴基斯坦正式成为组织成员，各成员国之间在能源合作基础和出口国与进口国的互补优势愈发明显，加强各种形式的能源合作越来越成为中心话题。目前，上合组织框架下围绕能源合作的多边机制发展趋势有两大方向。一是 2006 年俄罗斯提出的在上合组织内部构建"能源俱乐部"的集体合作构想，二是在成员国间形成"社区规范"，即推动建立一种长期的、历史的、文化的和宗教的互相认同的社群机制。总体而言，上合组织框架下建立短期的利益共同体相对简单；但就长期而言，无论是能源俱乐部的构想还是社群机制的建立，都需要各成员国的长期努力。

2. G20 框架下的油气管道合作。G20 是一个国际经济合作论坛，主要讨论全球重大经济金融热点问题。其宗旨是为推动已工业化的发达国家和新兴市场国家之间就实质性问题进行开放及有建设性的讨论和研究，以寻求合作并促进国际金融稳定和经济的持续增长，能源问题是 G20 框架下始终关注的重要问题。G20 能源工作小组所涵盖的议题包括成员国间的能源生产和消费、温室气体、基础设施、化石能源的补贴等。由于集团成员涵盖面广，代表性强，其构成兼顾了发达国家和发展中国家以及不同地域利益平衡,① 为推动全球能源治理机制改革带来了新的动力和契机,使全球治理开始从"西方治理"向"西方和非西方共同治理"转变。

　　中国一直非常重视以 G20 为治理平台开展的全球能源合作,曾提出"可考虑在 G20 的框架下,本着互利共赢的原则,建立一个包括能源供应国、消费国、中转国在内的全球能源市场治理机制"。② 尽管倡议尚未得到落实,但仍被认为是调整改革全球能源治理体系的可行措施。③ 2016 年中国主办 G20 峰会,在中国召开了 G20 能源部长会议和三次能源可持续发展工作组会议,根据会议达成的《二十国集团能源合作原则》,各方重申将致力于构建运转良好、开放、竞争、高效、稳定和透明的能源市场,建设能更好地反映世界能源版图变化,更有效、更包容的全球能源治理架构,并强调持续投资于能源和更好的地区互联互通项目尤其是可持续能源项目,对确保未来能源安全、防范能源价格飙升影响经济稳定至关重要。④ 因此,包括油气管道项目在内的能源基础设施互联互通是 G20 框架下重要的能源合作目标,中国有意借此平台从广阔视角解决关键的能源问题,因而在今后会更加注重通过 G20 实现协商对话,制定公正、合理、有约束力的国际规则,构建能源市场的预测预警、价格协调、安全应急等多边协调机制,使该框架下的油

---

　　① G20 集团覆盖人口占全球人口的 67%,国土面积占全球的 60%,国内生产总值占全球的 90%,贸易额占全球的 80%。http://www. fmprc. gov. cn/web/gjhdq_676201/gjhdqzz_681964/ershiguojituan_682134/jbqk_682136/ 最后访问日期:2020 年 12 月 30 日。

　　② 中国前总理温家宝在 2012 年 1 月阿布扎比世界未来能源峰会上的发言。https://www. worldfutureenergysummit. com/wfes-energy 最后访问日期:2020 年 12 月 30 日。

　　③ 参见 China's Engagement in Global Energy Governance, IEA, April 2016, p.14, available at http://indiaenvironmentalportal. org. in/content/427224/chinas-engagement-in-global-energy-governance/, last visited on Dec 30, 2020。

　　④ 参见《二十国集团领导人杭州峰会公报》,http://paper. people. com. cn/rmrbhwb/html/2016-09/06/content_1710199. htm,最后访问日期:2020 年 12 月 30 日。

气管道多边合作机制更加安全、稳定、可持续。

此外，中国还积极参与亚洲合作对话、中阿合作论坛、大湄公河次区域经济合作等区域性多边合作机制，从多个层面和角度与相关国家加强沟通，维护和推动区域能源安全与合作。

四、中国的能源过境法律现状评析

（一）国内法上缺少能源过境的相关法律制度

1. 《管道保护法》缺乏对油气管道过境活动的相关规定。现有的《管道保护法》将油气管道保护作为立法宗旨，对影响和危害管道安全的行为规定得较为明确，但是仍有以下不足：一是条款内容较为原则化，对管道企业施加的责任过大，罚则部分的规定较为粗疏，对违反管道保护行为的法律后果未在罚则部分予以对照，不利于实践操作；二是缺乏对管道过境相关内容的具体规定，如管道过境的基本原则、管道过境的权利性质、管道运行涉及的公共安全和环境保护等；三是能源立法相对滞后。虽然我国早在 2007 年就制定了《能源法》（征求意见稿），内容包含总则、能源综合管理、能源战略与规划、能源开发与加工转换等 15 章，共 140 条，但由于对立法模式和定位等核心问题存在争议等原因，该法律尚未正式出台。《能源法》缺位导致对能源实践活动缺乏强有力的支持手段和指引导向，如对"走出去"战略的企业给予信息咨询、税收优惠、资本支持、风险保障等，也缺乏和《环境保护法》等其他相关法律制度的协调。目前，《管道保护法》的修订问题已提上日程。2018 年 3 月，国家能源局提出修改《管道保护法》并组织进行前期讨论，① 针对管道的管理体制机制、管道地役权、管道运行涉及的公共安全、与相关法律法规的衔接、企业主体责任落实、突出事故应急响应等重难点问题进行研讨。

2. 与油气管道合作的配套法律制度不健全。一是与能源企业

---

① 参见中国石油新闻中心网站，http://news.cnpc.com.cn/system/2018/04/02/001683477.shtml，最后访问日期：2020 年 12 月 30 日。

境外投资相关的投融资法律、法规过于分散。我国现有的对外投资法律、法规包括《境外投资管理办法》《境内机构对外直接投资外汇管理规定》《境外国有资产产权登记管理暂行办法实施细则》《关于进一步规范中央企业投资管理的通知》等，大都分散于部门规章中，在实践中缺乏操作性且欠缺对投资风险保障的规定，难以适应我国日益增长的境外能源投资与合作要求。二是《环境保护法》的效力层级不高，与管道环境保护的专项法律联系性不强，协调性欠缺。2015年新修订的《环境保护法》由人大常委会审议通过，其效力层级位于我国环境法律体系基础法行列。由于和《管道保护法》《水法》等专项法律的效力位阶相同，因此在因管道项目导致的环境污染的法律适用上，《环境保护法》更多起到一种指导补充的作用，如该法第32条对大气、水、土壤的保护与修复的规定，第34条对海洋污染防治的规定。且由于这些条款的规定较为原则化，在实际中几乎很难得到适用。

（二）能源过境的双边合作法律制度存在不足

1. 双边合作协议的法律属性有待加强。在中国既已开展的油气管道合作实践中，签署了不少双边投资条约、谅解备忘录和政府间协议形式的双边法律文件，由于这些法律文件的支撑力度和制约机制不足，从法律规制的角度来看不利于保障管道合作的顺利进行。首先，谅解备忘录没有法律约束力，不创设具体的权利义务，其法律支撑力度不足；其次，所签署的政府间协议大多仅确定了油气管道合作的基本原则和主要事项，缺少对争议情形和争议解决方式的具体规定，也缺乏相应的违反协议的制约机制。例如，中俄曾就"安大线"输油管道达成《关于制定修建中俄输油管道的可行性研究的基本原则》协议书，其后俄方因另择"安纳线"单方面解除了该协议计划，却不顾中方所承受的损失。由于双方的关注点主要在于管道合作的收益性和管道运行的稳定性，而有时这种欠缺也是对达成一致的目的导向的现实妥协，但忽视违反协议所需承担的法律责任将导致基础协议的软法性，并极易给双边合作造成障碍。

2. 双边合作水平和质量有待提高。尽管我国以双边形式开展的油气管道合作取得了较大成效，但管道合作法律制度规范的对象限于能源合作的最初级形式，① 包括油气勘探开发、管道建设和能源贸易等，而对能源信息分享机制、管道工程技术服务、定价及税收协调制度、环境风险评估和应急机制等领域较少涉及。此外，由于相关合作国家的法律制度水平差异，既有跨境管道项目的相关合作国家大多处于经济转型阶段，能源领域的法律制度的健全性和稳定性水平各异。例如，中亚国家的国内法律环境相对落后，有的国家甚至对能源部门的国际合作还有一定的限制。② 法律制度的不完善和法律执行的非公正性等弊端，成为提升双边合作的水平和质量的阻碍因素。

3. 双边合作机制易受周边环境和区域大国影响。跨境管道合作往往牵涉两个或两个以上国家且对周边国家和地区的能源格局产生影响，而当地和周边政治局势的稳定问题将成为威胁能源供应安全的潜在风险。管道合作与外围环境这两者相互影响。目前，双边合作普遍缺乏危机处理机制，难以应对地区动荡、运输中断等突发情况带来的损失。同时，在"一带一路"沿线区域尚有俄罗斯、日本、韩国等区域大国，各国都在努力进行以能源核心为战略的部署与合作，加之美欧等域外大国的干扰，以多种手段拉拢中亚国家与其进行能源合作，势必给中国开展双边合作带来影响和阻碍。

（三）尚未实际建立有关能源过境的多边合作法律机制

1. 能源过境的多边合作法律机制有待开展。从全球层面来讲，ECT 是目前唯一对能源过境制度作出规定的多边协议，但是

---

① 参见杨泽伟：《共建"丝绸之路经济带"背景下中国与中亚国家能源合作法律制度：现状、缺陷与重构》，载《法学杂志》2016 年第 1 期，第 23 页。

② 参见高世宪、梁琦、郭敏晓等：《丝绸之路经济带能源合作现状及潜力分析》，载《中国能源》2014 年第 4 期，第 4~7 页。

中国并未签署该协议，俄罗斯也已明确表示暂停对 ECT 的适用。事实上，这一国际性的能源过境法律机制因俄罗斯的退出和过境议定书的夭折而显得力不从心，未能发挥预期作用。从中国角度来看，目前仍缺乏专门针对油气管道过境的多边合作，即便是在能源合作较为突出的上合组织，由于各成员国间的"空间距离"和"心理距离"问题待解，不论是"能源俱乐部"倡议还是"社区规范"构想，都需要在政治互信、资金融通等方面付出坚定和长期努力。

2. 现有能源过境的多边合作机制有待协调。中国至今没有加入国际能源机构（IEA）、国际能源宪章（ECT）和欧佩克（OPEC）这三大国际能源合作组织中的任何一个。随着中国参与全球能源治理的意识和机会不断提高，所参与的不同层面的国际能源合作机制表现出多元化和分散化的特点，且缺乏很好的协调、分工。不论在是上合组织、中亚区域经济合作组织、亚太经合组织等国际组织层面，还是在亚信会议、亚欧会议、亚洲合作对话、欧亚经济论坛等国际论坛层面，以及联合国经社理事会"中亚经济专门计划"、联合国开发计划署"丝绸之路区域合作项目"等项目合作层面，各项多边合作机制缺乏相互间的沟通和协调，有关能源过境的多边合作机制呈现碎片化趋势。

3. 双边与多边合作法律机制有待平衡。由于双边合作参与成员一般仅有两方，沟通成本低且合作效率高，因此在参与国际能源合作的早期阶段中国习惯于通过双边方式开展跨境管道合作。这也与中国国内的政治和经济发展水平相适应。随着中国与世界相互依存程度的加深和在全球能源领域的地位日益增长，尤其是全球金融危机导致油价上涨带来的连锁反应，中国意识到参加全球能源合作体系的重要性和紧迫性，必须改变完全依靠双边合作的传统思维方式，通过多边组织来稳定能源市场才能较稳定地融入世界。根据国家能源局统计，中国目前已与近 30 个对话伙伴国建立了 40 余项双边能源合作机制，与 26 个国际能源合作组织和国际会议机制建立了联系与合作。① 然而,尽管中国已经制定了多元化的能源国际合作发展战略、且努力开拓多边能源合作的范围和方式,但是目前跨境管道的实质性合作基本都是通过双边方式开展。相比之下,多边合作仅能作为一种补充机制,其功能和涉及的议题范围较为初级。因此,双边与多边能源合作的平衡发展问题有待解决。

第三节 "一带一路"背景下中国能源过境法律制度的完善

一、积极顺应国际能源治理过程中的过境合作发展趋势

全球能源治理事关全球能源供应结构、总量及其配置,其根本问题是要解决如何通过集体行动,按什么样的幅度和进度推动能源结构调整。当前国际能源安全形势的变化使全球能源治理结构面临新的挑战,未来全球能源结构转型和能源体制转型是大势所趋,"一带一路"下的管道过境合作应积极适应这一趋势,着力形成域内管道合作的规则体系。

(一)全球能源治理的本质、挑战及走向

1. 全球能源治理的本质。全球能源治理被视为超越能源地缘政治的概念。② 能源地缘政治是以零和博弈理念为基础,强调各国间的能源竞争并依赖双边外交确保自身的能源安全。而全球能源治理则将能源视为一类被纳入全球化市场的普通商品,因此能源安全

① 参见 China's engagement in global energy governance, IEA, April 2016, pp. 34-36, available at http://indiaenvironmentportal.org.in/content/427224/chinas-engagement-in-global-energy-governance/, last visited on Dec 30, 2020。

② 参见 A. Goldthau, J. M. Witte, Back to the Future or Forward to the Past? Strengthening Markets and Rules for Effective Global Energy Governance, International Affairs, Vol. 85, 2010, p. 373。

作为一项全球性公共产品，非一两个国家所能掌控。作为全球治理的关键事项之一，全球能源治理亦兴起于 20 世纪末新自由主义扩张时期，其本质是"经济自由主义者有意识地自我适度调整，以防止自由市场无限扩张和社会反抗不断加剧引发的社会秩序崩溃"。① 这种调整表现为一种"柔性且有节制的权力"，② 即为了抑制能源商品化所引发的社会矛盾，各国开始逐步加强金融监管、促进环境保护、增加发展援助以及对各类非政府组织的社会活动给予包容等；③ 并外化表现为"各国政府和国际组织为防止与能源相关的问题超越一定范围而扩散成国际性危机所制定和实施一系列国际规则或制度"④；最终实现全球能源供应的稳定和可持续发展，为世界经济的发展提供能源安全保障。

2. 全球能源治理的挑战。随着经济全球化进程的加快，国际能源供应格局和安全形势发生了急剧变化。这既是推动国际能源治理发生变革的动因，也是全球能源治理所面临的挑战。从最深层的原因来看，全球能源治理面临主体多元化和目标多极化这两大根本挑战。一是新兴力量出现，打破了原有的供求和体制平衡，其中尤以中国、印度等新兴经济体为最。⑤ 这些新兴经济体的能源消费需求持续大幅增长给全球能源供求造成较大压力，构成全球能源安全形势难以真正缓解的背后的结构性原因。从治理机制层面来看，无论是 OPEC 还是 IEA 的合作框架都不能反映现有能源消费格局的多

---

① 参见 S. Gill, New Constitutionalism, Democratisation and Global Political Economy, Global Change, Peace&Security, Vol. 10, 1998, p. 23。

② 参见［法］让·皮埃尔·戈丹著，钟震宇译：《何谓治理》，社会科学文献出版社 2010 年版，第 21 页。

③ 参见叶玉：《全球能源治理：结构，挑战及走向》，载《国际石油经济》2011 年第 8 期，第 45 页。

④ 参见 B. K. Sovacool, A. Florini, Examining the Complications of Global Energy Governance, Journal of Energy & Natural Resources Law, Vol. 30, 2012, p. 235。

⑤ 参见 Remarks for launch of BP Statistical Review of World Energy 2013, available at https://www.bp.com/content/dam/bp/pdf/speeches/2013/Bob-Dudley-statistical-review-of-world-energy-2013.pdf, last visited on Dec 30, 2020。

极化发展,这种能源机制领域的权力与实力的不相匹配,增加了全球能源治理的变数。二是围绕能源利用引发的环境外部性治理问题各方博弈激烈,给当前的能源结构变革带来挑战。以应对全球气候变化为重点的环境外部性治理已成共识,但仍处于无序之中。《联合国气候变化框架公约》的后续协议迄今未能达成,未来发达国家与新兴国家之间如何就减排义务达成一个包容性的治理体系仍面临诸多障碍,其中最突出的问题是给自由贸易体制带来挑战。全球能源市场的变革压力是中长期能源投资风险增加,尤其是油气管道基础设施建设耗资巨大、周期较长,缺乏稳定的政策预期将严重制约能源基础设施的长期投资和供应安全。

3. 全球能源治理的走向。现行全球能源治理进程经历了从单中心、双中心向多中心的递进发展,目前呈现出多元、多层、分散的治理网络。以欧美为代表的发达能源消费国利用 IEA 在能源格局中居主导地位,它们掌握全球主要能源的定价权并着手积极推动能源市场的发展;代表主要生产国利益的石油输出国组织(OPEC)、天然气输出国论坛(GECF)位于其次;同样是美欧主导建立的世界贸易组织(WTO)、《能源宪章条约》(ECT)、国际能源论坛(IEF)、二十国集团(G20)、政府间气候变化专门委员(IPCC)等机制是前两者的沟通桥梁。此外,联合国框架下的发展议程与以世界银行为中心的能源扶贫与能力建设机制(UN/WB)主要代表能源"贫困"的发展中国家的利益,在能源格局中实力最弱,而中国、印度等新兴能源大国也以多种方式积极参与能源领域对话和协调。

在上述众多国际能源机构和协调机制中,IEA 和 OPEC 明显具有最强的执行力和影响力,[1] 原因在于这两个机构的成员国不仅在价值观念上具有共性,且具有充足的资金、技术、资源等物质保障,其他的机构或机制如 G20、G8、ECT、IEF 等往往因价值观念的分歧或物质保障的限制而能效有限。然而,现有能源治理结构和机制在

---

① 参见 G. Escribano, Fragmented Energy Governance and the Provision of Global Public Goods, Global Policy, Vol. 6, 2015, p. 98。

主体多极化和目标多元化的双重挑战面前急需转型，未来的全球能源治理走向取决于美国、欧洲和以中印为代表的新兴经济体这三大能量体之间的博弈结果，这种转变至少是一个几十年的长期过程。①

（二）"一带一路"的区域融合给管道过境合作带来挑战

1. 多方力量参与沿线区域地缘政治博弈可能引发传统安全风险。"一带一路"倡议有可能与沿线区域其他国家以及个别大国的国家战略产生冲突，大国之间的复杂关系以及战乱、冲突等因素将对"一带一路"建设的项目构成威胁，② 其中尤以美国、印度为甚。自 2010 年始美国先后提出相关国家战略，包括"亚太再平衡"战略，③"新丝绸之路"计划，④ 推动以美国为主导的区域合作进程，如"印太经济走廊""亚太全面能源伙伴计划""湄公河下游倡议"等。⑤ 出于对"一带一路"将成为"去美国化的经济

① 参见 V. Smil, U. S. Energy Policy the Need for Radical Departures, Issues in Science&Technology, Vol. 25, 2009, p. 47。

② 参见赵明昊：《"一带一路"建设的安全保障问题刍议》，载《国际论坛》2016 年第 2 期，第 1~2 页。

③ 2010 年 1 月，时任美国国务卿的希拉里在夏威夷发表《美国介入亚太》的演讲中最早提出这一概念。参见 Hilary Clinton, "America's Engagement in the Asia-Pacific". http：//www. state. gov/secretary/20092013clinton/tin/2010/10/150141. htm, last visited on Dec 30, 2020。

④ 2011 年 7 月，时任美国国务卿希拉里·克林顿（Hilary Clinton）在印度金奈提出"大中亚"思想和"新丝绸之路"构想，主张建设一个连接南亚、中亚和西亚的交通运输与经济发展网络；同年 9 月，在联大会议期间其向国际社会进一步描述了"新丝绸之路"计划，即以阿富汗为中心，希望阿富汗邻国投资出力，维护美国在欧亚大陆腹地发展过程中的主导地位。参见 Remarks at the New Silk Road Ministerial Meting, available at http：//www. state. gov/seeretary/20092013clinton/rm/2011/09/173807. htm; Remarks on India and the Unite States：A Vision for the 21 Century, available at http：//www. state. gov/secretary/20092013clinton/ rm/2011/07/168840. htm, last visited on Dec 30, 2020。

⑤ 参见赵明昊：《"一带一路"建设的安全保障问题刍议》，载《国际论坛》2016 年第 2 期，第 2~3 页。

和政治安排"① 的担心，美国在落实"亚太再平衡"等战略的过程中展现出务实聚焦、深耕细作等新特点。② 印度希望保持其在南亚和印度洋地区的传统优势地位，不愿其所推动的"中亚-南亚走廊"等倡议受到"一带一路"的冲击，印度有观察家将"一带一路"建设视为中国抢夺印度在印度洋地区的"固有利益"的举动。③ 因此，印度很有可能针对"一带一路"倡议采取反制措施。此外，欧盟、俄罗斯、日本等也不愿放弃在中亚地区的利益，纷纷提出自己的中亚区域战略，希望成为影响中亚地区地缘政治的操盘手，有些地缘处境复杂的中小国家也会掺杂其中。多方力量在"一带一路"沿线区域的力量角逐和政治博弈及其对"一带一路"倡议的戒心，将有可能成为中国实施"一带一路"倡议的掣肘。

2. 沿线国家国内局势动荡、域内纷争不断，加剧区域安全风险。从域内国家内部来看，"一带一路"沿线所涉国家大都处在社会转型期，政治经济水平分布不平衡，社会矛盾复杂积聚，文化和法律制度存在巨大差异。部分国家由于朝野斗争，政局不稳，对外政策反复更迭，"一带一路"倡议和项目受政治斗争的影响而屡被质疑甚至单方面搁置。例如，2014 年前后泰国政局动荡，导致中泰既已达成的"中泰高铁计划"濒于流产④；吉尔吉斯斯坦南北

① 参见 Yukon Huang, Courting Asia: China's Maritime Silk Route vs America's Pivot, The Diplomat, Vol. 25, 2014, p. 2。

② 参见赵明昊：《试析奥巴马政府第二任期亚太再平衡战略走向》，载《国际论坛》2014 年第 3 期，第 1 页。

③ 参见 Devesh Rasgotra, India-China Competition in the Indian Ocean, IISS Voice, March 21, 2014, available at http://www.iiss.org/en/iiss 20 voices/blogsections/iiss-voices-2014-b4d9/march-2014-cd5b/china-india-ocean-c0d6, last visited on Dec 30, 2020。

④ 2013 年 10 月 11 日，中泰政府签署《关于泰国铁路基础设施发展与泰国农产品交换的政府间合作项目的谅解备忘录》，其后因英拉政府下台，泰国宪法法院判决英拉 678 亿美元基建项目违宪，中泰高铁流产。2014 年底，泰国巴育政府重启中泰铁路合作项目。2017 年 12 月 21 日，中泰铁路第一阶段正式动工。

矛盾尖锐,2013 年 12 月其宣布拒绝中国-吉尔吉斯斯坦-乌兹别克斯坦铁路修建计划。从国家间层面来看,由于历史纠葛、地缘纷争、民族宗教问题等矛盾重重,"一带一路"沿线国家之间关系复杂交织、冲突纷繁频发。例如,2014 年克什米尔地区爆发了自2003 年印巴双方达成停火协议以来最严重的军事冲突,且印巴矛盾难以在短期内解决;[1] 中国的近邻朝鲜近年来不断进行核试验,将朝鲜半岛安全置于危势,提升了未来发生冲突及局面失控的可能性;而中东和地中海区域则历来是武装冲突频发的重灾区,外高加索国家之间如阿塞拜疆和亚美尼亚的领土争端不断。凡此种种,都使"一带一路"建设面临诸多地缘政治和区域安全方面的风险和挑战。

3. 非传统安全问题复杂密集威胁区域安全。一是地区恐怖主义势力泛起。中亚、中东地区诸多民族、宗教、文化相互交汇融合又彼此冲突撞击,集聚于费尔干纳盆地的"东突"恐怖主义等极端势力活动猖獗,呈现分散化、本土化、独狼化、网络化特征。[2]南亚、西亚、东非是沿海上丝绸之路的主要地区,也是海上恐怖活动最为频繁猖獗的地区,船舶、钻井平台、港口城市和旅游景点往往成为被袭击的目标,通过劫持过往船只,绑架、暴力伤害船员制造恐怖威胁,继而引发海洋运输路线中断、海洋生态污染破坏等严重后果。[3] 二是跨国犯罪活动种类、数量和规模不断上升。海盗、走私、贩毒等跨国有组织犯罪活动首当其冲,其往往与恐怖主义和极端主义势力依附共生,马六甲海峡、孟加拉湾、阿拉伯海和亚丁

---

① 参见楼春豪:《21 世纪海上丝绸之路的风险与挑战》,载《印度洋经济体研究》2014 年第 5 期,第 4~5 页。

② 参见赵明昊:《"一带一路"建设的安全保障问题刍议》,载《国际论坛》2016 年第 2 期,第 3 页。

③ 参见 C. Liss, J. Butcher, New Actors and the State: Addressing Maritime Security Threats in Southeast Asia, Brisbane, Australian Journal of Maritime & Ocean Affairs, Vol. 3, 2011, p. 66。

湾等都是海盗频发地区,"金三角"和"金新月"地区①分别和我国西南、西北地区临界,毒品过境、走私等跨国犯罪活动日益严重;洗钱、电信诈骗等金融犯罪随着区域资本投入的增加和流动而不断增长,犯罪手段结合网络信息技术而呈现多样化、新型化;非法出入边境、跨境赌博、卖淫和人口犯罪等活动也不断增加。三是自然灾害等生态安全风险频发。根据非政府组织德国观察发布的《全球气候风险指数2017》报告,自1996年至2015年间,全球受极端天气事件影响排名前十的国家中,有6个是"一带一路"沿线国家。② 紧急灾难数据库(EM-DAT)自然灾害数据进一步显示,1900年至2015年"一带一路"欧、亚、非三大洲65个国家,近50年自然灾害发生数量急剧增长,尽管因自然灾害死亡的人口有所减少,但生活在灾难易发地区的人口总量上升,仍导致经济损失逐年大幅递增。灾害的发生不仅严重威胁生命财产安全、通道安全、投资安全,制约经济社会发展,也会导致"一带一路"下的油气管线基础设施建设面临严重的灾害风险。

(三)"一带一路"的域内油气管道过境合作亟须加强能源治理

1. 加强域内国家的政治信任和体制联系。对于中亚国家等域内资源国而言,其能源合作意图不仅体现在出口油气资源以获取经济利益,更希望提高资源的利用效率,延长产业链,发展可再生能源来实现社会经济的可持续发展。如果不能充分重视这些需求并着手解决相关问题,则容易滋生资源民族主义,危害长期稳定合作。此外,中国的对外投资虽然刚刚起步,但由于体量巨大,在一些国

① 金三角(Golden Triangle)位于东南亚泰国、缅甸和老挝三国边境地区,是世界上主要的毒品产地;金新月(Golden Crescent)位于阿富汗、巴基斯坦和伊朗三国的交界地带,是仅次于金三角的鸦片和海洛因生产基地。金新月和金三角、银三角(位于拉丁美洲毒品产量集中的哥伦比亚、秘鲁、玻利维亚和巴西所在的安第斯山和亚马逊地区)并称为世界三大毒品产地。

② 报告中的6个"一带一路"沿线国家分别是:缅甸、菲律宾、孟加拉国、巴基斯坦、越南和泰国。

家的投资比重已经很大，相关国家会因此担心国家经济安全。因此，加强与东道国的协调和沟通，建立多边合作机制和平台有助于消减东道国的疑虑。

2. 在不同合作层面对区域能源合作进行协调和整体规划。一是加强次区域的互联互通。比如，中亚地区在苏联时期是一个整体的能源系统，然而目前处于各自为政的状态，没有实现资源的优化配置，该次区域具有加强能源合作特别是互联互通的客观条件。另外，东北亚、东南亚和南亚地区也有巨大的能源合作需求。二是统筹考虑"一带一路"区域的能源流向，特别是石油天然气管线的走向。无论是出口国还是进口国，都在追求利益最大化，均希望自身实现进出口多元化的同时使对方更加依赖自己。围绕着石油天然气管线的走向，进出口伙伴国之间、进口国之间以及出口国之间进行了大量的博弈，轻则耽误项目建设的进程，重则导致地缘政治的紧张。因此，亟须从整个区域最优的角度进行规划，使得进口国和出口国均能实现能源流向多元化和合理化；三是在全球层面通过"一带一路"能源合作对全球能源流向和市场格局产生影响，以及从全球层面来分析和规划"一带一路"能源的合理流向。

3. 形成区域油气管道合作的规则体系。一方面，现有的多边合作机制难以满足区域能源合作的需求。WTO规则是否覆盖跨国能源运输仍有争议，目前只有乌克兰等少数国家在加入WTO时承诺开放管道运输，乌兹别克斯坦等国甚至还没有加入WTO；ECT虽然提供了有关能源过境的较完整的规则，但中国尚未签署该条约，俄罗斯也因"尤科斯"事件退出了ECT，没有俄罗斯的合作，ECT将是一个"流产"的条约。[①] 另一方面，现有的油气管道合作多是基于项目的特殊安排，而不是基于完善的国际法和国内法提供保障，且不少资源国国内法未与国际规则相衔接，对能源领域贸易和投资的限制较多，导致域内管道项目合作的法律风险较高。

---

① 参见 Dominique Finona, Catherine Locatelli, Russian and European Gas Interdependence: Could Contractual Trade Channel Geopolitics? Energy Policy, Vol. 36, 2008, p. 423。

（四）"一带一路"背景下油气管道过境合作的思路和举措

1. "一带一路"油气管道过境合作的思路转变。"一带一路"的能源通道建设和油气管道过境合作应在思路上突出以下转变：一是从局限于保障中国自身的能源安全向着眼于"一带一路"下区域性共同能源安全的思维转变。以资源和市场的互联互通为基础，构建泛亚油气管道网络，提升标准化和一体化水平，打造"一带一路"油气安全共保体系。二是从单一的资本输出转变为中国技术、产能、人力资本和价值文化的全方位"走出去"。以油气管道项目合作为驱动，根据域内不同国家的实际情况和不同诉求，推动全产业链的一体化、精准化油气互利合作，同时带动国内油气产业升级。三是从过去的油气交易活动以美元结算为主转变为以人民币结算为主。以油气合作为先导，建立地区多货币结算体系，提高人民币的国际地位，促进区域经济向更宽领域、更深层次的融合发展。

2. "一带一路"油气管道过境合作的重点举措。一是认真研究"一带一路"油气通道发展规划，处理好规模与效益、长期与短期的关系，注重油气管道合作质量和效益。二是继续发挥比较优势和整体优势，让国有的石油企业成为真正意义上的市场竞争主体，以更开放的思维拓展油气管道合作新项目，提升大型油气管道项目的建设能力，因地制宜实施差异化运营合作，促进油气产业链各环节的效益最优化。三是构建油气管道风险防控和应急保障机制，识别和评估关键领域的关键风险点，规避"一带一路"建设过程中的重大风险，针对油气管道安全事故引发的环境保护问题建立应急保障机制。四是推进油气管道合作的可持续发展，借鉴国际石油公司的先进管理理念、技术和工具，加强区域协调能力，恪守互利共赢理念，逐步形成符合整体效益最大化的管理模式。五是注重培育精通"一带一路"油气管道业务合作的业务团队，提升油气管道合作的管理和技术水平，使其在关键岗位、关键领域发挥专业人才优势。

二、合理评估 ECT 过境制度对中国开展能源运输合作的影响

ECT 作为目前唯一专门规定了能源过境制度的具有法律约束力的多边条约，很可能成为中国以更加实质性的方式振兴其多边能源合作的切入点。① 目前，宪章的 54 个成员国覆盖了"一带一路"沿线的大部分国家，其中哈萨克斯坦、吉尔吉斯斯坦、土库曼斯坦和乌兹别克斯坦这四个中亚国家以及"一带一路"沿线的乌克兰、土耳其、阿富汗等国都是 ECT 的缔约成员国，印尼、阿曼等能源大户是观察员国，此外还有沙特阿拉伯等中东石油出口国和中国一样正寻求与宪章的进一步合作。中国已于 2015 年签署了《能源宪章政治宣言》，成为宪章的签约观察员国，但尚未签署 ECT。从过境运输角度分析 ECT 的法律制度对中国开展能源运输合作的影响，对于提升中国政府和能源宪章会议的持续合作，构建"一带一路"背景下的能源过境合作治理机制和平台具有重要意义。

（一）从过境运输角度分析中国加入 ECT 的收益

1. 加强对中国跨境油气管道运输的法律保护。ECT 第 7 条和第 10 条充分体现了能源投资自由化对于投资进行保护和促进能源国际投资的要求，② 若该条款对中国适用则有利于保障我国的能源运输安全。它具体表现在以下三方面：

一是有利于确保我国现有的能源通道畅通。如果中国成为 ECT 第 7 条的调整对象，则其他相关国家就应"根据过境自由原则为能源材料和产品的运输提供便利"，不应对我国的能源运输进行"区别对待"和"价格歧视"，不得"无理由地拖延、限制或增加

---

① 参见 Zhuwei Wang, Securing Energy Flows from Central Asia to China and the Relevance of the Energy Charter Treaty to China, Energy Charter Secretariat, 2015, p.54。

② 参见白中红、潘远征：《中国加入〈能源宪章条约〉的利弊论》，载《生态经济》2010 年第 10 期，第 78 页。

过境运输费用"①;且他国有义务保证"能源原料和产品流通渠道的安全"②,在发生过境运输争议后,不得"中断或减少"我国的能源运输,③ 即在不中断能源供应的情况下和平解决过境争端。上述法律条款有利于确保对中国供应的油气资源不被半路拦截或中断,使中国成为比俄罗斯更为安全的油气资源输送目的地。④

二是有利于我国建设新的能源通道。ECT 下的缔约方承诺,如果通过能源运输设施不足以商业条件实现"能源材料和产品"的过境,则他国"不能对建设新的运输能力设置障碍"(第 7 条第 4 款),我国亦可以依据第 10 条的国民待遇和最惠国待遇而更容易地进入他国能源投资领域,从而建设新的能源通道。

三是有利于能源过境争议的解决。ECT 的过境争端解决机制能够为中国和相关国家的能源过境提供统一的争议解决方案,其适用于因中断或减少过境流量而引发的过境争议调解程序,比仲裁更为便捷。对于那些属 ECT 的缔约方但不属于 WTO 成员的国家,⑤ 如土库曼斯坦和乌兹别克斯坦来说,一旦发生过境争议,可以利用 ECT 的过境争议解决机制进行争议解决。这将为解决相关的过境运输争端提供唯一可得的标准途径。

---

① ECT 第 7 (1) 条。

② ECT 第 7 (5) (b) 条。

③ ECT 第 7 (6) 条。

④ 参见淀川诏子、亚历山大·M. 彼特森、苏苗罕:《发展的机遇:中国、中亚和〈能源宪章条约〉》,载《国际法研究》2016 年第 1 期,第 32 页。

⑤ 截至目前,在 ECT 所有 53 个缔约方中,48 个是 WTO 成员方,4 个缔约方是 WTO 的观察员(分别是阿塞拜疆、白俄罗斯、波黑、乌兹别克斯坦),1 个缔约方没有参加 WTO(土库曼斯坦),中国与 50 个 ECT 的缔约方签订有双边投资协定,与欧盟正在进行双边投资协定谈判,与 2 个缔约国(阿富汗、列支敦士登)未签订双边投资协定。根据能源宪章网站、中国商务部网站和世界贸易组织网站信息整理,https://energycharter.org/who-we-are/members-observers/, https://www.wto.org/english/thewto_e/whatis_e/tif_e/org6_e.htm, http://tfs.mofcom.gov.cn/article/Nocategory/201111/20111107819474.shtml, 最后访问日期:2020 年 12 月 30 日。

2. 提高投资者对中国国内法律环境的信心。由于 ECT 规定了东道国政府的许多义务和责任，ECT 对中国的适用将促进国内法律环境的优化，提高中国对外签订的双边投资协定的保护水平，为外国投资者提供 ECT 框架下程度相当的保护，增强外国投资者对中国能源市场的信心。例如，中国与哈萨克斯坦、吉尔吉斯斯坦和土库曼斯坦签订的双边投资协议时间较早，其中并未作出国民待遇的规定，甚至没有规定任何投资者与国家之间的投资纠纷的解决机制。而中国在 21 世纪前 10 年所对外签订的双边投资协定中都规定，在将争议提交给协议所确立的争端解决机制之前，应穷尽当地行政复议程序。很明显，在 ECT 下不允许对接受仲裁设置这样的条件，其规定缔约方应"无条件地将争端提交给国际仲裁裁决或调解机构"①。因此，ECT 对中国的适用意味着为双边投资协定增加有关国民待遇、投资者与国家之间有关征收补偿数额之外的争端裁决等条款，以及投资者不需要穷尽当地行政复议程序就能启动条约规定的争端解决程序等变化，这些变化有助于保护中亚等国家在能源运输基础设施中的投资，提高能源投资者进入中国能源市场的待遇，吸引更多优质的外国能源投资流入中国能源产业，提高中国的能源利用效率和能源供应能力，从长远来看有助于推进中国经济和社会的可持续发展。

3. 提升中国在全球能源治理中的影响力。中国作为世界上最大的发展中国家和能源消费国，不可避免地被认为在全球能源治理中发挥着重要作用。中国政府的"十三五"规划明确提及全球能源治理，提出"积极参与国际能源治理及规则制定，推动构建公正合理的全球能源治理机制，提升我国在国际能源领域的话语权"的战略导向。能源宪章为中国更深入地参与全球能源治理提供了一种相对变革的方式，尤其是国际能源宪章正值变革，结构转型和制度升级是能源宪章现代化进程的两条生命线，通过推行去欧洲化的国际化发展战略，试图在更大范围内重塑能源宪章在能源投资、能

---

① ECT 第 26（3）（a）条的规定。根据 ECT 第 26（3）（b）（c）条，允许的例外包括投资者已经在国内法院起诉和保护伞条款引发的争端。

源贸易和能源过境运输方面的制度优势。① 然而,不同于国际能源宪章最初组建时美俄等能源大国的积极参与,能源宪章的现代化进程缺少欧盟以外的能源大国的主导,这为中国建设性地参与能源宪章改革进程提供了重要机遇。作为以国际能源合作和监管为核心的多边治理框架,能源宪章体系的发展方向与我国"一带一路"建设规划不谋而合,可以成为进一步实现大型多边能源管道项目和整体战略的可视化平台,确保我国在跨境管道合作中的合理诉求和平等利益,提升我国在全球能源治理中的影响力。

(二)从过境运输角度分析中国加入 ECT 的风险

1. 可能增加中国政府的过境争议仲裁负担。ECT 下的过境争端解决机制被认为是在紧急情况下保障能源安全的关键。② 根据该机制,涉及中断或减少过境流量的争议可由缔约方单方面启动争议调解机制;涉及其他情形的过境争议,任何一个缔约方可以将争议提交国际仲裁。虽然有更具体的规定和附件限制该争端解决条款的适用范围,甚至至今还未真正受理过因过境争议启动的调解或仲裁案件,但该过境争议解决条款的使用仍会给相关国家带来潜在的仲裁负担。

目前中国作为主要的能源进口国,因过境争议而被其他国家提起过境争议调解或仲裁的几率较小,但是随着"一带一路"能源基础设施建设的推进,多项油气管道的建设布局正在研究论证,包括建设联通我国与中亚、俄罗斯地区的原油管道,论证分析我国连接蒙古和俄罗斯的原油管道、我国连接日本和韩国的油气管道的必要性和可行性,筹划建设我国东北部连接俄罗斯东部、中亚天然气生产国连接南亚消费国以及中东连接东南亚地区的亚洲天然气大动脉,未来中国将成为亚洲油气网络格局上的过境国之一,有可能因为过境中断、过境费用等问题而成为过境争议解决机制的被诉方。

---

① 参见单文、王鹏、王晗:《"一带一路"建设背景下中国加入〈能源宪章条约〉的成本收益分析》,载《国际法研究》2016 年第 1 期,第 42 页。

② 参见 Road Map for the Modernisation,CCDEC 2010(10)。

且我国作为发展中国家，在能源法律制定、能源环境治理等方面都有待发展，这些都可能导致我国未来面临的过境争议风险增加。此外，我国缺少国际仲裁经验丰富的专业法律人才，相关研究还处于起步阶段，由此导致的仲裁负担风险也不容忽视。

2. ECT 在全球能源治理机制中的影响力弱化。能源宪章是在欧盟的主导下建立的，并持续得到欧盟的支持。然而，随着欧盟在宪章之外的其他外部政策工具的制定，如欧盟法律框架下的欧洲共同体条约和第三能源指令在获取能源基础设施方面似乎比 ECT 的法律制度更加完善，欧盟对宪章的支持随着时间的推移而减少。另一方面，俄罗斯已于 2009 年宣布终止对 ECT 的临时适用，且在当前的法律框架下俄罗斯重返宪章几无可能，这些变化大大降低了 ECT 的政治影响力。在全球能源格局快速变化的时代背景下，不同能源组织和机构之间的职能重叠不可避免，且各种国际组织之间的竞争也越发激烈。一个国际组织必须明确其核心能力和制度优势，并与相应的有影响力的政治力量保持密切联系才能体现其价值。[①] 毫无疑问，能源宪章的独特优势是涵盖了能源行业整个价值链的 ECT，但就法律方面而言，关注范围太广可能导致各方对"宪章"的强烈政治依附性的下降，当前的能源宪章转型也是在主体范围和制度优势两方面寻求突破。

对于中国而言，如果加入 ECT 并希望在能源过境制度领域尽力发挥该机制的效用，就必须协调好俄罗斯和 ECT 的关系，并且从 ECT 的成员国和观察国获取足够的政治支持。因此，在防止ECT 的政治影响力弱化、保持能源过境的制度优势方面，能源宪章各方还有很多工作需要完成。

3. ECT 的地理覆盖范围不完全匹配中国的能源过境图景。ECT现有 53 个会员国、16 个观察员国，覆盖欧洲大陆和中亚地区国家，且和"一带一路"沿线的大部分国家重合，但 ECT 的现有成

---

① 参见 Zhuwei Wang, Securing Energy Flows from Central Asia to China and the Relevance of the Energy Charter Treaty to China, Energy Charter Secretariat, 2015, p. 58。

员基本未包括中东和北非地区国家。尽管其中一些国家，如约旦、摩洛哥、印度尼西亚等已在加强与能源宪章的合作，但是在"一带一路"的能源通道建设中，占有重要地位的俄罗斯以及中东和北非地区国家无法纳入 ECT 的法律框架之下。如果中国加入该条约，需要在 ECT 的成员发展和"一带一路"下能源通道的法律规制方面寻求一致，避免不同国家间所适用的能源过境法律制度存在较大差异。

三、着力推进跨境油气管道合作的法律制度建设

（一）完善国内法上的能源管道管理制度

1. 完善我国《管道保护法》的油气管道运输法律制度。

一是明确管道地役权，解决油气管道的用地权利性质和管理责任划分问题。结合我国《民法典》"物权"编的相关规定，对于管道地役权的设立分为两种方式。一种是由土地权利人和管道企业通过协商的方式签订管道地役权合同，并考虑制定统一标准的地役权合同范本，明确管道企业与土地权利人各自的权利和义务，包括补偿费用、活动方式等，调动土地权利人的管道保护积极性；另一种是通过国家法律强制设立地役权，允许因公益事业、公产利益和公众便利的需要而以强制登记的方式直接设立公共地役权。

二是建立管道事故应急响应制度，应对因管道事故导致的安全威胁、环境损害等问题。在我国《突发事件应对法》《生产安全事故应急预案管理办法》的基础上，结合管道企业内部的《事故应急预案》和《事故应急抢修规程》的制度和实践经验，明确管道安全事故的处理原则，确定事故应急体响应机制的相关执行部门及职责，重视利用现代化信息技术完成管道事故分级与响应、事故后果与次生灾害预警、抢修施工组织和管道应急调度等制度内容，确保事故应急响应制度的科学性、权威性和可操作性。

三是制定管输费率的依据和标准，解决管道利用效率不足、管道运价水平不合理等问题。2012 年 10 月国家发展改革委发布的《天然气发展"十二五"规划》（发改能源〔2012〕3383 号）明确

提出"深入研究管网专营化运行管理机制""实施天然气基础设施互联互通及向第三方提供准入服务""在管输和配气领域以新疆煤制气外输管道为试点,探索天然气管输、配气服务与天然气供应业务分离的有效途径"等要求,推进"两部制"管输定价模式、制定公平兼顾管输企业和管输用户正当利益的管输费,不仅必要而且迫切。随着我国油气管网系统的快速发展,现已具备推行"两部制"(容量费、使用费)管输定价的基本市场条件。因此,我们应该改变我国现行的"一部制"管输定价模式,推行"两部制"管输定价模式,引入无歧视的第三方准入服务原则,兼顾管道投资方和管输使用方利益,充分考虑不同管输用户的差异性,体现实质公平原则;推动建立科学合理的天然气管输定价体系,充分利用管输能力,实现社会效益最大化,促进我国油气资源开发利用和管道建设,保障国内天然气安全稳定供应。

2. 制定中国的《能源法》,协调完善现有能源法律体系。在中国现有的国内能源法律体系中,与油气管道直接相关的单行法包括《管道保护法》和《环境评价法》两部,作为基础性法律的《能源法》一直未能颁布。在当前推进能源革命、应对气候变化和深化重大能源改革的形势下,仅有这些专门性立法还不能满足我国应付复杂的能源形势中处理各种关系的需要,需要国家以法律形式从能源战略的高度进行制度建设,如从制定战略规划到储备应急,从立足国内到对外合作,从政府监管到利用市场,从反对强势团体的垄断到对弱势群体利益的保护,从技术创新到经济刺激等。这对于实现管道输送安全,保障国家能源供应和公共安全具有重要意义。

除了尽快通过《能源法》外,还要修订完善现有能源体系的单行法,协调其他配套部门法的能源管理制度。一方面健全境外投融资法律制度,针对能源管道的境外投资建立风险保障制度,建立政府和民间多层次的海外投资风险评估与预警机制,为我国能源企业从事跨国并购和管道项目提供法律支持,提高法律风险的事前规避和事后应对能力;另一方面,中国的《外商投资企业法》应当积极引导外国投资者合法合理地介入中国的能源领域,加大外交、金融、产业等方面的政策支持和服务力度,通过改善国内立法环境，允许更多的竞争和促进能源安全。

(二) 务实开展"一带一路"下油气管道领域的双边合作

1. 针对俄罗斯的政治形势，着力推进中俄油气管道合作持续发展。俄罗斯是"一带一路"能源通道的着力点，从世界地缘和能源格局的变化来看，中国将是其最为重要的市场，未来中俄油气合作进程应在不断夯实双边关系的基础上，完善双边法律机制，有礼有节地持续推进双边合作。首先，要树立自信、稳健的合作心态，充分认识俄罗斯面临的政治形势和能源市场的内外变化，充分理解特殊的地缘和历史原因所带给俄罗斯的情绪化和多变化的民族性格。因此，对俄罗斯在中俄双边油气合作领域所表现出的决策多变性以及在利用外资的同时抱有不信任感和排外心理，也就不难理解。其次，始终将投资和价格因素作为中俄油气谈判的重点和核心，避免因价格上的重大让步损害自身利益。最后，充分发挥中亚地区的既有优势，持续加大"中亚油气合作区"建设力度，带动俄罗斯加入油气资源供应体系，从而推动中俄油气合作的进一步发展。

2. 发挥中亚特殊的地缘区位优势，构建中亚油气管道合作的大格局。中亚是"一带一路"能源通道的支撑点，也是目前我国对外开展油气管道合作的主平台。在推进"一带一路"倡议的过程中，不能仅单向考虑我国的能源进口需求，而应通过互惠互利的合作方式带动油气合作的纵深发展，相比于单纯的资金提供者和能源购买者，中国更应成为中亚发展的重要合作伙伴。一方面，发挥我国新疆与中亚国家陆路边境线长、内陆地区油气管网完善和沿海省份出海口众多的地缘优势，积极运作为中亚国家提供油气东出太平洋的合作项目，帮助中亚各国实现能源出口；另一方面，发挥经济与地缘政治综合效应，充分利用我国在工业、农业、制造业和文化产业等领域的领先优势，加强与中亚国家的经贸、科技、文化合作，拉动这一地区经济快速发展。中亚特殊的地缘区位优势，不仅对我国能源供给意义重大，更对"一带一路"下的油气管网布局起到举足轻重的作用。可通过构建中亚油气合作区，积极发展同俄罗斯、欧盟、土耳其、阿联酋以及伊朗等地区和国家的能源合作。因此，应加大与中亚国家的合作力度，构建中国与中亚能源通道发展的大格局。

3. 开拓南亚地区能源进口新通道，适时开辟新的南亚油气管线。当前，已开通的中缅油气管道是我国在印度洋方向上唯一的陆路能源进口通道，但因缅甸政局不稳，民族和解问题短期内恐难以解决，缅甸的社会与政治生态对中国能源企业的社会责任水平、危机公关能力等提出了更高的要求，该管线在未来运行中还存在一定风险。因此，随着"一带一路"倡议的实施以及"孟-中-印-缅"经济走廊建设的推进，在持续开展中缅油气合作的同时，应在印度洋方向考虑开辟新的出海口，降低我国对马六甲航道的依赖。鉴于我国与巴基斯坦具有最友好的"全天候"全面伙伴关系，尤其是巴基斯坦紧邻沙特阿拉伯、科威特、伊朗等产油大国，有便利的航线通往阿拉伯半岛、北非等地，具有重要的地理优势，规划建设中巴油气管道具有较高的可行性，适时推进中巴油气管道建设，开辟印度洋方向能源进口新通道，将大大缩短我油气进口的海运距离，对我国能源安全具有重要意义。

4. 积极稳妥介入中东、北非地区，寻求能源合作新突破。在今后较长一个时期，中东的安全问题和北非的发展问题依然是该地区的主要政治生态，未来的"一带一路"能源通道建设需在多方面寻找突破，应着重考虑如何保障中东、北非地区成为稳定的"能源供应者"，与印度等大国加强互动以形成更为紧密的从生产供应到市场消费的合作链条；对该地区国家进行国别分析，合理评估相关国家的合作可行性和合作潜力，如与伊朗和土耳其在"一带一路"通道上互联互通、与沙特阿拉伯和埃及等阿拉伯国家突出双边合作，推动产能对接和务实合作；注重区域合作，通过对中东事务的适度参与编织互利共赢的合作伙伴网络。此外，东非的莫桑比克、坦桑尼亚等国家与我国有着良好的传统友好关系，且这些国家政局较苏丹等国家稳定，其油气资源主要分布在濒临印度洋的沿海地区，便于通过海上进行运输。因此，在"一带一路"的能源合作中，中东、北非地区作为能源富集区，具有巨大的合作潜能，并有可能成为建立我国未来能源供给体系的新支点，应做到早谋划、早进入、早突破。

除了上述双边合作的对应策略考量外，还应注重完善双边管道合作的法律机制。在既有的双边合作制度基础上，通过谈判制定具备较强法律效力、便于实践运用和操作的管道合作专门协议，明确各国间对各自管道的管辖范围、安全与环境保护责任、避免能源管道运输过程中断和因征收超额过境税费而引起的过度负担，加快推进与沿线国家投资贸易保护协定和避免双重税协定的签订；设立双边能源合作常设监管机构，协调处理管道合作过程中的具体问题；以及建立能源信息共享机制、应急谈判机制和争端解决机制等。

（三）积极参与和开拓油气管道领域的多边治理与合作

1. 考虑加入 ECT 并推动其改革。2015 年 5 月中国签署了新的《国际能源宪章宣言》，这标志中国在国际宪章组织的身份由受邀观察员国转变为签约观察员国，也意味着中国在参与全球能源治理的道路上迈出了新的一步。当前，能源宪章转型和中国在全球能源治理领域的诉求十分契合。中国希望积极参与全球能源治理，而能源宪章转型给中国进一步参与全球能源治理提供了一个很好的机会。① 然而，鉴于以 ECT 为核心的能源宪章对中国是一把双刃剑，中国应积极又审慎地参与能源宪章转型，考虑加入 ECT 并积极推动其改革，在未来构建《国际能源宪章条约》中发挥重要作用。

在考虑加入 ECT 的问题上，应着手进行以下准备。一是在加入 ECT 时可将自己列入附件 ID（不允许投资者依第 26 条在较晚阶段重新向国际仲裁机构提出相同争端的缔约方名单）中，并在列入附件时对中国的政策、惯例和条件予说明。目的是保障中国跨国能源企业顺利实行"走出去"战略，并为其提供国际法规则方面的保障，避免 ECT 的投资仲裁机制在现阶段对中国的冲击。二是改善国内法律环境，做好国内法上的准备工作。深入研究 ECT 的

---

① 参见程春华：《能源宪章转型与全球能源治理：历程、原因及影响》，载《社会科学》2015 年第 11 期，第 62 页。

相关法律义务，在准备加入国际能源宪章组织的过程中，清理、完善国内能源法律法规，将 ECT 的原则嵌入中国的能源改革和产业升级中，提高国内能源市场透明度，构建更加公平公正的法律标准，通过批判和借鉴 ECT 的法律体系与机制倒逼国内的能源改革与法治建设，改善中国国际能源软实力与国际形象。三是做好能源过境制度的重启与谈判准备。目前，过境议定书的谈判因遭受挫折而被终止，但是与能源过境相关的制度拟定工作并未停止。如果中国加入 ECT，就有权参与相关规则的制定，未来 ECT 下能源过境法律制度的重建对中国意义重大，作为"一带一路"能源通道上的进口国、出口国和过境国，应积极做好能源过境机制的谈判准备，为加强中国与中亚等国家的能源合作、保护海外能源利益提供法律基础和制度保障，为"一带一路"下的能源贸易和过境提供国际条约保护。

2. 建立中国或亚洲主导的"一带一路"能源合作组织。虽然直接加入已有的多边体系具有积极意义，但这不意味着中国完全接受现有的体系框架。为了克服 ECT 等既有多边治理体系的不足，特别是在包容性方面和"一带一路"倡议的差距，中国需要开拓更加广阔的多边治理平台，拥有更多话语权。可在"一带一路"的峰会机制下建立中国或亚洲主导的"一带一路"能源合作组织，通过"软""硬"两方面的治理机制，着手推动和保护"一带一路"的油气管道合作。

从"软"的治理机制来看，"一带一路"能源合作组织定位于为"一带一路"沿线国家开展能源政策对话和沟通提供平台，对次区域、跨区域的能源流向进行规划和协调，促进可再生能源发展，提高能源使用效率以及建立能源进出口国共同安全的新型合作机制。组织成员不仅包括中东、中亚和俄罗斯等主要的能源资源出口国，也包括中、印、日、韩等资源进口大国。为协调诸多成员间不同的能源利益和安全诉求，可参考上合组织宣言和国际能源宪章的模式，签订软法性质的能源合作法律文件，将代表性、包容性和协作性作为该治理机制的组织和发展原则。

从"硬"的治理机制来看，"一带一路"能源合作组织的关注重点是能源基础设施互联互通、可再生能源和能效发展，能源共同安全等与全球能源治理联系更为紧密的问题，这不同于分别强调应对石油危机的 IEA 和调控石油价格的 OPEC。因此，可通过签订具有法律约束力的专项国际法律文件来解决这些深层次的问题，共商油气合作新机制。在推进"一带一路"油气管道合作方面，倡导共同推进泛亚天然气管道建设，实现能源生产国与消费国的互保，加大亚投行丝路基金和国家开发银行、进出口银行对战略资源类项目、跨国管道建设的支持力度，推动区间结算平台的建设，争取推进合作项目人民币结算，降低汇率风险；坚持效益优先的市场原则，加快推进已签订的油气管道建设，同时积极开拓新的油气管道及储备设施建设项目，完善油气仓储等配套物流设施，重点加强长距离跨境油气管道建设，构建跨境管道的多国安全保障机制，提高"一带一路"乃至全球油气流通运输规模和能力，增强供需双方能源安全的保障水平；建立"一带一路"油气合作专项科研基金，加强与沿线国家能源智库的深层次交流，通过政府项目或者企业资助的方式，来加强本地化人才的培养，提升我们国家在沿线国家中的软实力。

3. 重视并充分利用其他专门性国际能源组织和综合性多边机制。虽然大多数的学术研究认为全球能源治理只包括专业性的国际能源组织，但在中国的视角和实践中所有相关多边机制都被认为是"全球能源治理的工具"。中国已经与 20 多个政府间多边机制开展了合作。在既有合作基础上，应协调并充分利用上合组织、G20 等不同的多边平台和合作渠道，助推"一带一路"下的油气管道合作。

对于上合组织，随着成员国范围的扩大和组织合作的不断深化，能源合作已经成为其最重要的工作方向之一。[1] 对于位处"一路"上的上合组织来说，中俄双方的合作意愿是影响上合作组织

---

[1] 参见《上海合作组织黄皮书：上海合作组织发展报告（2018）》，https：//www. ssap. com. cn/c/2018-06-07/1068920. shtml，最后访问日期：2020年 12 月 30 日。

未来多边能源合作的关键因素，中国和中亚、里海区域国家在能源领域内的合作比重也应不断加强。在以安全为主导的组织目标下，未来上合组织下的多边能源合作主要关注三个方面：一是深化油气供需合作，保障能源供应安全；二是加强油气贸易及资源采购领域的合作，共同谋求价格安全；三是提升清洁能源技术和装备等领域的合作，实现各方互利共赢。

对于 G20，其成员国范围涉及全球最有影响的经济体，中国在 G20 全球经济治理改革中勇敢承担了负责任大国的角色，并希望将 G20 作为提升中国参与全球能源治理空间的重要平台。在 G20 框架下，应继续加强能源对话，依托 G20 全球基础设施中心，加快能源基础设施投资，构建跨区域能源互联互通网络，并优先保障拉动发展中国家经济发展的能源支持。与 G20 成员国协同推进 G20 的改革，提高 G20 在全球能源治理中的决策效率与执行力。

此外，发挥"一带一路"峰会对加强多边能源治理的作用，在峰会上提出建立能源合作治理机制的倡议，就该机制的使命、愿景、主要功能、机构安排、工作机制等问题形成共同声明或宣言，并设立相应的组织机构，并逐步完善和落实，为"一带一路"能源合作夯实制度基础，为中国加强与"一带一路"沿线国家能源合作提供新思路、搭建新平台。

本 章 小 结

"一带一路"倡议下的能源合作体现了中国能源安全观念的转变，多元化的油气管网建设是"一带一路"能源合作中的重点领域，构建多元化和海陆统筹的油气管网能在很大程度上改变东亚、中亚与东南亚的能源贸易格局，成为保障国家能源安全的重要砝码。目前，"一带一路"沿线集中了俄罗斯、中亚和中东等国家和地区重要的油气资源供应国及亚洲地区的主要能源消费国。目前中国西北、东北、西南和东部海上的四大跨国油气战略通道已基本建成，但沿线区域的油气管道仍以俄罗斯、中亚和东亚资源国为中心，辐射欧洲、东南亚、东亚消费市场。结合"一带一路"域内的管道分布现状和沿线区域国家的油气资源禀赋，在未来"一带一路"的能源通道布局和建设中应分清主次，以点带面，谋篇布局，而中国将要承担起"一带一路"能源通道建设的引擎和主导作用。目前，中国的能源过境法律制度仍待完善，国内法上对油气管道的规定较为粗疏，缺乏对油气管道过境行为的配套规定，有关能源过境的双边法律制度强于多边法律制度，区域性的多边法律规制强于全球性的多边法律规制。完善我国的油气管道过境法律制度，对于"一带一路"油气输送格局的顶层设计和未来的国际管道合作意义重大，应积极顺应国际能源治理过程中的过境合作发展趋势；合理评估 ECT 过境制度对中国开展能源运输合作的影响，并着力推进跨境油气管道合作的法律制度建设。

结　　论

在这个全球化的时代，国家对能源的监管框架以及国际社会中的能源关系治理有着深刻的共鸣，国际法的规则和原则以各种方式强化了全球能源关系架构。以 ECT 为代表的能源过境法律制度为解决国际能源过境运输问题提供了法律框架和依据，其中涵盖了一系列议题，包括能源过境的基本原则，与能源过境合作相关的管道地上权利、安全和环境、过境税费等法律问题以及能源过境的争议解决机制等。这些问题的解决程度，关系能源过境法律制度的实际成效，并将在很大程度上影响世界能源经济与合作的未来发展。

作为第一个将能源过境制度纳入条约内容的一项具有法律约束力的多边条约，ECT 框架下的能源过境制度因其创新性和快捷性而广受赞誉。然而，过境议定书的艰难谈判和任务终止都表明过境法律制度的发展还有很多未解的问题，不仅 IGA 和 HGA 示范协议在土地权利、安全与环境和过境税费等问题的规定上和各国的管道法律实践存在脱节，曾被寄予厚望的过境争端解决机制也在实践中遭受冷落。可以说，ECT 下能源过境治理的失败使人们注意到一个重要的理论假设：能源生产、能源转运和能源进口国之间的经济相互依赖本身，并不构成油气资源供应链稳定性的基础。而国家和政府则在全球能源治理中扮演着日益重要的角色，抛却其间政治因素的影响，仅从法律制度本身来看，ECT 的能源过境制度正亟待变革，具有法律约束力和政治效益的国际制度将成为有效治理的动因和结果。

事实上，随着能源宪章现代化进程的发展，有关发展能源过境法律制度的尝试并未停止。能源宪章秘书处已于 2017 年 1 月启动了"能源过境多边框架协定"的起草准备工作，就"能源过境多边框架协定"的谈判进行前期研究。这些研究包括：确定能源宪章中与能源资源（包括石油，天然气和电力）过境有关的具体需求和困难；评估解决具体问题和事务的不同选择，包括拟议协定的目标，范围和主要内容；分析各国立场，并评估拟议协定对生产国、消费国和过境国的潜在影响；根据国家立场，确定共同点，并对拟议协定的范围和实质内容提出调整；以及对"能源过境多边协定"草案文本提出必要的意见。这项工作是"能源过境多边框架协议"从设想走向现实的初始步骤，在借鉴和吸取过境议定书草案谈判的经验教训的基础上，有望通过"框架协议"的形式为过境法律制度的发展带来契机。

随着"一带一路"倡议下能源基础设施建设等实质性合作的具体实施，人力、资源、商品、信息在该沿线区域高度汇集并频繁流动，在创造区域经济合作机遇的同时，"一带一路"倡议下的区域融合亦面临诸多安全风险，给能源管道合作带来挑战。而"一带一路"倡议下全面开展的油气管道合作恰恰体现了中国能源安全观念的转变，将多元化的油气管网建设作为"一带一路"能源合作中的重点领域，构建多元化和海陆统筹的油气管网能在很大程度上改变东亚、中亚与东南亚的能源贸易格局，成为保障国家能源安全的重要砝码。随着"一带一路"倡议的全面实施，持续推进中亚-俄罗斯、中东、非洲、美洲和亚太五大油气合作区开发建设，完善西北、东北、西南和海上四大油气运输通道，加强安全风险防控，提升通道安全可靠运输能力可使沿途国家国均从中受益。然而，我国现有的能源过境法律机制和"一带一路"下能源通道建设的强烈需求并不匹配，国内的《管道保护法》缺乏对油气管道过境与合作的相关规定，配套法律法规尚不健全，油气管道的双边合作协议的法律属性有待加强，合作水平和质量有待提高，且尚未实际建立有关能源过境的多边合作法律机制。如何建立和完善我国的能源过境法律制度，对于"一带一路"油气输送格局的顶层设计和未来的国际管道合作意义重大。

　　本书对油气管道过境法律问题的研究，是对该领域相关问题的初步梳理和总结，由于资料和能力的局限，研究的广度和深度仍有待提高。后续的进一步研究可以从如下几方面进行：一是针对"一带一路"沿线国家的具体能源过境法律制度的国别研究；二是结合各国既已开展的油气管道合作实践，对能源过境合作领域的具体法律机制和规则的研究，包括但不限于能源信息共享机制、管道安全事故应急保护机制、管道税费定价机制、过境争端解决机制等；三是对 ECT 的法律义务和我国国内法上的能源过境法律、法规如何予以对接的研究；四是提升中国标准与国际标准体系的一致化程度，加强"一带一路"沿线国家油气管道项目标准化合作的研究；五是继油气合作之后，电力、核能、可再生能源等产业和技术"走出去"的投资合作制度与规则的研究。这几个方面的研究有助于推动和深化"一带一路"合作倡议、将中国与"一带一路"沿线国家在油气领域的产业融合带入一个新的发展阶段。随着油气管道合作实践的增多，对油气管道过境法律问题的研究必会更加深入和多样。

　　正如马丁·沃尔夫（Martin Wolf）所言，"世界经济是全球的，但世界政治却是国家的。简言之，这就是全球治理的两难困境"。[①]能源作为全球治理中的关键事项之一，淋漓尽致地体现了全球治理的"两难困境"。在"一带一路"的区域融合背景下，中国所采取的战略将对全球能源治理产生广泛和深入的影响。如何通过"油气合作先行"进一步融入全球能源治理体系？如何对该体系的目标和操作产生积极影响？如何应对油气管道过境法律机制构建过程中的多重挑战？这些问题的答案将取决于中国进一步融入国际能源治理体系的意愿和能力。

　　中国认同全球能源治理在应对能源供应结构调整和环境外部性治理等共同挑战方面的重要作用，并已明确表示出加深参与程度的

――――――――――

　　[①]　马丁·沃尔夫：《全球治理的两难困境》，FT 中文网，http：//www.ftchinese.com，最后访问日期：2020 年 12 月 30 日。

意愿。然而，作为全球能源发展格局中的新兴力量，中国在参与和引领全球能源治理的能力方面仍将面临一条"陡峭的学习曲线"。① 中国需要做好油气管道互联互通领域的顶层设计，进一步制定参与全球能源治理的全面战略，加大投入增强综合实力，改进完善参与措施，形成配套支撑体系，才能实现提升能源影响力，促进经济实力和能源发展相适应的宏伟目标。以下具体措施将有助于构建中国的能源过境合作法律机制，提升中国在全球能源治理中的参与程度和影响力：

第一，坚持多边合作模式，以积极、包容的心态参与全球能源治理。随着全球化和互联互通加剧，任何一个国家都无法在当今世界做到偏安一隅、与世隔离。对于经济体量庞大的中国来说，更是如此。作为一个跨区域的倡议，"一带一路"可以成为一个全球治理的良好开端，影响中国在全球能源治理中的参与、合作。应积极顺应国际能源治理过程中的过境合作发展趋势，加强"一带一路"下的能源空间与通道建设的相互协作。

第二，坚持遵守多边规范和国际规则，进一步提高规则意识和参与意识。随着继续深入参与全球能源治理，中国需要增强话语权以满足自身发展的需要。坚持规则导向、开展互利合作将更符合中国的利益。以修订《管道保护法》为契机，使国内法上的油气管道法律制度与相关国际法律规则保持同步。合理评估 ECT 过境制度对中国开展能源运输合作的影响，做好参加 ECT 这一多边能源治理机制的法律准备和谈判准备。为"一带一路"下的能源设施互联互通奠定法律基础，着力推进跨境油气管道合作的法律制度建设。

第三，增强能力建设，带动"一带一路"沿线国家的共同发展。能源通道建设是"一带一路"建设的前站和重要支点，目前我国四大跨国油气战略通道已初步成型。随着"一带一路"倡议

---

① 参见 China's Engagement in Global Energy Governance，IEA，April 2016，p. 61，available at http：//indiaenvironmentportal. org. in/content/427224/chinas-engagement-in-global-energy-governance/，last visited on Dec 30, 2020。

的不断深化，增加资金、技术和人力投资是改善中国参与全球能源治理能力的关键。应继续发挥油气管道领域的双边合作优势，根据合作对象的地缘区位和禀赋差异，有针对性地制定合作策略，做到有的放矢。注重以合作带动当地经济与社会发展，实现与资源国、合作伙伴、当地社区的互利共赢。

第四，进一步融入全球能源市场，在全球能源事务中发挥领导作用。融入全球能源市场将使中国自身能源安全与全球能源安全更趋同一致。通过以负责任的大国姿态积极参与能源宪章的改革进程，筹谋建立以中国或亚洲为主导的"一带一路"能源合作组织，以多种途径参与和开拓油气管道领域的多边合作。在此过程中，以更加主动和熟练的方式推动全球共同能源安全，并以能源过境国际法律机制的构建为契机走出一条中国的全球能源治理与改革之路。

参 考 文 献

一、中文著作

（一）中文专著

1. 吴磊．中国石油安全［M］．北京：中国社会科学出版社，2003.

2. 杨丽艳．区域经济一体化法律制度研究——兼评中国的区域经济一体化法律对策［M］．北京：法律出版社，2004.

3. 查道炯．中国石油安全的国际政治经济学分析［M］．北京：当代世界出版社，2005.

4. 陆俊元．地缘政治等本质与规律［M］．北京：时事出版社，2005.

5. 叶荣泗，吴钟瑚．中国能源法律体系研究［M］．北京：中国电力出版社，2006.

6. 姜润宇．战略储备——欧盟的储备体制及其借鉴意义［M］．北京：中国市场出版社，2007.

7. 许勤华．新地缘政治：中亚能源与中国［M］．北京：当代世界出版社，2007.

8. 张秋明．中国能源安全战略挑战与政策分析［M］．北京：地质出版社，2007.

9. 何沙，秦杨．国际石油合作法律基础［M］．北京：石油工业出版社，2008.

10. 何明珂，刘文钢，杨浩雄，陈高宏．贸易便利化与过境运输［M］．北京：知识产权出版社，2008.

11. 杨泽伟.中国能源安全法律保障研究［M］.北京：中国政法大学出版社，2009.

12. 杨泽伟.发达国家新能源法律与政策研究［M］.武汉：武汉大学出版社，2011.

13. 张宁.中亚能源与大国博弈［M］.长春：长春出版社，2009.

14. 王治来.中亚通史（近代卷）［M］.北京：人民出版社，2010.

15. 丁笃本.中亚通史（现代卷）［M］.北京：人民出版社，2010.

16. 于宏源，李威.创新国际能源机制与国际能源法［M］.北京：海洋出版社，2010.

17. 肖兴利.国际能源机构能源安全法律制度研究［M］.北京：中国政法大学出版社，2009.

18. 梁西著，杨泽伟修订.梁西国际组织法（第七版）［M］.武汉：武汉大学出版社，2022.

19. 王海运，许勤华.能源外交概论［M］.北京：社会科学文献出版社，2012.

20. 白中红.《能源宪章条约》争端解决机制研究［M］.武汉：武汉大学出版社，2012.

21. 马迅.《能源宪章条约》投资规则研究［M］.武汉：武汉大学出版社，2012.

22. 吕江.英国新能源法律与政策研究［M］.武汉：武汉大学出版社，2012.

23. 程荃.欧盟新能源法律与政策研究［M］.武汉：武汉大学出版社，2012.

24. 黄进.中国能源安全若干法律与政策问题研究［M］.北京：经济科学出版社，2013.

25. 柴利.中国与中亚国家能源合作对策研究［M］.北京：社会科学文献出版社，2013.

26. 徐海燕.绿色丝绸之路经济带的路径研究：中亚农业现代

化、咸海治理与新能源开发［M］. 上海：复旦大学出版社，2014.

27. 于文轩. 石油天然气法研究——以应对气候变化为背景［M］. 北京：中国政法大学出版社，2014.

28. 李化. 澳大利亚新能源法律与政策研究［M］. 武汉：武汉大学出版社，2014.

29. 陆如泉，段一夫. "一带一路"话石油［M］. 北京：石油工业出版社，2015.

30. 刘华芹. 丝绸之路经济带欧亚大陆新棋局［M］. 北京：中国商务出版社，2015.

31. 杨泽伟. 从产业到革命：发达国家新能源法律政策与中国的战略选择［M］. 武汉：武汉大学出版社，2015.

32. 马莉莉，任保平. 丝绸之路经济带发展报告：2015［M］. 北京：中国经济出版社，2015.

33. 张丽君. 新丝绸之路经济带总体构想与发展研究［M］. 北京：中国经济出版社，2015.

34. 李平，刘强. "一带一路"战略：互联互通、共同发展：能源基础设施建设与亚太区域能源市场一体化［M］. 北京：中国社会科学出版社，2015.

35. 潜旭明. "一带一路"战略背景下与中东的能源合作［M］. 北京：时事出版社，2016.

36. 谭民. 中国-东盟能源安全合作法律问题研究［M］. 武汉：武汉大学出版社，2016.

37. 郭冉. 国际法视阈下美国核安全法律制度研究［M］. 武汉：武汉大学出版社，2016.

38. 高世宪. 依托"一带一路"深化国际能源合作［M］. 北京：中国经济出版社，2016.

39. 高国伟，马莉，徐杨. 中国与"一带一路"沿线国家能源合作研究［M］. 北京：人民日报出版社，2017.

40. 许勤华，钟兆伟. 中国能源政策解读：能源革命与"一带一路"倡议［M］. 北京：石油工业出版社，2017.

41. 杨泽伟. 国际法（第四版）［M］. 北京：高等教育出版

社，2022.

42. 杨泽伟. 国际法析论（第五版）. 北京：中国人民大学出版社，2022.

43. 朱跃中，刘建国，梁琦. "一带一路"能源合作 [M]. 西安：西安交通大学出版社，2018.

44. 杨泽伟. "一带一路"倡议与国际规则体系研究 [M]. 北京：法律出版社，2020.

45. 杨泽伟. 中国国家权益维护的国际法问题研究 [M]. 北京：法律出版社，2019.

46. 杨泽伟.《联合国海洋法公约》若干制度评价与实施问题研究 [M]. 武汉：武汉大学出版社，2018.

47. 张光耀. 欧洲能源互联网法律与政策研究 [M]. 北京：法律出版社，2020.

（二）机构编著

1. 国家发展计划委员会. 能源宪章条约（条约、贸易修正案及相关文件）[M]. 北京：中国电力出版社，2000.

2. 国际能源署. 世界能源展望：2001 为促进明天的发展而评价今天的供应 [M]. 北京：地质出版社，2002.

3. 中国能源发展战略与政策研究课题组. 中国能源发展战略与政策研究 [M]. 北京：经济科学出版社，2004.

4. 中国现代国际关系研究院经济安全研究中心. 全球能源大棋局 [M]. 北京：时事出版社，2005.

（三）中文译著

1. ［美］戴维·迪斯，约瑟夫·奈伊. 能源和安全 [M]. 李森，等，译. 上海：上海译文出版社，1984.

2. ［英］贝尔格雷夫. 2000 年的能源安全 [M]. 王能全，等，译. 北京：时事出版社，1990.

3. ［美］保罗·A. 萨缪尔森，威廉·D. 诺斯豪斯. 经济学 [M]. 高鸿业，译. 北京：中国发展出版社，1992.

4. ［美］詹姆斯·德·代元. 国际关系理论批判［M］. 秦治来，译. 杭州：浙江人民出版社，2000.

5. ［美］迈克尔·艾克诺米迪斯，罗纳德·奥利格尼. 石油的色彩——世界最大产业的历史、金钱和政治［M］. 刘振武，等，译. 北京：石油工业出版社，2002.

6. ［澳］布拉德布鲁克. 能源法与可持续发展［M］. 曹明德，等，译. 北京：法律出版社，2005.

7. ［俄］斯·日兹宁. 国际能源政治与外交［M］. 强晓云，史亚军，等，译. 上海：华东师范大学出版社，2005.

8. ［美］罗伯特·基欧汉. 霸权之后：世界政治经济中的合作与纷争［M］. 苏长和，信强，何耀，译. 上海：上海人民出版社，2006.

9. ［俄］日兹宁. 俄罗斯能源外交［M］. 王海运，等，译. 北京：人民出版社，2006.

10. ［英］伊恩·布朗利. 国际公法原理［M］. 曾令良，余敏友，译. 北京：法律出版社，2007.

11. ［美］丹尼尔·耶金. 石油大博弈：追逐石油、金钱与权利的斗争（上下册）［M］. 艾平，等，译. 北京：中信出版社，2008.

12. ［美］威廉·恩道尔. 石油战争：石油政治决定世界新秩序［M］. 赵刚，等，译. 北京：知识产权出版社，2008.

13. ［法］让-皮埃尔·戈丹. 何谓治理［M］. 钟震宇，译. 北京：社会科学文献出版社，2010.

（四）中文论文

1. 胡国松，邓鹤.《欧洲能源宪章条约述评［J］. 欧洲研究，1996（6）.

2. 梅世强，王雪青. 跨国输油气管道建设与运营的国际合作方式［J］. 综合运输，1999（7）.

3. 戚聿东. 自然垄断管制的理论与实践［J］. 当代财经，2001（12）.

4. 于良春. 论自然垄断与自然垄断产业的政府规制 [J]. 中国工业经济, 2004 (2).

5. 卢耀忠, 李海涛. 对中哈跨国管道商务及法律对接问题的探讨 [J]. 国际石油经济, 2005 (10).

6. 孟国碧. BOT 特许协议的法律性质新论 [J]. 武汉大学学报 (哲学社会科学版), 2006 (6).

7. 程春华. 欧洲能源宪章与俄欧油气合作 [J]. 国际石油经济, 2006 (6).

8. 杨泽伟. 国际能源机构法律制度研究 [J]. 法学评论, 2006 (6).

9. 杨泽伟. 跨国能源管道运输的争议解决机制 [J]. 法学, 2007 (12).

10. 杨泽伟. 跨国能源管道运输的若干国际法问题 [J]. 暨南学报 (哲学社会科学版), 2007 (5).

11. 周凡. 俄欧能源: 冲突还是合作 [J]. 俄罗斯研究, 2007 (1).

12. 郎一环, 王礼茂. 俄罗斯能源地缘政治战略及中俄能源合作前景 [J]. 资源科学, 2007 (5).

13. 李琪. "丝绸之路" 的新使命: 能源战略通道——我国西北与中亚国家的能源合作与安全 [J]. 西安交通大学学报 (社会科学版), 2007 (3).

14. 陈小沁. 解析俄欧能源合作中的过境运输问题 [J]. 西伯利亚研究, 2009 (6).

15. 孙传香. 国际能源合作开发的争端解决机制研究 [J]. 昆明理工大学学报 (社会科学版), 2009 (4).

16. 叶先灯, 郭鹏. 对海外油气管道项目商务模式的探讨 [J]. 国际经济合作, 2009 (9).

17. 白中红, 潘远征. 中国加入《能源宪章条约》的利弊论 [J]. 生态经济, 2010 (10).

18. 舒小昀. 东亚能源共同体建设的背景、进程与前景——基于能源宪章条约的研究 [J]. 世界经济与政治论坛, 2010 (3).

19. 李成业．论管道地下通过权——一个基于解释论的分析 [J]．国际石油经济，2010（2）．

20. 强晓云．上合组织多边合作的前景——管道合作视角的分析 [J]．上海商学院学报，2010（2）．

21. 杨振发．中缅油气管道运输的若干国际法律问题 [J]．昆明理工大学学报（社会科学版），2011（8）．

22. 叶玉．全球能源治理：结构，挑战及走向 [J]．国际石油经济，2011（8）．

23. 石凯，祝宝利，张珊．对油气管道过境费确定标准的思考 [J]．国际石油经济，2012（1）．

24. 王铁军．论欧盟-俄罗斯油气关系中的合作与互信 [J]．俄罗斯学刊，2013（4）．

25. 曾加，陈婷婷．欧盟与俄罗斯能源合作中的争端解决机制研究——以《能源宪章条约》为视角 [J]．中共青岛市委党校青岛行政学院学报，2014（4）．

26. 陈福来，高燕，陈相．哈萨克斯坦原油出口管道发展现状与趋势 [J]．国际石油经济，2014（12）．

27. 高世宪，梁琦，郭敏晓．丝绸之路经济带能源合作现状及潜力分析 [J]．中国能源，2014（4）．

28. 卫玲．丝绸之路经济带——超越地理空间对内涵识别及其当代解读 [J]．兰州大学学报（社会科学版），2014（1）．

29. 程春华．俄罗斯为何"弃南投蓝" [J]．世界知识，2015（1）．

30. 程春华．能源宪章转型与全球能源治理：历程、原因及影响 [J]．社会科学，2015（11）．

31. 朱雄关．一带一路战略契机中的国家能源安全问题 [J]．云南社会科学，2015（2）．

32. 马建英．美国对中国"一带一路"倡议的认知与反应 [J]．世界政治与经济，2015（10）．

33. 石泽．能源资源合作：共建"一带一路"的着力点 [J]．新疆师范大学学报（哲学社会科学版），2015（1）．

34. 李扬. 乌克兰危机下俄欧能源关系与能源合作：基础、挑战与前景 [J]. 俄罗斯东欧中亚研究, 2015 (5).

35. 杨泽伟. 共建丝绸之路经济带背景下中国与中亚能源合作法律制度现状、缺陷与重构 [J]. 法学杂志, 2016 (1).

36. 郭海涛, 赵忠德, 周淑慧. 天然气储运设施第三方准入机制及其关键技术要素 [J]. 国际石油经济, 2016 (6).

37. 石莹. "丝绸之路经济带"核心区能源资源产业的务实合作研究 [J]. 经济与社会发展, 2016 (1).

38. 贾少学. "一带一路"倡议背景下的俄罗斯能源投资制度分析 [J]. 法学杂志, 2016 (1).

39. 李绍先. 中东大乱局及"一带一路"背景下中国的应对 [J]. 领导科学论坛, 2016 (18).

40. 王淑敏. "一带一路"战略下过境自由的法律问题研究 [J]. 国际贸易问题, 2016 (1).

41. 余晓钟. 丝绸之路经济带建设背景下的中国与中亚能源合作战略研究 [J]. 经济问题探索, 2016 (1).

42. 李鸣. 国际法与"一带一路" [J]. 法学杂志, 2016 (1).

43. 淀川诏子, 亚历山大·M·彼特森. 发展的机遇：中国、中亚和《能源宪章条约》 [J]. 苏苗罕, 译. 国际法研究, 2016 (1).

44. 单文华, 王鹏, 王晗. "一带一路"建设背景下中国加入《能源宪章条约》的成本收益分析 [J]. 国际法研究, 2016 (1).

45. 田春荣. 2017 年中国石油进出口状况分析 [J]. 国际石油经济, 2018 (3).

46. 杨泽伟. "21 世纪海上丝绸之路"建设的风险及其法律防范 [J]. 环球法律评论, 2018 (1).

47. 杨泽伟. 共商共建共享原则：国际法基本原则的新发展 [J]. 阅江学刊, 2020 (12).

48. 杨泽伟. "一带一路"倡议背景下全球能源治理体系变革与中国作用 [J]. 武大国际法评论, 2021 (5).

49. 杨泽伟. 推动共建："一带一路"高质量发展的国际法解

读［J］．武汉科技大学学报（社会科学版），2022（1）．

50．吕江．后疫情时代全球能源治理重构：挑战·反思与"一带一路"选择［J］．中国软科学，2022（2）．

（五）学位论文

1．叶蓁蓁．国际能源合作模式与中国的战略选择［D］．北京：外交学院博士学位论文，2005．

2．岳树梅．国际能源合作法律问题研究［D］．重庆：西南政法大学博士学位论文，2007．

3．杨小林．能源过境运输的国际法思考——以《能源宪章条约》为主的分析［D］．武汉：华中科技大学硕士学位论文，2008．

4．张新花．中国的中亚能源策略［D］．乌鲁木齐：新疆大学博士学位论文，2009．

5．张耀东．油气长输管道通过权研究［D］．武汉：华中科技大学博士学位论文，2008．

6．张耀．上合组织框架内能源合作与中国能源安全［D］．上海：华东师范大学博士学位论文，2010．

7．魏欣．解析《能源宪章条约》在能源合作领域中的作用［D］．西安：西北大学硕士学位论文，2012．

8．张圣柱．油气长输管道事故风险分析与选线方法研究［D］．北京：中国矿业大学博士学位论文，2012．

9．李冉．里海—中亚天然气管道外交博弈研究［D］．北京：外交学院博士学位论文，2013．

10．林超．能源过境争端解决机制研究［D］．沈阳：辽宁大学硕士学位论文，2014．

11．钱宇琪．能源宪章条约下的能源过境制度研究［D］．沈阳：辽宁大学硕士学位论文，2014．

12．邓秀杰．中国与中亚国家油气合作的机遇与挑战研究［D］．北京：中央党校博士学位论文，2015．

13．朱雄关．"一带一路"背景下中国与沿线国家能源合作问题研究［D］．昆明：云南大学博士学位论文，2016．

二、英文著作

(一) 英文专著

1. Brownlie. Principles of Public International Law ［M］. Oxford: Oxford University Press, 1990.

2. Thomas W. Walde. The Energy Charter Treaty: an East-West Gateway for Investment and Trade ［C］. London: Kluwer Law International, 1996.

3. Lorraine Eden. Taxing Multinationals: Transfer Pricing and Corporate Income Taxation in North America ［M］. Toronto: University of Toronto Press, 1998.

4. J. Collier, V. Lowe. The Settlement of Disputes in International Law: Institutions and Procedures ［C］. Oxford: Oxford University Press on Demand, 2000.

5. O. R Keohane, J. S. Nye. Power and Interdependence ［M］. London: Longman, 2001.

6. Vinogradov S V. Cross-Border Oil and Gas Pipelines: International Legal and Regulatory Regimes ［M］. Houston: Association of International Petroleum Negotiators, 2001.

7. Leroy Bennett, James K. Oliver. International Organizations: Principles and Issues ［M］. Upper Saddle River: Prentice Hall, 2002.

8. Xue Hanqin. Transboundary Damage in International Law ［M］. Cambridge: Cambridge University Press, 2003.

9. C Bretherton, J Vogler. The European Union as a Global Actor ［M］. London: Routledge, 2005.

10. Malcolm N. Shaw. International Law ［M］. Beijing: Peking University Press, 2005.

11. C. F. Amerasinghe. Principles of the Institutional Law of International Organizations ［M］. Cambridge: Cambridge University Press, 2005.

12. Elizabeth Bastida, Thomas Walde, Janeth Warden. International and Comparative Mineral Law and Policy: Trends and Prospects [C]. London: Kluwer Law International, 2005.

13. H. McPherson. Emerging Threats to Energy Security and Stability [M]. Berlin: Springer, 2005.

14. Lyster, Rosemary, Bradbrook, Adrian. Energy Law and the Environment [M]. Cambridge: Cambridge University Press, 2006.

15. Michael Wesley. Energy Security in Asia [M]. London: Routledge, 2007.

16. S. Pirani, J. Stern, K. Yafimava. The Russo-Ukrainian Gas Dispute of January 2009: a Comprehensive Assessment [C]. Oxford: Oxford Institute for Energy Studies, 2009.

17. K. Parlett. The law of International Responsibility [M]. Oxford: Oxford University Press, 2010.

18. Graham Coop. Energy Dispute Resolution: Investment Protection, Transit and the Energy Charter Treaty [C]. Huntington. Juris Publishing, Inc. , 2011.

19. Jeff D. Makholm. A Political Economy of Pipelines: a Century of Comparative Institutional Development [C]. Chicago: The University of Chicago Press, 2012.

20. P. Alston, R. Goodman. International Human Rights [M]. Oxford: Oxford University Press, 2013.

21. V. Fedorenko. The New Silk Road Initiatives in Central Asia [M]. Washington, DC: Rethink Institute, 2013.

22. Eder, Thomas Stephan. China-Russia Relations in Central Asia: Energy Policy, Beijing's New Assertiveness and 21st Century Geopolitics [M]. Berlin: Springer, 2014.

23. Dutkiewicz, Piotr, Richard Sakwa. Eurasian Integration-The View from Within [M]. London: Routledge, 2014.

24. Danae Azaria. Treaties on Transit of Energy via Pipelines and Countermeasures [M]. Oxford: Oxford University Press, 2015.

25. E. Omonbude. Cross-border Oil and Gas Pipelines and the Role of the Transit Country: Economics, Challenges and Solutions [C]. Berlin: Springer, 2016.

（二）英文论文

1. E. Lauterpacht. Freedom of Transit in International Law [J]. Transactions of the Grotius Society, 1958, 44.

2. Sinjela AM . Freedom of Transit and the Right of Access for Land-Locked States: The Evolution of Principle and Law [J]. Ga. j. intl & Comp. l, 1982, 12.

3. Gould H D. What is at Stake in the Agent-structure Debate [J]. International Relations in a Constructed World, 1998, 3.

4. Stickley D C. New Forces in International Energy Law: A Discussion of Political, Economic, and Environmental Forces Within the Current International Energy Market [J]. Tulsa J. Comp. & Int'l L. , 1993, 1.

5. Montiel H, Vilchez J A, Arnaldos J, et al. Historical Analysis of Accidents in the Transportation of Natural Gas [J]. Journal of Hazardous Materials, 1996, 51 (1-3).

6. Clark B. Transit and the Energy Charter Treaty: Rhetoric and Reality [J]. Web Journal of Current Legal Issues, 1998, 5.

7. Gill S. New Constitutionalism, Democratisation and Global Political Economy [J]. Global Change, Peace & Security, 1998, 10 (1).

8. Papadakis G A. Major Hazard Pipelines: a Comparative Study of Onshore Transmission Accidents [J]. Journal of Loss Prevention in the Process Industries, 1999, 12 (1).

9. Liesen R. Transit Under the 1994 Energy Charter Treaty [J]. Journal of Energy & Natural Resources Law, 1999, 17 (1).

10. Stevenson R J. Energy Charter Treaty: Implications for Australia [J]. Journal of Energy & Natural Resources Law, 2001,

19 (2).

11. Uprety K. Transboundary Energy Security: Emerging Legal and Institutional Framework for Electricity Trading in Southern Africa [J]. Journal of Energy & Natural Resources Law, 2002, 20 (4).

12. Gunst A J. International Energy Trade and Access to Energy Networks [J]. Journal of World Trade, 2002, 36 (2).

13. Waern K P. Transit Provisions of the Energy Charter Treaty and the Energy Charter Protocol on Transit [J]. Journal of Energy & Natural Resources Law, 2002, 20 (2).

14. Konoplyanik A. Thorny Issues Impede Progress toward Final Transit Protocol [J]. Oil & Gas Journal, 2003, 101 (40).

15. Growitsch C, Wein T. Negotiated Third Party Access—an Industrial Organisation Perspective [J]. European Journal of Law and Economics, 2005, 20 (2).

16. Dulaney M, Merrick R. Legal Issues in Cross-border Oil and Gas Pipelines [J]. Journal of Energy & Natural Resources Law, 2005, 23 (3).

17. Christoffersen G. The Dilemmas of China's Energy Governance: Recentralization and Regional Cooperation [C]. The China and Eurasia Forum Quarterly. 2005, 3 (3).

18. Konoplyanik A A. Russia-EU Summit: WTO, the Energy Charter Treaty and the Issue of Energy Transit [J]. International Energy Law and Taxation Review, 2005, 2.

19. Blank S J. The Eurasian Energy Triangle: China, Russia, and the Central Asian States [J]. Brown J. World Aff. , 2005, 12.

20. Liao J X. A Silk Road for Oil: Sino-Kazakh Energy Diplomacy [J]. Brown J. World Aff. , 2005, 12.

21. Konoplyanik A, Walde T. Energy Charter Treaty and its Role in International Energy [J]. J. Energy Nat. Resources L. , 2006, 24.

22. Li K X, Cheng J. Maritime Law and Policy for Energy Security in Asia: A Chinese Perspective [J]. J. Mar. L. & Com. , 2006, 37.

23. Ehrman M. Competition Is A Sin: An Evaluation of the Formation and Effects of a Natural Gas OPEC [J]. Energy LJ, 2006, 27.

24. Belyi A V, Klaus U G. Russia's Gas Exports and Transit Dispute Resolution under the ECT: Missed Opportunities for Gazprom or False Hopes in Europe? [J]. Journal of Energy & Natural Resources Law, 2007, 25 (3).

25. Raufer R K. Sustainable Urban Energy Systems in China [J]. NYU Envtl. LJ, 2007, 15.

26. Skurbaty T. Understanding the EU-Russia Energy Relations Conflictual Issues of the ED and the ECT [J]. Lund University Department of Political Science, 2007.

27. Svedberg M. Energy in Eurasia: the Dependency Game [J]. Transition Studies Review, 2007, 14 (1).

28. Burgherr P, Hirschberg S. Severe Accident Risks in Fossil Energy Chains: a Comparative Analysis [J]. Energy, 2008, 33 (4): 538-553.

29. Finon D, Locatelli C. Russian and European Gas Interdependence: Could Contractual Trade Channel Geopolitics? [J]. Energy policy, 2008, 36 (1).

30. Konoplyanik A A. Gas Transit in Eurasia: Transit Issues between Russia and the European Union and the Role of the Energy Charter [J]. Journal of Energy & Natural Resources Law, 2009, 27 (3).

31. Florini A, Sovacool B K. Who Governs Energy? The Challenges Facing Global Energy Governance [J]. Energy Policy, 2009, 37 (12).

32. Azaria D. Energy Transit under the Energy Charter Treaty and the General Agreement on Tariffs and Trade [J]. Journal of Energy & Natural Resources Law, 2009, 27 (4).

33. Brito A J, de Almeida A T. Multi-attribute Risk Assessment for

Risk Ranking of Natural Gas Pipelines［J］. Reliability Engineering & System Safety, 2009, 94 (2).

34. Kapitonenko M. Between NATO & Russia: Ukraine's Foreign Policy Crossroads Revisited ［J］. Actual Problems of International Relations, 2009, 2 (86).

35. Konoplyanik A. A Common Russia-EU Energy Space: The New EU-Russia Partnership Agreement, Acquis Communautaire and the Energy Charter ［J］. Journal of Energy & Natural Resources Law, 2009, 27 (2).

36. Nappert S, Belyi A V. A New Energy Charter: Myth or Reality? ［J］. Transnational Dispute Management (TDM), 2010, 7 (1).

37. Hashim S M. Power-loss or Power-transition? Assessing the Limits of Using the Energy Sector in Reviving Russia's Geopolitical Stature ［J］. Communist and Post-Communist Studies, 2010, 43 (3).

38. Goldthau A, Witte J M. Back to the Future or Forward to the Past? Strengthening Markets and Rules for Effective Global Energy Governance ［J］. International Affairs, 2009, 85 (2).

39. Cherp A, Jewell J, Goldthau A. Governing Global Energy: Systems, Transitions, Complexity ［J］. Global Policy, 2011, 2 (1).

40. Belyi A, Nappert S, Pogoretskyy V. Modernising the Energy Charter Process? The Energy Charter Conference Road Map and the Russian Draft Convention on Energy Security ［J］. Journal of Energy & Natural Resources Law, 2011, 29 (3).

41. Bilgin M. Energy Security and Russia's Gas Strategy: The Symbiotic Relationship between the State and Firms ［J］. Communist and Post-Communist Studies, 2011, 44 (2): 119-127.

42. Stegen K S. Deconstructing the "Energy Weapon": Russia's Threat to Europe as Case Study ［J］. Energy policy, 2011, 39 (10).

43. Voloshin G. The Struggle for Resources in Central Asia: A Curse or an Opportunity ［J］. Yale J. Int'l Aff. , 2011, 6.

44. Grewlich A K W. International Regulatory Governance of the Caspian Pipeline Policy Game [J]. Journal of Energy & Natural Resources Law, 2011, 29 (1).

45. Yenikeyeff S M. Energy Interests of the 'Great Powers' in Central Asia: Cooperation or Conflict? [J]. The International Spectator, 2011, 46 (3).

46. Belyi A V. The EU's Missed Role in International Transit Governance [J]. Journal of European Integration, 2012, 34 (3).

47. RobertsP . Dr. Knut Olsen, Characterization and Taxation of Cross-Border Pipelines [J]. The Journal of World Energy Law & Business, 2012, 5 (4).

48. Sovacool B K, Florini A. Examining the Complications of Global Energy Governance [J]. Journal of Energy & Natural Resources Law, 2012, 30 (3).

49. Yodogawa N, PetersonA M. An Opportunity for Progress: China, Central Asia, and the Energy Charter Treaty [J]. Tex. J. Oil Gas & Energy L. , 2012, 8.

50. Treaty E C. The Energy Charter Treaty and Related Documents: a Legal Framework for International Energy Cooperation [J]. Acesso em, 2013, 10.

51. Fazilov F, Chen X. China and Central Asia: A Significant New Energy Nexus [J]. The European Financial Review, 2013, 4.

52. Vinogradov S, Mete G. Cross-Border Oil and Gas Pipelines in International Law [J]. German YB Int'l L. , 2013, 56.

53. Kim S E, Urpelainen J. International Energy Lending: Who Funds Fossil Fuels, Who Funds Energy Access for the Poor? [J]. International Environmental Agreements: Politics, Law and Economics, 2013, 13 (4).

54. Konoplyanik A A, Orlova E, Larionova M. What is the Future of Russian Gas Strategy for Europe after the Crimea? [J]. Oil, Gas & Energy Law Journal (OGEL), 2014, 12 (4).

55. Belyi A. International Energy Governance: Weaknesses of Multilateralism [J]. International Studies Perspectives, 2014, 15 (3).

56. D. , Mehdi Piri; Faure, Michael. The Effectiveness of Cross-border Pipeline Safety and Environmental Regulations (under International Law) [J]. NCJ Int'l L. & Com. Reg. , 2014, 40: 55.

57. Romanova T. Russian Energy in the EU Market: Bolstered Institutions and Their Effects [J]. Energy policy, 2014, 74.

58. Marhold A A. Fragmentation and the Nexus between the WTO and the ECT in Global Energy Governance-a Legal-Institutional Analysis Twenty Years Later [J]. the Journal of World Investment & Trade, 2015, 16 (3).

59. Schenkkan N. Impact of the Economic Crisis in Russia on Central Asia [J]. Russian Analytical Digest, 2015, 165 (17).

60. Dietsche E. Tax Transparency in the Energy Sector [J]. Oil, Gas & Energy Law Journal (OGEL), 2015, 13 (4).

61. Olsen K. Special Issue on International Taxation in the Energy Sector [J]. Oil, Gas & Energy Law Journal (OGEL), 2015, 13 (4).

62. Olimova S. Tajikistan's Prospects of Joining the Eurasian Economic Union [J]. Russian Analytical Digest, 2015, 165 (13).

63. Escribano G. Fragmented Energy Governance and the Provision of Global Public Goods [J]. Global Policy, 2015, 6 (2).

64. Tarr D G. The Eurasian Economic Union of Russia, Belarus, Kazakhstan, Armenia, and the Kyrgyz Republic: Can It Succeed Where Its Predecessor Failed? [J]. Eastern European Economics, 2016, 54 (1).

65. Bonafé E, Mete G. Escalated Interactions between EU Energy Law and the Energy Charter Treaty [J]. The Journal of World Energy Law & Business, 2016, 9 (3).

66. B. Arghand, S. A. Poorhashemi, R. Roshandel, Conflicts and Similarities among Energy Law, Environmental Law and Economic Aspects, World Academy of Science, Engineering and Technology [J].

International Journal of Law and Political Sciences, 2016, 3.

67. Aalto P. The new International Energy Charter: Instrumental or Incremental Progress in Governance? [J]. Energy Research & Social Science, 2016, 11.

68. Tony Tai-Ting LIU, Undercurrents in the Silk Road: an Analysis of Sino-Japanese Strategic Competition in Central Asia [J]. Journal of International and Advanced Japanese Studies , 2016, 8.

69. Summers T. China's 'New Silk Roads': Sub-national Regions and Networks of Global Political Economy [J]. Third World Quarterly, 2016, 37 (9).

70. Li S. The New Silk Road: Assessing Prospects for "Win-Win" Cooperation in Central Asia [J]. Cornell International Affairs Review, 2016, 9 (1).

71. Wang Y. Offensive for Defensive: the Belt and Road Initiative and China's New Grand Strategy [J]. The Pacific Review, 2016, 29 (3).

72. Yang Z. Building the 21st Century Maritime Silk Road: Its Impact on the Peaceful Use of the South China Sea [J]. China and WTO Review, 2016, 2 (1).

73. Georgiou N A, Rocco A. The Energy Union as an Instrument of Global Governance in EU-Russia Energy Relations: From Fragmentation to Coherence and Solidarity [J]. Geopolitics, History and International Relations, 2017, 9 (1).

74. Arghand B, Poorhashemi S A, Roshandel R. International Convention to Decrease Conflict between Energy Supply and Environmental Protection [J]. Ukrainian Journal of Ecology, 2018, 8 (1).

75. Yang Z. Design of the Energy Community of China and Its Neighboring Countries: Legal Basis and Possible Approaches [J]. Oil, Gas & Energy Law Journal (OGEL), 2018, 16 (1).

(三) 研究报告

1. Energy Charter Secretariat. G8 Energy Ministerial Meeting Moscow, 1 April 1998, Energy Transit: The Multilateral Challenge [EB/OL]. http://www.energycharter.org/what-we-do/trade-and-transit/trade-and-transit-thematic-reports/energy-transit-the-multilateral-challenge-1998/, 2015-4-12.

2. Energy Charter Secretariat. Trade in Energy: WTO Rules Applying under the Energy Charter Treaty [EB/OL]. https://www.energycharter.org/what-we-do/trade-and-transit/trade-and-transit-thematic-reports/trade-in-energy-wto-rules-applying-under-the-energy-charter-treaty-2002/, 2015-4-12.

3. Energy Charter Secretariat. Applicable Trade Provisions of the Energy Charter Treaty [EB/OL]. https://www.energycharter.org/what-we-do/trade-and-transit/trade-and-transit-thematic-reports/applicable-trade-provisions-of-the-energy-charter-treaty-2003/, 2015-4-12.

4. Energy Charter Secretariat. Russian Gas in China: Complex Issues in Cross-Border Pipeline Negotiations [EB/OL]. https://www.energycharter.org/what-we-do/trade-and-transit/trade-and-transit-thematic-reports/russian-gas-in-china-complex-issues-in-cross-border-pipeline-negotiations-2010/, 2015-4-12.

5. Energy Charter Secretariat. Bringing Oil to the Market. Transport Tariffs and Underlying Methodologies for Cross-Border Crude Oil and Products Thomas Pipelines [EB/OL]. http://www.energycharter.org/what-we-do/trade-and-transit/trade-and-transit-thematic-reports/bringing-oil-to-the-market-transport-tariffs-and-underlying-methodologies-for-cross-border-crude-oil-and-products-pipelines-2012/, 2015-4-12.

6. Energy Charter Secretariat. Bringing Gas to the Market: Gas Transit and Transmission Tariffs in Energy Charter Treaty Countries - Regulatory Aspects and Tariff Methodologies [EB/OL]. http://

www. energycharter. org/what-we-do/trade-and-transit/trade-and-transit-thematic-reports/bringing-gas-to-the-market-gas-transit-and-transmission-tariffs-in-energy-charter-treaty-countries-regulatory-aspects-and-tariff-methodologies-2012/, 2015-4-12.

7. Dr Rafael Leal-Arcas. Energy Transit Activities: Collection of International Agreements on Oil and Gas Transit Pipelines and Commentary [EB/OL]. http: //www. energycharter. org/what-we-do/trade-and-transit/trade-and-transit-thematic-reports/energy-transit-activities-a-collection-of-intergovernmental-agreements-of-oil-and-gas-transit-pipelines-and-commentary-2015/, 2015-9-29.

8. Ms. Barbara v. Gayling-Westphal. Intergovernmental Agreements and Host Government Agreements on Oil and Gas Pipelines: A Comparison [EB/OL]. http: //www. energycharter. org/what-we-do/trade-and-transit/trade-and-transit-thematic-reports/intergovernmental-agreements-and-host-government-agreements-on-oil-and-gas-pipelines-a-comparison-2015/, 2015-9-29.

9. Zhuwei WANG. Securing Energy Flows from Central Asia to China and the Relevance of the Energy Charter Treaty to China [EB/OL]. http: //www. energycharter. org/what-we-do/trade-and-transit/trade-and-transit-thematic-reports/securing-energy-flows-from-central-asia-to-china-and-the-relevance-of-the-energy-charter-treaty-to-china-2015/, 2015-4-13.

10. Energy Charter Secretariat. International Energy Security: Common Concept for Energy Producing, Consuming and Transit Countries [EB/OL]. http: //www. energycharter. org/what-we-do/trade-and-transit/trade-and-transit-thematic-reports/international-energy-security-common-concept-for-energy-producing-consuming-and-transit-countries-2015/, 2015-4-12.

11. Eurasian Commission. Eurasia Economic Integration: Facts and Figures. [EB/OL]. http: //www. eurasiancommission. org/en/Documents/broshura26_ENGL_2014. pdf, 2015-6.

12. OECD Centre. China's Engagement in Global Energy Governance [J/OL]. https：//www.oecd.org/china/china-s-engagement-in-global-energy-governance-9789264255845-en.htm, 2016-4-14.

13. Ernesto Bonafe, Energy Charter and Andris Piebalgs, Florence School of Regulation, The New International Energy Charter：Sustainable Energy Transition, Investment Dispute Resolution and Market Regulation [EB/OL]. http：//cadmus.eui.eu/bitstream/handle/1814/50207/RSCAS_PB_2017_33_FSR.pdf? sequence = 1&isAllowed=y, 2017-11.

（四）国际法律文件

1. Decision of the Energy Charter Conference [EB/OL]. http：//www.energycharter.org/fileadmin/DocumentsMedia/CCDECS/CCDEC201314.pdf, 2013-11-6.

2. Final Act of the Energy Charter Conference, with Respect to the Energy Charter Protocal on Transit [EB/OL]. http：//www.energycharter..rg/fileadmin/DocumentsMedia/CC_251_ENG.pdf, 2003-10-31.

3. Final Act of the Energy Charter Conference, with Respect to the Energy Charter Protocal on Transit [EB/OL]. http：//www.energycharter.org/fileadmin/DocumentsMedia/TTG_87_ENG.pdf, 2010-1-22.

4. Protocol Amending the Marrakesh Agreement Establishing the World Trade Organization [EB/OL]. http：//images.mofcom.gov.cn/sms/201510/20151016171325893.pdf, 2014-11-28.

5. Agreement on an International Energy Program [EB/OL]. https：//www.iea.org/media/aboutus/iep.pdf, 2014-5-9.

三、网站资源

能源宪章网站：https：//energycharter.org
国际能源机构网站：https：//iea.org
联合国网站：http：//www.un.org

石油、天然气与能源法网站：http：//ogel. org

英国邓迪大学能源、石油、矿产法律与政策中心网站：https：//www. dundee. ac. uk/cepmlp/

国际经济法学会网站：http：//www. sielnet. org

美国全国经济研究所网站：http：//www. nber. org

日内瓦国际与发展研究所网站：http：//graduateinstitute. ch

英国石油公司网站：https：//www. bp. com

国际经济法学会网站：http：//www. sielnet. org

欧洲能源邮报网站：http：//energypost. eu

中华人民共和国外交部网站：https：//www. fmprc. gov. cn

中华人民共和国商务部条约法律司网站：http：//tfs. mofcom. gov. cn

中国能源法律网：http：//www. energylaw. org. cn

后　记

本书是在本人博士毕业论文的基础上修订完成。回首五年的读博时光，既漫长又短暂，难以忘怀的是武大樱园的灿烂芳华，导师的谆谆教诲，还有同门的深厚情谊。

想起自己选择读博的初衷，心怀感慨。自从事教师这一职业后，我热爱并珍惜这一传道授业解惑的工作，希望自己不辜负"为人师表"这四个字的分量。唯有不断提高自己才能更好地育人，怀抱如此信念我再次踏上求学之路，并努力践行终身学习这一生活方式。然而，于而立之年重回校园，我面临和常常思考的不仅仅是学业与论文选题，还有这一人生阶段所需直面的责任与压力，快乐与伤痛。正如古罗马诗人奥维德所言："忍耐和坚持虽是痛苦的事情，但却能渐渐地为你带来好处。"此刻，我对这句话有着更深刻的共鸣。那段坚持不懈、奋发写作的时光令我感怀和眷念，那段在武大的读博经历令我有着太多感谢和难忘。

在这里，我由衷感激我的导师杨泽伟教授。2013年我考博成功之后，是他欣然接纳了我，指引我走上国际能源法律研究的道路，并在求学过程中始终给予我体谅包容和悉心指教。他谦虚严谨的治学态度、勤学善思的专业精神以及谦逊亲和的待人方式都令我终身受益，他用言传身教的方式让我渐渐懂得如何成为一位受人尊敬的师者。在我的博士论文撰写过程中，从论文选题到最终定稿、从弄清文章的思路脉络到每一个细节问题都得益于杨老师的悉心指导和严格要求。每次与老师交谈，以及收到老师以拍照或邮寄方式发给我的批注建议，我都被老师的严谨和认真深深感动，并不断激励着我认真完成这篇论文。即便是我已经攻读完成博士学位后，老师依然在学术和科研的道路上给予了我莫大的帮助、鼓励和支持，师恩如海，最是感念。老师对我学术上的培养，对我工作生活上的关怀我将铭记在心。在此，我谨向我的恩师杨泽伟教授表示最诚挚的谢意！

此外，我还要感谢武大边海院的黄伟副教授给予我学业上的指导帮助；感谢我所在单位的同事和好友，你们一直以来给予我在学业和工作上的关心、支持和鼓励对我非常重要；还要感谢陪伴和帮助过我的同门兄弟姐妹以及同学好友，共同的学习经历使得我们成为人生中珍贵的朋友，这里不一一列举，我会常念于心。

最后，要感谢的是我最亲爱的家人。感谢我的父母，赋予我生命和力量，给我人生中最恒久的温暖和永不熄灭的关爱。感谢我的公公和婆婆，帮我分担照顾孩子的重任，默默支持我安心完成学业；谢谢我的孩子语晨、语初，你们走进我的生命，让我如此深刻地体会着泪与欢笑、爱与责任；还有我的先生吴欣，谢谢你与我一路相携，共担家庭责任，共度人生风雨，你是我求学生涯中最坚强的后盾。

人生漫漫，而学无止境。我相信，无论今后身在何方，在武大的这段读博时光都会成为我生命中深刻的记忆和宝贵的财富。在这里，我也想和自己说一声，谢谢你！这一路风景，愿不虚妄。

张　颖

2018 年 10 月 初稿于武大樱园

2022 年 2 月 修改于西安